언지록

언지록

사토 잇사이 지음 ◉ 노만수 옮김

言志綠

알렙

짧은 글, 큰 뜻으로 천고의 심금을 울리다

마음 공부와 사색, 자성自省을 한 땀 한 땀 기록한 필생의 역작

흔히 유학의 덕목을 읊조리면, '공자 왈 맹자 왈' '도덕 군자' '딸깍발이 샌님' 하며 고리타분한 사람으로 취급받기 십상인 게 오늘날의 세태다. 그렇다면 요즘 시대라고, 과연 경敬 · 성誠 · 신의 · 효제 · 신독愼獨 · 극기복례 · 인의예지 · 중용中庸 등등 유학이 중요시하는 덕목은 깡그리 폐기처분되어야만 하는 낡은 봉건주의의 유령일 뿐인가?

인생의 체험에서 우러난 웅숭깊은 뜻을 지닌 잠언箴言들로 가득찬『언지록』1133조條를 읽다 보면 그러한 편견이 짧은 생각이란 것을 느낄 수 있다. 이 '일본 한문체 수필 어록의 백미'라는 칭송을 듣는 책의 문장은 간단명료하고 진솔하다. 또한 한 편의 시 같은 아포리즘에는 사람의 폐부를 찌르는 깊은 뜻이 있어, 심금을 울리며 여운도 깊다. 사람의 도리를 깨우치는 인성 교육, 학식을 넓혀 심성을 닦는 함양涵養과 그것을 몸으로 익혀 실천하는 지행합일, 그리고 수양과 처세, 정치와 치세, 리더의 마음가짐에 보탬이 되는 금언 명구가 도처에 빼곡하다.

저자 사토 잇사이佐藤一齊, 1772-1859년는 '백세百世의 홍유鴻儒'라고 일컫는 유학자이다. 에도 시대 도쿠가와 막부의 최고 학문 기관이자 직할 교육 기관인 쇼헤이코昌平黌의 최고 책임자였다. 요즘으로 치면 국립 도쿄대학 총장에 해당하는 대학자였던 셈이다.

그는 어린 시절, 밤에 유흥가로 나가 취객을 때리고 도망치거나 하던, 제법 난폭한 사무라이였다고 한다. 하지만 어른이 될 무렵 분연히 뜻을 세우고 수양에 전념하며 이른 장년기에 학문이 원만한 군자로 불리게 되었다. 『언지록』은 바로 그의 수양의 땀이 스민 잠언 어록이지, 단순하게 머리로만 쓴 관념적인 수상록이 아니다. 나이가 들어감에 따라 학문의 경지도 높아졌던 사토 잇사이는 도쿠가와 막부 말기에 시문에 능한 문장가로서도, 동양 고전에 밝은 한학자로서도 이름을 크게 떨치며 저술과 교육에 온 힘을 기울이다, 1859년 여름 무렵 병에 걸려 9월 23일 밤에 쇼헤이코 관사에서 향년 88세의 나이로 숨을 거두었다.

『언지록』은 그가 42세부터 82세 때까지 장장 40년 동안 자신의 마음 공부와 사색, 자성自省을 마치 자수를 놓듯 한 땀 한 땀 기록한, 혼불과 같은 필생의 역작lifework이다. 그리하여 이 책은 사무라이가 살던 에도 시대부터 샐러리맨이 사는 지금까지 200년이란 세월의 더께를 초월하며, 독자들의 끊임없는 사랑을 받는 불후의 명저가 되었다. 어느 정도 살아낸 사람만이 통찰할 수 있는 '짧은 말, 큰 뜻言志'으로 수신, 제가, 치국, 평천하의 지혜가 가득 차 있다. 이런 까닭에 사카모토 료마坂本龍馬, 사이고 다카모리西鄕隆盛, 요시다 쇼인吉田松陰, 시부사와 에이치澁澤榮一…… 그리고 오히라 마사요시大平正芳 일본 전 수상 등등, 일본의 리더들은 이 책에 심취했던 것이다. 오늘날에도 일본인들이 이 책을 책상머리에 늘 꽂아두고 읽으며 좌우명으로 삼는 까닭은 최강의 자기 경영 수신서이기 때문이다.

이를테면 조선에는 『자성록』(퇴계 이황), 로마에는 『명상록』(마르쿠스 아우렐리우스)과 『고백록』(아우구스티누스), 중국에는 『채근담』, 프랑스에는 『팡세』(파스칼)와 『수상록』(루소)과 『고백록』(몽테뉴), 독일에는 『인생론』(쇼펜하우어)과 『차라투스트라는 이렇게 말했다』(니체), 러시아에서는 『참회록』(톨스토이)이 있다면, 일본에는 『언지록』이 있었다!

일흔 살의 나이로 타계한 조선의 퇴계 이황이 1558년 58세에 인생 체험의 지혜가 우러나오는 『자성록』을 썼듯이, 사토 잇사이도 『언지록』은 52세(1823년), 『언지후록』은 66세(1837년), 『언지만록』은 78세(1849년), 『언지질록』은 80세(1853년) 때 원고를 완성하였다. 이 네 권을 합쳐 『언지사록』이라고 하고, 일반적으로 『언지록』이라고 부른다.

이른바 잠언이란, 교훈을 주는 아주 짧은 말이다. 격언이라고 해도 좋다. 니체는 『차라투스트라는 이렇게 말했다』에서 "온갖 종류의 글에서 나는 피로 쓴 글만을 사랑한다. 피로 쓴 잠언은 단순하게 읽혀야만 하는 게 아니라 암송되어야 한다"고 적었다. 이렇듯 속담이나 격언, 잠언이 탄생하려면 인류의 엄청난 경험이 축적돼야 하고, 한 저자의 대량의 사고가 밑거름이 되어야만 한다. 그래야 짧은 말로 응축되었을 때 후세에 길이 전해주고 싶을 정도로 사람의 심금을 울릴 수가 있다.

동양에서는 중국 명나라 말기에 홍자성^{洪自誠}이 남긴 『채근담^{菜根譚}』이 수상록 분야에서 스테디셀러다. 그런데 일본에서는 『채근담』이 여성적 아포리즘인 데 반해 『언지록』은 세계에 내놓아도 손색이 없을 만큼 동양적 예지가 풍부한 '동양 최고의 남성적 아포리즘 수신서'라고 한다. 사토 잇사이는 지행합일과 마음을 중시하는 양명학을 평생 동안 연구하며 장수를 한 덕분에 40년 동안 자신의 명상, 고백, 사색, 참회, 수신, 처세, 정치 등등에 대한 '남성적(웅대하고 힘찬) 뜻^志'이 가득한 동양적 예지의 세계를 '시처럼 짧은 말^言'로 후세에 펼쳐 보인 대작을 남겨주었는지도 모른다.

"혹은 윤리 도덕을 논하고, 혹은 학문 수양을 말하고, 혹은 정치와 법률을 기술하고 벼슬아치의 입장에서 처세의 교훈을 주고 혹은 자연을 쓰고 풍류운사風流韻事, 자연을 벗하여 시가를 읊으며 즐기는 일에까지 이르며, 금세 진리, 순식간에 인사人事, 갑자기 전쟁과 방어 등의 군사에까지 뻗치고, 혹은 사론史論, 혹은 월단평月旦評, 인물평, 혹은 교육, 혹은 양생養生을 논하는 등등, 손님독자 접대에 눈코 뜰 겨를이 없다. 그래서 정치가도, 비즈니스맨도, 학자도, 교육가도, 군인도, 학생도 그 모든 각자의 신분과 지위에 어울리는 『언지록』을 읽으면 수기치인修己治人의 수양에 도움이 되는 금언이 도처에 깔려 있다."

── 이이다 덴이치飯田傳一가 1940년에 펴낸 『언지사록상해言志四錄詳解』「서문」

사토 잇사이는 『언지록』 13조에서 "학문을 하기 위해서 독서를 하는 것이지 독서를 하기 위해 학문을 하는 것은 아니다"라고 했다. 또한 『언지록』 58조에서는 "여행이나 삶의 체험이 실제의 학문"이라고 하였다. 더욱이 『언지후록』 138조에서는 "사람들은 글자로 쓰인 책을 눈으로 읽기 때문에 문자의 제약을 받아 깊이 깨우치기 어렵다. 실로 문자가 없는 책을 마음으로 읽어야 한다. 그렇게 하면 깊이 자득할 수 있을 것이다"라고도 했다. 이러한 말은 그가 청년 시절부터 친숙하게 접해온 양명학이 '생활 공부와 마음 공부는 별개가 아니다'라고 주장한 배경에서 싹텄다. 『언지록』은 글자 밖의 세계에서 배움을 구한 책이기도 한 것이다.

그리하여 처세 즉 '사람은 어떻게 살아야 하는가'라는 문제는 사토 잇사이가 평생토록 깊이 자맥질해온 문제였다. 그는 인생에 대해, "생각대로 되는 순경順境의 때는 흡사 봄과 같아 뜰에 나가 꽃을 보면 알 수 있다. 실의에 빠져 낙담하는 역경逆境의 때는 마치 겨울과 같아 집에 틀어박혀 눈을 지켜보면 알 수 있다. 봄은 물론 즐겁지만 겨울 역시 나쁘지만은 않다(『언지후록』, 86조)"라고도 했다. 또 "남은 봄바람처럼 대하고, 가을 서리처럼 스스로를 삼가야 한다(『언지후록』, 33조)"라고 말하면서 "대부분의 노인들은 죽어서 부처가 되고 싶다고 소망하지만, 학자는 살아 있는 동안에 성인이 되길 바라야 한다(『언지만록』, 267조)"라고 적고 있다. 하루하루를 성실히 살아가며 조금씩 앞으로 나아가는 것이 스스로의 인생을 만들어가는 것이라며, "어제를 보내고 오늘을 맞이하며 또 오늘을 보내고 내일을 맞이한다. 인생이 백년이라 해도 이것의 반복에 지나지 않는다. 그러므로 하루를 신중하게 보내지 않을 수 없다(『언지질록』, 336조)"라고 했다. 사토 잇사이는 순경일 때나 역경일 때나 늘 '유교가 추구하는 이상적 인간상인 군자로서의 인격적 완결성'을 이루기 위해 분투하며, 책인 『언지록』 안에서나, 그 밖인 실제의 삶에서나 똑같이 이루려고 했다. 참된 학문은 글자 밖의 세계에도 있다는 지행합일의 정신이었다.

아무쪼록 칼날처럼 예리한 잠언이 가득한 『언지록』이 『논어』처럼 참된 마음을 가는 숫돌이 되어 한국의 독자들의 일상생활에서도 '정신의 균형 감각'을 길러주는 마음의 저울추 역할을 하기 바란다. 이 책을 자신의 마음속에서 발효시켜 삶의 나침반으로 삼는 것은 독자의 몫일 터이다. 그렇지만, 『언지록』 전체는 굳이 처음부터 읽을 필요가 없다. 후드득 읽으면서 마음에 드는 조항부터 하루에 한 조항씩 마음에 새기며 실생활에서 조금씩 실천하다 보면 우리의 인생이 좀 더 풍요롭고 인간의 본질에 한발 더 다가설 수 있지 않을까 하고 기대해 본다.

사족이지만, 동아시아의 언어와 역사, 문화를 공부해 오던 옮긴이로서 『언지록』이 어떤 책인가를 개인적 소감 차원에서 간단히 정리하자면 다음과 같다.

마음이 어지럽고 하루하루의 행동거지가 흔들릴 때 하나의 길을 열어줄 책. 마음을 풍성하게 하기 위해, 마음의 위기를 넘기 위해, 자신의 벽을 돌파하기 위해, 주위 사람을 행복하게 해주기 위해, 사람을 움직이는 참된 리더가 되기 위해, 행복한 가정을 꾸리는 가장이 되기 위해…… '매일 읽어야 할 최강의 자기 경영서이자 인생 지침서'이다.

북한산 바위를 지평선으로 삼는 곳에서 살고 싶은 옮긴이

일러두기

1. 이 책은 고단샤(講談社)에서 간행한 사토 잇사이(佐藤一齊)의 『言志四錄』(川上正光 全譯注, 講談社, 1979)과 『座右版 言志四錄』(久須本文雄 全譯注, 講談社, 1994)을 저본으로 삼아 번역하였다.

아울러 옮기고 해제를 쓰는 데 도움을 얻은 책들은 다음과 같다. 『言志四錄』(岬龍一郎 飜譯, PHP研究所, 2005), 『最强の人生指南書』(齋藤孝 著, 祥傳社, 2010), 『佐藤一齊一日一言－'言志四錄'を讀む』(渡五邉三郎 監修, 致知出版社, 2007), 『通勤大學圖解·速習 言志四錄 佐藤一齊の敎え』(ハイブロ_武藏 著, 總合法令出版, 2008), 『「言志四錄」を讀む』(井原隆一 著, プレジデント社, 1997), 『佐藤一齊「重職心得箇條」を讀む』(安岡正篤, 致知出版社, 1995) 등이다.

2. 번역의 원칙은 원문에 충실한 직역을 위주로 했다. 하지만 독자의 이해를 돕기 위해 원문의 뜻을 최대한 살리고 그것을 훼손하지 않는 범위 내에서 우리말로 의역을 하기도 했다.

3. 각 조항의 소제목과 부가 설명(습유拾遺)은 독자의 이해를 돕기 위해 옮긴이가 붙인 것이다. 조항의 번호는 원문의 순서에 따른 것이며, 옮긴이가 번역하지 않은 조항은 번호를 비워두었다.

목차

제1부

『언지록』은 생사·우주·정치·충효 등에 관한 사색이 총 246조로

이루어져 있다. 제1조에 "분카文化 10년1813년, 5월 26일 기록, 42세"라고

쓰여 있다. 에도 막부 제11대 쇼군인 도쿠가와 이에나리德川家齊가 다스리

던 시대이며, 사토 잇사이가 42세이던 1813년 5월 26일부터『언지록』을

쓰기 시작했다는 말이다. 이 시대는 도쿠가와 이에나리의 전성기로 에도

문화가 찬연한 가운데서도 퇴폐적이고 향락적인 기운이 싹텄던 때이다.

이후 10여 년간 수시로 쓰다가 1823년 12월 후쿠치야마福知山의 성주 미

나모토노 쓰나에다源綱條가 발문을 쓴『언지록』을 1824년에 간행하였다.

言志錄

언지록

I

운명은 모두 전부터 정해져 있다

무릇 천지간에 예로부터 음과 양이 있고 밤과 낮이 있고 해와 달이 번갈아가며 이 세상을 비추고 봄여름가을겨울이 서로 돌아가며 운행하고 있는 것은, 그 운명이 모두 이미 정해져 있는 까닭이다. 사람의 부귀라든가 빈천이라든가 삶과 죽음, 장수와 단명, 이익과 손해, 명예와 수치, 만남과 이별은 모두 벌써 그 운명이 정해져 있지 않은가. 단지 이를 모르고 있을 뿐이다. 가령 흡사 꼭두각시 인형극의 기계장치는 이미 갖추어져 있지만, 그것을 보는 사람은 모르는 것과 같다. 세상 사람들은 이런 일을 모른 채 자신의 지혜와 힘에 의지해 평생을 부지런히 동분서주하며 명예와 공명을 좇다가, 마침내 피곤에 지쳐 수척해지다 쓰러지고 만다. 이것은 뭐랄까, 깨달음의 차이가 심해서 그런 게 아닐까? [분카文化 10년1813년, 5월 26일 기록하다. 42세]

2

하늘을 스승으로 삼아라

가장 뛰어난 사람은 하늘을 스승으로 삼고, 그 다음으로 뛰어
난 사람은 훌륭한 인물을 스승으로 삼고, 그 다음으로 뛰어난 사
람은 책(경전)을 스승으로 삼는다.

〔拾遺〕하늘이라는 '자연'을 가장 훌륭한 스승이라고 합니다. 하늘을
'우주의 진리'라고 할 수도 있겠지요. 기독교인들은 창조주神라고 생각할
것입니다. 일본 근대문학의 문을 연 나쓰메 소세키夏目漱石, 1867-1916년는 "자
아를 버리고 하늘을 따른다則天去私"고 말한 적이 있는데, 이 말 역시 같은
의미의 하늘일 것입니다. 즉 우주 자연의 보편적 진리는 공평하고 보편
타당하죠. 그래서 가장 뛰어난 사람은 하늘을 스승으로 삼아 가르침을
받고, 그 다음으로 성인과 책을 선생으로 삼습니다. 물론 성인과 책에
게서 배우는 것도 중요합니다만, 사람마다 호불호가 다르게 마련이기
에 만인의 스승으로 삼기에는 어려움이 있을 것입니다. "머리 위 하늘
에서 반짝이는 별, 내 마음속에서는 빛나는 도덕률"이 있다는 칸트의
정언명령이 생각나는군요. 이는 사토 잇사이가 사숙을 한 왕양명王陽明
의 '양지良知' 즉 '가슴에 손을 놓고 생각해 보라'는 우리네 말과 같을 것
입니다.

3

남이 아니라 하늘로부터 평가받는 사람이 되어라

무릇 일을 함에는 하늘을 섬기는 겸허한 마음으로 하는 게 중요하지, 사람들에게 공을 뽐내거나 자신의 존재를 사회에서 인정받기 위한 마음에 사로잡혀서는 안 된다.

[拾遺] 일본 메이지 유신1868년의 가장 중심적인 인물이었던 사이고 다카모리西郷隆盛, 1827-1877년는 이렇게 말했습니다.

"남을 상대로 하지 말고 하늘을 상대로 하라. 하늘을 상대로 해 자신의 전력을 다하며 다른 사람을 탓하지 말고 내가 성심을 다하지 않았나를 항상 살펴야 한다."

4

인간사는 서서히 변하기 마련이다

하늘의 도리天道는 서서히 운행되고, 모든 인간사도 서서히 변하기 마련이다. 반드시 그렇게 되어야만 하는 형세가 있기에 멀리 벗어날 수가 없고, 또 서둘러 재촉해서 빨리 할 수도 없는 노릇이다.

박제가 그림, 「목우도」, 19세기

5

발분은 대성의 주춧돌이다

발분發憤의 '분憤' 자야말로 학문을 하기 위한 최고의 주춧돌이다. 안연顔淵이 "순 임금은 어떤 사람이고 나는 어떤 사람인가? 노력하는 사람이라면 순 임금과 같아질 것이다"라고 말한 까닭도 역시 발분을 강조하기 위해서였다.

〔拾遺〕 스스로 발분하여 하는 공부야말로 참된 공부란 말일 겁니다. 그래서 주희는 『근사록』에서 "가난과 천함, 근심과 걱정은 옥을 다듬듯이 너를 훌륭하게 만든다貧賤憂戚, 庸玉汝於成也"고 하였습니다. 사마천의 『사기』는 사마천이 궁형의 치욕을 당한 뒤 발분하여 쓴 역사서로 유명하지요. 예로부터 『역경』「계사전」에 이르기를, "자벌레가 몸을 굽히는 것은 몸을 펼 것을 추구하기 위해서이다尺蠖之屈, 以來信也"라고 했던 것처럼 인간이 겪는 한때의 불우한 처지는 뒷날 발전의 기초가 되기 마련입니다.

그리고 『논어』「술이述而」편 제8장에서 공자가 이렇게 말하였지요.

"배우려는 열의가 없으면 이끌어주지 않고, 표현하려고 애쓰지 않으면 일깨워주지 않으며, 한 모퉁이를 들어 보였을 때 세 모퉁이를 미루어 알지 못하면 반복해서 가르쳐주지 않는다不憤不啓, 不憤不發, 舉一隅, 不以

三隅反，則不復也."

이는 공자의 교육법이 '발분법'이라는 걸 알 수 있습니다. 수동적 암기 교육보다는 능동적이고 주체적인 교육입니다. 공자가 「위정爲政」편 제15장에서 한 말에서도 이것을 확인할 수 있습니다.

"배우기만 하고 생각하지 않으면 막연하여 얻는 것이 없고, 생각만 하고 배우지 않으면 위태롭다學而不思則罔, 思而不學則殆."

『맹자』「등문공상滕文公上」편에는 이런 이야기가 나옵니다.

등滕나라 문공文公이 세자로 있을 때 초나라로 가다가 송나라를 지나면서 맹자를 만났습니다. 그때 맹자는 문공에게 사람의 본성이 선하다는 것을 말했는데, 말할 때마다 요 임금과 순 임금을 거론했지요. 세자가 초나라에서 돌아오다가 다시 맹자를 만났습니다. 맹자가 말했습니다.

"세자께서는 제 말을 의심합니까? 무릇 길은 하나일 뿐입니다. 성간成覵이라는 사람은 제나라 경공에게 '성인도 사나이이고 나도 사나이인데, 내가 무엇 때문에 성인을 두려워하겠습니까?'라고 했습니다. 안연은 '순 임금은 어떤 사람이고 나는 어떤 사람인가? 노력하는 사람이라면 순 임금과 같아질 것이다舜何人也, 予何人也, 有爲者亦若是'고 했습니다."

6

학문을 하려거든 먼저 뜻을 세워라

학문을 하는 데는 입지立志가 꼭 필요하다. 뜻을 세우는 것을 밖에서 강제해서는 안 된다. 단지 자신의 본심에서 우러나와야 할 뿐이다.

7

입지와 수치심

뜻을 세워 업적을 이루는 데는 수치심을 아는 게 중요하다.

다와라야 소타츠 그림, 「학도하회화가권」, 16세기

8

인생은 두 갈래의 길을 실천하는 것이다

사람은 태어남과 동시에 천성적으로 인仁·의義·예禮·지智·신信의 오상五常을 갖추고 있기 때문에 이러한 성분을 잘 지키는 길로 매진해야 한다. 또한 사람은 도덕적으로 지켜야 할 직분으로써 효제충신孝悌忠信을 지니고 있기 때문에 이를 남에게 의무로써 실천해야 한다. 사람이 이 두 갈래의 길을 행하면 그것으로 족하다.

9

작은 재주는 신분을 더럽히고, 중간 재주는 신분에서 나오고, 큰 재주는 신분을 귀찮게 여긴다

군자는 덕이 있는 사람을 가리키는 말이다. 옛날에는 덕이 있으면 그 덕에 알맞은 훌륭한 지위가 있었다. 즉 덕의 높고 낮음에 따라 그 지위의 존비와 고하가 정해졌다. 그런데 날이 갈수록 덕이 없음에도 지위가 높은 자가 나타나, 단지 지위가 높다는 이유만으로 군자라 불리는 일이 생겨났다. 오늘날 군자 소리를 듣는 사람들은 스스로 그것에 어울리는 알맹이實가 없음에도 군자라는 허명虛名이 붙는데, 어찌 수치스럽게 생각하지 않는가?

〔拾遺〕 중국의 제자백가 중에 하나인 명가名家의 혜시惠施와 공손룡公孫龍은 사회를 개량하는 데는 명名:평판과 실實:실질이 올바르게 정립되어야 한다고 했습니다. 명실상부란 이를 말하는 것이지요. 전국 시대에 한비자韓非子는 치국의 요체는 "형명참동刑名參同"이라며 '명실언행名實言行의 일치'를 강조했습니다. 하지만 명과 실이 잘 어울리는 일은 몹시도 어렵습니다. 그래서 영국의 극작가 버나드 쇼는 이렇게 말했나 봅니다. "중재中才는 신분에서 태어나고, 대재大才는 신분을 귀찮게 여기며, 소재小才는 신분을 더럽힌다."

10

하늘은 왜 나를 낳고,
나에게 무슨 일을 시키려고 하는 것일까

사람은 반드시 자기 자신을 스스로 반성하고 성찰할 줄 알아야한다. "하늘은 어떤 이유로 나를 이 세상에 낳아, 나에게 무슨 일을 시키려고 하는 것일까. 나는 이미 하늘이 낳은 것이기에 반드시 하늘이 명한 역할이 있을 터이지 않은가. 또한 하늘이 명한 역할을 완수하지 않으면, 반드시 천벌을 받을 것이다." 스스로 반성해 여기까지 성찰하면 세상을 적당히 살면 안 되겠다는 것을 깨달을 수 있다.

〔拾遺〕『논어』「학이學而」편 제4장에서 증자曾子가 말했습니다.

"나는 날마다 다음 세 가지에 대해 나 자신을 반성한다. 남을 위하여 일을 꾀하면서 진심을 다하지 못한 점은 없는가? 벗과 사귀면서 신의를 지키지 못한 일은 없는가? 배운 것을 제대로 익히지 못한 것은 없는가?吾日三省吾身 爲人謀而不忠乎? 與朋友交而不信乎? 傳不習乎?"

11

마음은 스스로 옳고 그름을 안다

저울추는 사물의 무거움과 가벼움을 달 수 있지만 그 스스로의 무게는 달 수가 없다. 자尺度는 사물의 길고 짧음을 잴 수 있지만 그 스스로의 길이는 잴 수가 없다. 그런데 사람의 마음은 바깥 사물의 옳고 그름, 착함과 악함을 정할 수가 있고, 게다가 자기 자신의 마음속에 있는 시비선악도 알 수가 있다. 이것이 사람의 마음이 가진 더없이 영묘한 지혜이다.

[拾遺] 『맹자』 「양혜왕상梁惠王上」편에 나오는 글귀입니다. 이렇게 옛사람들은 마음에 관해 관심이 참 많았나 봅니다. 특히 선학禪學은 '마음의 연구학'이라 해도 과언이 아니지요. 일본 센고쿠戰國 시대의 영웅 우에스기 겐신上杉謙信의 다음과 같은 가르침도 아주 유명한 마음의 울림입니다.

이 가훈은 일본인들이 가장 존경하는 기업인인 마쓰시타 고노스케松下幸之助가 평생에 걸쳐 지키고자 했던 '사업의 마음가짐商賣心得帖'이기도 하지요.

(1) 마음에 물욕이 없으면 몸이 넉넉해진다.

(2) 마음에 교만함이 있으면 애경愛敬의 마음을 잃는다.

(3) 마음에 욕심이 없으면 의리를 지킨다.

(4) 마음에 사욕이 없으면 의심하지 않는다.

(5) 마음에 자만심이 없으면 남을 공경한다.

(6) 마음에 잘못이 없으면 남을 두려워하지 않는다.

(7) 마음에 탐욕이 없으면 남에게 알랑거리지 않는다.

(8) 마음에 분노가 없으면 말이 부드러워진다.

(9) 마음에 참을성이 있으면 일이 원만해진다.

(10) 마음에 어두움이 없으면 고요해진다.

(11) 마음에 용기가 있으면 후회하지 않는다.

(12) 마음에 미혹함이 없으면 남을 탓하지 않는다.

14

스스로 선을 행할 마음이 없으면,
견문이 많은 게 화를 부를 수도 있다

남의 선행을 본받아 자신의 것으로 삼으려는 자선資善의 마음이 이미 자기 자신에게 있다면 오로지 어버이와 형, 스승과 친구들에게 가능한 더 많이 듣지 않았음을 걱정해야 한다. 또한 독서도 가능한 많이 하지 않을 까닭이 없다. 성인과 현자들의 말을 많이 듣고 많이 본다는 다문다견多聞多見의 참된 뜻은 바로 이러한 것이다.

〔拾遺〕『논어』「위정爲政」편 제18장에서 자장子張이 녹봉을 많이 받고 좋은 관직에 올라 출세하는 방법을 배우려고 하자, 공자가 말하였습니다.

"많이 듣되 의심스러운 것은 제쳐두고, 그 나머지를 신중하게 말하면 허물이 적다. 많이 보되 위태로운 것을 빼놓고, 그 나머지를 조심스럽게 실천하면 뉘우침이 적을 것이다. 말에 허물이 적고 행동에 뉘우침이 적으면 녹봉은 절로 있게 마련이다多聞闕疑, 愼言其餘, 則寡尤; 多見闕殆, 愼行其餘, 則寡悔. 言寡尤, 行寡悔, 祿在其中矣."

16

식물도 인간도 영고성쇠의 이치는 같다

식물을 심었으면 당연히 길러주어야 하는데, 하늘에서 내리는 비와 이슬은 말할 필요도 없이 그것의 성장을 생생하게 돕는다. 뿌리가 기울어 자랄 희망이 없는 식물은 넘어져 버리는데, 이것을 넘어뜨리는 서리나 눈 또한 생생하다.

〔拾遺〕『역경』「계사전상繫辭傳上」편에서 "끊임없이 생생한 것을 역易이라 한다生生之謂. 易"고 하였습니다. 식물이 성장하는 것도, 시드는 것도 그 식물의 운명으로, 하늘은 원래 치우침이 없이 그 식물의 성질을 여러 가지로 발휘하게 해줍니다. 하늘은 또 사람에 대해서도 치우침이 없이 사람마다 가지고 있는 소질을 각양각색으로 발휘하게 해줍니다. 즉 식물도 인간도 영고성쇠의 이치는 같다는 말입니다. 그러므로 『중용』에서는 "하늘이 만물을 낳음에 반드시 그 재질에 따라서 도탑게 하니, 자라는 것을 북돋아주고 기울어진 것은 엎어버린다故天之生物, 必因其材而篤焉, 故栽者培之, 傾者覆之"라고 하였습니다.

17

억지로 무리하지 않는 게 자연의 지혜다

평온한 마음으로 자연의 조화가 낳은 천지만물의 궤적을 보면
모두가 억지로 무리하지 않고 일을 한다.

〔拾遺〕『맹자』「이루하離婁下」편에서 "억지로 무리하지 않고 일을 한
다行其所無事"는 것에 대해 맹자가 다음과 같이 말했습니다.

"우 임금이 물길을 흘러가게 한 것은 억지로 무리하지 않고 일한 것
에 다름 아니다. 만약 지혜로운 자가 우 임금과 같이 억지로 무리하지
않고 일을 한다면 그 지혜 역시 위대한 것이 된다禹之行水也, 行其所無事也.
如智者亦行其所無事, 則智亦大矣."

우 임금의 치수治水는 억지로 물을 막거나 물길을 낸 것이 아니라 높
은 곳에서 낮은 곳으로 흘러가는 자연스러운 물의 본성을 따라 물길을
내 바다로 흘러들게 하는 방법이었습니다.

19

두뇌와 등과 가슴과 배로 마음을 다스려보라

두뇌가 냉정하면 판단이 정확하고, 등이 따뜻하면 조급함이 없어져 사람을 움직일 수가 있고, 가슴에 그 무엇도 서리어 있지 않아 허심탄회하고 솔직하면 사람을 관대하게 받아들일 수가 있고, 배^{배짱}가 두둑하면 담력이 가득해 이런저런 일에 동요하지 않는다.

〔拾遺〕 일본에서 기업의 사회적 책임을 최초로 주장한 '일본 근대 자본주의의 아버지' 시부사와 에이치澁澤榮一, 1840-1931년는 『논어와 주판』에서 "지정의知情意의 조화를 갖춘 사람"이 되라고 하였는데, 여기서 '지知'는 지성 즉 머리面, 頭요, 정情은 감정 즉 가슴胸이요, 의意는 의지 즉 배腹입니다.

20

마음이 바깥 사물의 등에 있도록 하라

사람의 마음이 얼굴에만 집중하면 외부의 사물에 마음을 빼앗겨 시비의 분별도 없이 행동하기 십상이다. 때문에 마땅히 정신을 다잡고 마음이 바깥 사물의 등 쪽에 있도록 해야 판단을 그르치지 않는다. 물욕과 집착심을 버리는 몸이 되어야 바깥의 사물에 홀리지 않고 참된 자신이 될 수가 있다.

요사 부손 그림, 국화 위로 날아오르는 뻐꾸기, 18세기

22

정신을 칼처럼 벼려야 망상을 자를 수가 있다

마음속에 복잡한 궁리가 어지러이 생겨나는 까닭은 바깥 사물에 마음이 어지럽혀져 흐려진 탓이다. 때문에 평소에 늘 정신을 검처럼 예리하게 벼려야 모든 사물의 유혹으로부터 얽매이지 않으며, 그것이 마음속에서 살지 못하도록 한다면 자연히 깨끗하고 홀가분한 기분이 들 것이다.

〔拾遺〕 명나라의 양명학자 왕양명王陽明, 1472-1529년은 "산중의 적은 깨트리기 쉬우나, 마음속의 적은 깨트리기 어렵다"고 말했습니다.

25

진실한 명성을 무리하게 피하지 말라

실력도 없으면서 무리하게 명예를 구하는 것은 당연히 나쁜 마음이다. 또한 명예를 무리하게 피하는 마음도 좋지 않다.

〔拾遺〕『맹자』「이루하離婁下」편에서 서자徐子가 맹자에게, "공자께서는 자주 물을 찬미해 '물이여! 물이여!'라고 하셨는데, 물에서 어떤 점을 높이 산 것입니까?"라고 묻자 맹자가 말하였습니다.

"근원을 가진 샘물은 솟구쳐 나와 밤낮으로 쉬지 않고 흘러가며 움푹 파인 웅덩이들을 다 채운 후에는 앞으로 나아가 사해에까지 이른다. 근원이 있는 것은 이와 같으니, 공자께서는 이 점을 높이 산 것이다. 근원이 없는 빗물의 경우, 칠팔월 사이에 빗물이 모여 크고 작은 도랑들을 가득 채우지만, 그것이 마르는 것은 서서 기다릴 만큼 금방이다. 그러므로 명성이 실제보다 지나친 것을 군자는 부끄럽게 여긴다原泉混混, 不舍晝夜. 盈科而後進, 放乎四海, 有本者如是, 是之取爾. 苟爲無本, 七八月之閒雨集, 溝澮皆盈; 其涸也, 可立而待也. 故聲聞過情, 君子恥之."

27

___

천길 제방은 땅강아지와 개미구멍 때문에 무너진다

진짜 큰 뜻을 품은 사람은 아무리 작은 일일지라도 결코 허술하게 처리하지 않으며 잘하려고 최선을 다하고, 정말로 원대한 뜻을 지닌 사람은 소소한 일도 소홀히 하지 않는다.

〔**拾遺**〕『논어』「위령공衛靈公」편 11장에서 공자가 말하였습니다.

"사람이 멀리 내다보는 생각이 없으면 반드시 가까이에 근심할 일이 생긴다人無遠慮, 必有近憂."

한비자는『한비자』「유노喩老」편에서 "천길 제방은 땅강아지와 개미구멍 때문에 무너지고 백 척의 높은 집도 조그마한 연기구멍 때문에 타버린다千丈之堤, 以螻蟻之潰, 百尺之室, 以突隙之烟焚"고 했습니다.

이는, 고사성어 제궤의혈堤潰蟻穴의 유래입니다. 개미구멍으로 말미암아 마침내 큰 둑이 무너진다는 뜻인데요. 사소한 결함을 대수롭지 않게 여기다 손을 쓰지 않으면 큰 재난을 당하게 된다는 말입니다.

29

대덕大德과 소덕小德

오륜五倫 · 오상五常과 같은 대덕은 근본적인 예의 규칙이므로 이를 어기면 안 된다. 그러나 평소 사람을 대하는 응대와 진퇴進退: 나아감과 물러섬와 같은 소덕은 여줄가리와 같은 규칙이므로 융통성을 부릴 수가 있다. 이런 마음으로 사람을 대하면 아쉬운 대로 괜찮을 것이다.

〔拾遺〕대덕에 관해서 이미 『논어』 「자장子張」 제11장에서 자하子夏는 이렇게 말한 바가 있습니다.

"대덕이 한계를 넘지 않으면 소덕은 융통성을 두어도 괜찮다大德不踰閑. 小德出入可也."

오륜에 관해서는 맹자가 『맹자』 「등문공상騰文公上」편에서 다음처럼 얘기했습니다.

"사람에게는 도가 있다. 배부르게 먹고, 따뜻하게 입고, 편안히 살면서 배움이 없으면 짐승과 별로 다르지 않다. 성인이 이를 걱정하여 설契을 사도司徒로 삼아 인륜을 가르쳤으니, 부자는 친함이 있어야 하고父子有親, 군신은 의리가 있어야 하고君臣有義, 부부는 분별이 있어야 하고夫婦有別, 장유는 서열이 있어야 하고長幼有序, 붕우는 신의가 있어야 한다朋友有信."

오상은 인仁·의義·예禮·지智·신信 등 유교의 다섯 덕목을 일컫는 말입니다. 공자는 사람의 어짊仁을 중시하여 지智·용勇과 아울러 그 소중함을 가르쳤고, 맹자는 인에 의義를 더하고 또 예·지를 넣어 인·의·예·지를 인간의 네 가지 덕목이라 하였지요. 그리고 한漢나라의 동중서董仲舒는 오행설五行說에 바탕을 두어 여기에 신信을 더해 오상설五常說을 확립했습니다.

「공자성적도」 중에서, '안영이 공자의 등용을 막다.'

30

자기 자신은 엄격하게 책망하고, 남의 책임은 가볍게 추궁하라

자신의 과실을 꾸짖고 나무라는 데 매우 엄격한 사람은 다른 사람의 과실에도 냉정하다. 또 다른 사람에게 너그러운 사람은 자신에게도 관대하다. 이는 모두 다 한쪽으로 치우친 것에 지나지 않는다. 그런데 교양이 훌륭한 군자는 자신을 나무라는 데는 한없이 엄격하고 남을 꾸짖는 데는 관용적이다.

〔拾遺〕 공자는 『논어』 「위령공衛靈公」편 제14장에서 '관대함恕'이란 무엇인가'에 대해 이렇게 말했습니다.

"자기 자신은 엄격하게 책망하고 남은 가볍게 책임을 추궁한다면 원망이 멀어질 것이다躬自厚而薄責於人, 則遠怨矣."

또한 「위령공」편 제23장에서 자공이 "한마디 말로 평생토록 실천할 만한 것이 있습니까?"라고 묻자, 공자는 이렇게 말하였습니다.

"그것은 '용서하는 마음가짐恕'이로다! 자기가 원하지 않는 것을 남에게 강요하지 말라其恕乎! 己所不欲, 勿施於人."

32

뜻이 있으면 아무리 하찮은 일에서라도 배운다

견고하게 뜻을 세우고 이를 달성하고자 하면 설령 땔감과 물을 나르는 일을 할지라도 거기에 배움의 도가 있다. 하물며 독서라든지 사물의 이치를 궁구하는 일은 더욱더 그러할 것이다. 그러나 뜻을 세우지 않고 하루 종일 독서를 할라손 치면 도리어 그것은 단지 한가한 소일거리에 지나지 않는다. 그런 고로 학문을 함에는 '뜻을 세우는' 입지立志보다 더 우선하는 게 없다.

〔拾遺〕『후한서後漢書』에서는 "뜻을 세운 사람만이 결국 이룬다"라고 했습니다. 이렇게 입지立志야말로 모든 일의 시작입니다. 시바 료타로司馬遼太郎는 나가오카 번長岡藩, 지금의 니가타 현의 가로로 메이지 유신 지사였던 가와이 쓰구노스케河井継之助, 1827-1868년의 생애를 다룬 소설『언덕峠』에서 다음과 같이 말했습니다.

"그 뜻의 높음과 낮음에 따라 남자의 가치는 정해진다. …… 뜻은 소금처럼 물에 녹기 쉽다. 남자의 생애. 그 맛의 쓰고 떫음은 높은 뜻을 기어이 지키는가, 마는가에 달려 있다. 그 뜻을 끝까지 지키는 노력은 특별한 것에만 있지 않고 일상다반사인 자기 규율에 있다. 젓가락질, 술버릇, 놀이, 농담 등 모든 것에서 그 뜻을 단단하게 지키기 위한 노력을 게을리 하지 않으면 안 된다."

왕양명은 또 입지에 관해 이렇게 말했습니다.

"배움에 입지보다 앞선 것은 없다."

"뜻을 세우지 않으면 천하에 되는 일이란 없다."

"뜻을 세우지 않으면 키 없는 배나 재갈 물리지 않은 말처럼 제멋대로 표랑하고 질주하다 결국에는 그 어떤 밑바닥에 처박힐 것이다."

제갈량이 호로곡에서 사마중달과 그의 아들들을 몰아넣고 화공을 펼쳤습니다. 그런데 공교롭게도 때마침 쏟아지는 폭우로 계획이 수포로 돌아갔지요. 그러자 제갈량은 이렇게 탄식했습니다. "일을 꾀하는 것은 사람이로되 그걸 이루는 것은 하늘에 달렸구나謀事在人, 成事在天." 과연 뜻을 세우고 이를 이루는 것은 인간의 의지일까요? 하늘의 뜻일까요?

39

첫인상과 현명함

사람이 현명한지 현명하지 않은지는 첫인상을 보면 거의 틀림이 없다.

〔拾遺〕 맹자는 『맹자』「이루離婁」편에서 이렇게 말한 적이 있습니다.

"사람을 살피는 데는 눈동자보다 더 좋은 것이 없다. 눈동자는 그 사람의 악을 감추지 못한다. 마음이 바르면 눈동자가 맑고, 마음이 바르지 않으면 눈동자가 흐리다存乎人者, 莫良于眸子, 眸子不能掩其惡. 胸中正則眸子瞭焉, 胸中不正則眸子眊焉."

또, 공자는 『논어』「위정爲政」제10장에서 이렇게 말하였습니다.

"그 사람이 하는 것을 곧장 바라보고, 그 동기를 살펴보고, 무슨 일을 하고 나서 편안해하는지를 곰곰이 관찰해 보아라. 어찌 사람 됨됨이를 감추겠는가, 어찌 저라는 사람됨을 숨기겠는가?視其所以, 觀其所由, 察其所安. 人焉廋哉, 人焉廋哉?"

41

부귀는 봄과 여름, 빈천은 가을과 겨울과 같다

부귀는 가령 봄과 여름과 같아 사람의 마음을 녹여 게으르게 한다. 빈천은 가령 가을과 겨울과 같아 사람의 마음을 다잡아 긴장하게 한다. 그래서 사람은 부귀하면 그 뜻이 박약해지고, 빈천의 역경에 처하면 그 뜻을 견고하게 한다.

〔拾遺〕 "부는 젊은이에게 재앙이고, 가난은 젊은이에게 행운이다." 가난한 청년에서 미국의 대부호가 된 카네기의 『부의 복음』에 있는 말입니다. 카네기는 만약 자신이 부유한 청년 시절을 보냈다면 대부호가 되지 못했을 거라고 고백하고 있지요. 에도 시대 유학자인 구마자와 반잔熊澤蕃山, 1619-1691년은 그의 『집의화서集義和書』에서 "가난은 세계적인 복福의 신"이라고 말했습니다. 가난도 낮은 신분도 발분의 재료가 되면 사실 그것은 '복의 신'에 다름 아니라는 말일 것입니다.

순조로울 때 자중하고 역경이 닥칠 때 인내해야 합니다. 역경에 비통해할 필요도 없고, 순경에 자만을 해서도 안 됩니다. 역경이야말로 인간적인 성장을 하게 하는 거름일 테니까요.

42

안분지족

  자신의 신분을 알고 그 이상을 기대하지 않고, 또한 자신의 분수를 알고 그것에 만족할 줄 알아야 한다.

  〔拾遺〕『법구경法句經』에서는 "만족을 아는 것知足이 가장 부자知足最富"라고 하였고, 또『도덕경道德經』제44장은 안분지족安分知足을 이렇게 이야기하고 있습니다.

  "명성과 내 몸, 어느 것이 더 소중한가. 내 몸과 재산, 어느 것이 더 귀한가. 얻음과 잃음, 어느 것이 더 큰 관심거리인가. 그러므로 무엇이나 지나치게 좋아하면 그만큼 낭비가 크고, 너무 많이 쌓아두면 그만큼 크게 잃게 된다. 만족할 줄 아는 사람은 부끄러움을 당하지 않고, 적당할 때 그칠 줄 아는 사람은 위태로움을 당하지 않는다. 그리하여 영원한 삶을 살게 되는 것이다名與身孰親. 身與貨孰多. 得與亡孰病. 是故甚愛必大費, 多藏必厚亡. 知足不辱, 知止不殆, 可以長久."

44

높이 비상한 항룡이야말로
추락을 헤아려보아야 한다

일이 뜻대로 풀리는 득의의 때야말로 한 발 물러설 줄 아는 게 가장 좋다. 일시적일지라도, 한 가지의 일일지라도, '높이 날아오른 항룡' 즉 존귀가 극에 달한 것은 모두 다 퇴보를 헤아리지 않으면 반드시 뉘우침이 있기 마련이다.

〔拾遺〕『주역』「건괘乾卦」에서 "항룡亢龍: 늪 속에 빠진 용이니 뉘우침이 있다亢龍, 有悔"라고 하였습니다.

45

사람을 사귐은 물처럼 담백하게 하라

총애를 지나치게 받으면 도리어 원망을 부르게 된다. 지나치게 친하면 오히려 소원해진다.

〔拾遺〕『예기』「표기表記」는 "군자가 접대하는 것은 물과 같고 소인이 접대하는 것은 감주와 같다. 군자는 담담해서 교제가 이루어지고 소인은 달콤해서 교제가 망가진다君子之接如水, 小人之接如醴. 君子淡以成, 小人甘以壞"고 합니다.

또『장자庄子』「산목山木」에서 장자가 말했습니다.

"군자의 사귐은 물같이 담백하지만 소인의 교제는 달콤하고 이익에서 벗어나지 못하므로 곧 끊어져 버린다君子之交淡若水, 小人之交甘若醴; 君子淡以親, 小人甘以絶."

공자는『논어』「계씨季氏」 제4장에서 이렇게 말하였습니다.

"유익한 세 부류의 벗이 있고, 해로운 세 부류의 벗이 있다. 정직한 사람을 벗하고, 신의가 있는 사람을 벗하고, 견문이 넓은 사람을 벗하면 유익하다. 편벽便辟한 사람을 벗하고, 아첨을 잘하는 사람을 벗하고, 말을 잘 둘러대는 사람을 벗하면 해롭다孔子曰: 益者三友, 損者三友. 友直, 友諒, 友多聞, 益矣. 友便辟, 友善柔, 友便佞, 損矣."

46

하늘을 훔치는 정치가란 무엇인가?

토지와 인민은 하늘이 내려준 것이다. 하늘로부터 받은 이 자양분을 밑거름 삼아 만물을 각기 만족시키는 게 어진 정치가의 책무이다. 그런데 정치가가 이를 잘못 알고 하늘로부터 받은 토지와 인민을 모조리 자신의 사유물로 생각하는 것은 난폭함일 뿐이다. 이를 정치가가 하늘을 훔치는 짓이라고 한다.

〔拾遺〕명군으로 이름난 우에스기 요잔上杉鷹山, 요네자와 번의 제9대 번주. 1751-1822년은 은퇴를 하면서 새 번주에게 다음과 같은 『나라를 물려주는 글傳國の辭』을 남겨주었다고 합니다.

"국가는 선조가 자손에게 물려주는 것이므로 사유화를 하면 망하고 만다. 인민은 국가에 속한 것이므로 사유화를 하면 없어지고 만다. 국가와 인민을 위해서 군주가 있는 것이지, 군주를 위해 국가와 인민이 있는 게 아니다."

47

임금과 신하는 장사치들의 관계가 아니다

군주는 그 신하로서 현명한 이를 등용하고 유능한 이를 잘 부려 다 함께 하늘로부터 받은 직분을 다하고 다 함께 하늘로부터 봉록을 받는 만큼, 최고 리더인 군주와 그 원수를 보필하는 신하로서 나라를 위해 일심동체가 되어야 한다. 이것을 의義라고 부른다. 그러나 만약 군주가 자신의 봉록을 내어 인민을 먹여 살리기 때문에 인민들은 그 은혜를 갚기 위해 목숨까지 내놓을 줄 알아야 한다고 하면 저잣거리의 장사치와 그 무엇이 다르겠는가?

———

상과 벌을 줄 때 군주는 사심을 끼워선 안 된다

자연을 위한 일, 즉 세상의 안녕을 위해 노력하는 자는 상을 주고, 자연을 해치는 일, 즉 사회를 어지럽히는 자는 벌을 주어야만 한다. 군주는 이때 사심을 끼워선 절대로 안 된다.

〔拾遺〕『한비자韓非子』「이병二柄」편에 다음과 같은 구절이 있습니다.

"현명한 군주가 신하를 통제할 때 사용하는 것은 '두 자루의 칼二柄' 뿐이다. 두 자루의 칼이란 형벌刑罰을 주는 것과 덕을 베푸는奬賞 것이다. 무엇을 형과 덕이라고 하는가? 사형에 처하는 것을 형이라고 하고, 공을 치하해 상을 내리는 것을 덕이라고 한다. 신하 된 자들은 벌을 두려워하지만 한편으로 포상을 바란다. 그런 까닭에 군주가 직접 형벌과 포상을 관장한다면 신하들은 그 권위를 두려워하며 이로운 쪽으로 행동할 것이다明主之所導制其臣者, 二柄而已矣. 二柄者, 刑德也. 何謂刑德? 曰: 殺戮之謂 刑, 慶賞之謂德. 爲人臣者畏誅罰而利慶賞, 故人主自用其刑德, 則群臣畏其威而歸其利矣."

53

아버지의 기氣

나의 아버지는 올해 86세로 곁에 사람들이 많이 있으면 기분이 자연스럽게 장쾌하고 의욕에 넘쳐 있지만, 사람이 적을 때는 갑자기 기운이 빠져버린다. 생각건대 남녀를 가릴 것 없이 자손들은 일심동체이기에 노인이 거기에 의탁해 안심을 하는 것이 당연하다. 단지 이뿐만이 아니라 노인은 원기가 없기 때문에 남이 기를 얻는 것을 도와주면 기분과 몸이 조화를 이룰 수가 있어 원기를 회복할 수 있다. 이것은 마치 몸을 녹여 피를 보충하는 약을 복용하는 것과 같을 터이다. 노인이 자신의 주위에 사람이 많이 있는 것을 좋아하고, 인기척이 적은 것을 싫어하는 까닭이다. 『예기』 「왕제王制」편에서 "사람은 여든이 되면 딴 사람의 기와 체온이 아니면 몸이 따뜻해지지 않는다"라고 하였는데, 아마도 노인은 주변 사람들의 분위기에 의해 따뜻해진다는 말일 것이다. 피부를 맞대어주는 노파로 따뜻하게 해줄 필요가 없이 손자와 손녀들이 주위에서 즐겁게 노는 것만으로도 기운이 샘솟는다는 말이다.

집안이 망하느냐, 흥하느냐는 술에 달려 있다

근면의 반대는 태만이고 검약의 반대는 사치다. 내 생각에 술은 사람을 나태하게 하고, 또한 한턱을 내고 싶은 마음을 불러일으켜 사치스럽게 한다. 근검은 집안을 일으킬 수 있으나 나태와 사치는 집안을 망하게 하기에 족하다. 집안이 흥하느냐, 망하느냐는 아마 술이 그 주선자일 것이다.

〔拾遺〕『역경』「이괘頤卦」는 "언어를 신중하게 조심하며 술과 음식을 절제하라愼言語, 節飮食"고 합니다. 말과 술과 입이 재앙의 원점인 탓입니다.

김홍도 그림, 「월하취생」, 18세기

58

여행도 실학이다

산에 오르고 바다와 강을 건너 몇 십 리, 몇 백 리를 여행하면서 때로는 노숙에 잠을 못 이루고 먹을거리가 없어 시장기를 느껴보고 때로는 옷이 없어 추위에 떨어보라. 이것이야말로 실제의 학문實學을 살아나게 한다. 아무 일도 하지 않으면서 밝은 창가에 깨끗한 책상을 놓고 향을 피워 책을 읽는 것보다 실제적인 힘을 얻는 게 적지 않을 것이다.

김홍도 그림, 「기려행려」, 18세기

59

고난은 재능을 연마시켜 준다

무릇 환난과 변고, 굴욕과 비방, 마음속 곤욕스러움은 모두 하늘이 자신의 재능을 길러주기 위한 것이므로 그 어느 것이나 자신의 재능을 닦아주는 숫돌이자 바탕이다. 그러므로 군자는 응당 이와 같은 지경에 처하면 어떻게 처리할지를 궁리해야지, 도피하려고 해서는 안 된다.

〔拾遺〕 이릉李陵이 흉노를 토벌하러 나갔다가 투항한 일을 두고 탄핵 여부를 논할 때 사마천은 이릉을 두둔하는 주장을 하다가 한 무제의 노여움을 사 궁형에 처해졌습니다. 다음은 사마천의 『사기』 「태자공자서太史公自序」에 나오는 글로 동양 최고의 사서인 『사기』는 사마천의 고난을 밑거름 삼아 탄생하였다는 것을 보여줍니다.

그로부터 칠 년 뒤에 태사공은 이릉의 화를 입고 감옥에 갇히고 말았다. 그는 한숨을 쉬고 탄식하며 말했다.

"이것이 내 죄인가? 이것이 내 죄인가? 몸이 망가져 쓸모없게 되었구나."

그는 물러나 깊이 생각한 끝에 이렇게 말했다.

"대체로 『시경』과 『서경』의 뜻이 은미하고 말이 간략한 것은 마음속으로 생각하는 바를 펼쳐 보이려 했기 때문이다. 옛날 서백西伯, 주나라 무왕은 유리羑里에 갇혀 있었으므로 『주역』을 풀이했고, 공자는 진陳나라와 채나라에서 고난을 겪었기 때문에 『춘추』를 지었으며, 굴원은 쫓겨나는 신세가 되어 「이소」를 지었고, 좌구명左丘明은 눈이 멀어 『국어』를 남겼다. 손자孫臏는 다리를 잘림으로써 『병법』을 논했고, 여불위는 촉나라로 좌천되어 세상에 『여람呂覽』을 전했으며, 한비는 진秦나라에 갇혀 「세난說難」과 「고분孤憤」 두 편을 남겼다. 『시』 300편은 대체로 현인과 성인이 발분하여 지은 것이다. 이런 사람들은 모두 마음속에 울분이 맺혀 있는데 그것을 발산시킬 수 없기 때문에 지나간 일을 서술하여 앞으로 다가올 일을 생각한 것이다."

이리하여 드디어 도당陶唐: 요임금부터 인지麟止: 한 무제가 기린을 얻어 발 모양을 주조한 일에 이르기까지의 일을 서술하였다. 기록은 황제黃帝부터 시작된다.

61

달인들끼리는 말과 마음이 서로 통한다

하나의 기예에 달통한 명인들은 모두 다 그 경지를 함께 말할
수 있다.

〔**拾遺**〕일본의 검성劍聖 미야모토 무사시宮本武蔵, 1584-1645년는 『오륜
서五輪書』에서 말했습니다.

"하나의 도는 모든 기예에 통한다一道萬藝通."

64

재능은 검과 같다

재능은 마치 검과 같다. 잘 쓰면 몸을 훌륭히 지켜줄 수 있다.
하지만 잘못 쓰면 몸을 능히 죽일 수 있다.

「공자성적도」 중에서, '송나라 사람들이 공자가 쉬고 있던 나무를 베어버리다.'

간악한 소인은 모두 보통사람보다
뛰어난 재능을 갖고 있다

예로부터 간악한 소인은 여하튼 죄다 재능이 보통사람보다 뛰어났다. 가령 폭군인 상商나라 주왕紂王이 가장 뛰어난 재능을 지녔다. 설령 미자微子, 기자箕子, 비간比干 등 현명한 신하들을 곁에 여럿 두었더라도 주왕의 그 비뚤어진 마음은 고칠 수가 없었다. 또한 미자, 기자, 비간도 주왕을 퇴위시킬 수가 없었으며 주왕 그 자신이 죽는 데 그치지 않고 자손들도 절멸하고 말았다. 그러므로 재능과 지능은 도리어 무섭기 짝이 없다.

〔拾遺〕미자微子는 상나라의 마지막 왕인 폭군 주왕의 배다른 형으로, 주왕의 포악이 날로 심해지자 간언을 올렸습니다. 하지만 받아들여지지 않자 제기를 가지고 은나라를 떠나고 말았지요. 주周 무왕이 상나라를 무너뜨린 이후, 미자로 하여금 선대의 제사를 지내게 하고 그의 나라를 송宋나라로 했습니다.

비간比干은 주왕의 숙부로 은나라를 떠난 미자와는 다르게 완강하게 주왕에게 간언했습니다. 그러자 주왕은 "성인의 심장에는 일곱 개의 구멍이 있다고 들었다"며 비간의 가슴을 절개하여 그의 심장을 꺼내

보았다고 합니다.

기자箕子는 주왕의 숙부로, 비간이 죽자 두려워하여 일부러 미친 척하며 노비가 되었지만 주왕이 그를 잡아 가두었습니다. 무왕이 상나라를 멸하고 나서야 자유를 얻을 수가 있었습니다.

사마천의 『사기』 「은본기」에는 이런 내용이 실려 있습니다.

"상나라 주왕은 말재간이 뛰어나고 민첩하며 견문이 매우 빼어났고 힘이 보통 사람을 능가해 맨손으로 맹수와 싸웠다. 지혜는 간언이 필요하지 않았고, 말재주는 허물을 교묘하게 감추기에 충분했다. 자신의 재능을 신하들에게 뽐내며 천하에 명성을 드높이려 했고, 모두가 자신의 아래에 있다고 여겼다. 술을 좋아하고 음악에 흠뻑 빠졌으며 여자를 탐했다."

67

이익을 얻는 게 어찌 악하다고만 하겠는가?

이익은 천하의 공공물로, 이익을 얻는 것을 어찌 악하다고만 하겠는가. 단지 자기 혼자만 독점하면 곧바로 다른 이로부터 원망을 사는 길일 따름이다.

〔拾遺〕 공자는 『논어』「이인」 제12장에서 말했습니다.

"자신의 이익만을 탐하면 다른 사람들로부터 원망을 많이 듣게 된다

放于利而行, 多怨."

68

오욕칠정을 조절하는 예의의 묘미

재욕財慾、색욕色慾、식욕食慾、명예욕名譽慾、수면욕睡眠慾 등 오욕과 기쁨喜、노여움怒、슬픔哀、두려움懼、사랑愛、미움惡、욕망慾 등 칠정七情이 일어나는 대로 행동하면 폐해가 발생하기 때문에 이것이 어느 정도에 다다르면 반드시 알맞게 조절해야만 한다. 이것이 바로 예의禮儀의 오묘한 쓰임이다.

치기治己와 치인治人은 동전의 양면이다

자기 자신을 다스리는 것과 남을 다스리는 것은 단지 한 타래
의 실과 같은 일이다. 또한 자기 자신을 속이는 것과 타인을 속이
는 것도 똑같다.

셋슈 도요 그림, 산수화, 15세기

70

간언은 성의다

무릇 남에게 간언을 하고 싶거들랑 오로지 말에 성의가 넘쳐나야만 한다. 만일 화를 내며 미워하는 감정을 조금이라도 품게 되면 간언은 결코 상대의 마음속으로 들어가지 않는다.

〔拾遺〕『공자가어孔子家語』에 "좋은 약은 입에 쓰지만 병에 이롭고, 참된 충고는 귀에 거슬리지만 행하는 데 이롭다良樂苦于口而利于病, 忠告逆于耳而利于行"고 하였습니다.

72

예악합일의 묘미

사람을 기쁘게 하고 즐겁게 해 춤을 추게 하며 원기를 밖으로
거침없이 내뿜게 하는 것은 음악이다. 사람에게 몸을 정돈하게
하고 마음을 숙연하게 하며 내면을 단속하게 하는 것은 예이다.
이렇게 상반된 두 가지를 조화롭게 해 밖으로는 기쁨과 즐거움을
표현하게 하고 안으로는 정숙함을 당겨 조이게 하는 것이 예악합
일의 묘미다.

「공자성적도」 중에서, '공자가 태어나자 하늘이 음악을 들려주다.'

73

웃음의 효용

중국 고대에 방상씨方相氏는 역병과 잡귀를 쫓아내는 의식을 거행하는 일을 맡았다. 곰가죽을 뒤집어쓰고 네 개의 금빛 눈망울을 부라리며 검은색 윗도리와 적색 아랫도리 옷을 입고 방패를 손에 꼬나 쥔 채 많은 부하를 따르게 하며 역병과 귀신을 물리쳤다. 마을사람들은 떼로 모여 이것을 구경하였다. 아마도 이 의식이 주나라의 예의 제도로 이루어진 것은 깊은 의의가 있을 것이다. 당시 사람들은 양기 안에 있는 음기와 계절에 어긋나는 양기가 결합한 나쁜 기운이 사람에게 병을 일으킨다고 생각하였다. 또한 이 역병을 쫓아내는 데는 인간의 순수하고 쾌활한 양기보다 더 좋은 게 없다고 생각했다. 그래서 마을의 남녀노소는 죄다 어지러이 모여 역병과 귀신을 쫓는 방상씨의 가면극을 보고는 한편으로 몹시 두려워하고 한편으로는 몹시 즐거워하며 구경하였다. 이로 인해 양기가 사방으로 퍼져나가면 역병 귀신이 달아나 버린다고 생각했다. 이에 마을사람들의 마음도 기쁘고 화창하게 바뀌었으며, 다시는 역병이 틀어박히지 않도록 하였다. 필시 그 '웃기는 짓거리' 같은 데에 묘한 효용이 있었을 터이다.

74

평화로울 때는 인심을 잘 파악해
지나치지도 모자라지도 않게 하라

나라가 평화롭게 다스려지는 세월이 길어지면 즐거운 일이 많아지는데, 이는 바로 하늘이 정한 자연스러움이다. 남녀가 기쁘게 모여 잔치를 열고 술을 마시며 춤을 추고 노래를 부르는 것은 자연스러운 일로 당연히 막을 수 없다. 이것을 강제로 금지하고 인심을 억눌러 발산을 할 곳이 없어지면 반드시 은밀하고 사특하고 흉악하고 간악한 짓을 하거나, 혹은 그것이 안으로 쌓여 열병이 들거나 종기가 생겨 그 폐해가 막심해진다. 위정자爲政者는 당연히 인지상정을 좇아 이를 잘 헤아리고, 금지하는 것 같은 혹은 금지하지 않은 것 같은 상태로 이를 잘 처리해 한쪽으로 지나치게 치우치지 말게 해야 한다. 이것 역시도 시세에 적응하는 정치의 깨달음이다.

76

무사는 평상시에도 유비무환의 정신을 잊지 말아라

군주는 마땅히 무사들이 평상시 놀 때에도 궁술이나 마술, 검도를 하게 해야 한다. 이렇게 나아가거나 물러나거나, 몰아 달리거나 쫓거나, 앉거나 서거나, 때리거나 찌르거나 하는 동작은 사람의 심신을 크게 고무시켜 기운을 북돋게 할 것이다. 이러한 일은 태평성대에도 해야 하는바, 이는 난세에 대처하고자 하는 유비무환의 정신일 뿐만 아니라 정치를 펼치는 데도 크게 도움이 된다.

〔拾遺〕『역경』「계사전하繫辭傳下」에는 이런 구절이 있습니다.

"공자 말씀하시기를, 위태롭게 여기는 것은 그 자리를 편안하게 하려는 것이요, 망할까 염려하는 것은 있는 것을 보존하려는 것이요, 어지러울까 여기는 것은 다스리려는 것이니, 이런 까닭에 군자는 편안해도 위태로움을 잊지 않으며 있어도 없어지는 것을 잊지 않으며 다스려도 어지러움을 잊지 아니하니라. 이로써 몸이 편안하고 나라를 보존할 수 있으니, 역에 말하기를, 그 망할 듯 망할 듯, 해야 더부룩한 뽕나무에 맨다 하니라 子曰, "危者, 安其位者也. 亡者, 保其存者也. 亂者, 有其治者也. 是故君子安而不忘危, 存而不忘亡, 治而不忘亂, 是以身安而國家可保也." 易曰, "其亡其亡, 繫于苞桑.""

겸손해야 자리가 튼튼하다

총명하면서도 중후하며, 위엄이 있으면서도 겸손하고 온화해야 한다. 남들 위에 있는 상사는 당연히 이와 같이 하여야 한다.

〔拾遺〕『역경』「계사전상」은 "겸손이란 공손함을 지극히 다하여 그 지위를 보존하는 것이다謙也者, 至恭以存其位者也"라고 했습니다.

80

군주가 우선 할 일은
왕후가 거처하는 곳을 다스리는 것이다

나라를 통치하는 자가 가장 먼저 해야 할 일은 왕후^{王侯}가 거처하는 곤내^{壺內}를 다스리는 일이다. 음란함을 금지하고 쓸데없는 낭비를 줄이게 하는 게 가장 먼저 할 일이다.

「공자성적도」 중에서, '사당의 동상에서 등에 새겨진 금언을 보다.'

덕과 예를 갖춘 정치를 하라

나라에 사람이 지켜야 할 올바른 도[正道]가 있다면 그것은 군주와 대신이 서로 권력을 양보하는 것이다. 권력은 도덕적인 것이지 폭력적인 것이 아니다. 나라에 올바른 도리가 없으면 군주와 대신이란 자들은 서로 권력투쟁을 벌인다. 이러한 정권은 폭력적이지 도의적이지 않다. 정권이 도의적이면 그 정권은 군주로부터 멀어지지 않고, 군주가 나쁜 정치를 하면 정권은 아랫사람들의 것이 되어버린다. 그래서 나라의 정치를 제대로 하려면 오로지 덕과 예를 존중하지 않으면 안 된다.

88

시점을 이동하면 보이지 않는 것이 보인다

가능한 '높고 큰' 대국적 시야를 가지면 도리가 보이고 갈팡질팡 헤매는 일이 없다.

〔拾遺〕일본 무로마치室町 시대에 유명한 노가쿠能樂: 가면 음악극 연기자였던 제아미世阿彌, 1363?-1443?는 60세에 쓴 노가쿠 이론서『하나노카가미花鏡』에서 "떨어져 봄의 봄離見の見"를 말한 바 있는데, 이는 예술을 감상할 때 비판적 거리두기를 하면 더욱더 잘 감상할 수 있다는 것입니다. 정치에서의 '높고 큰' 대국적 시야와 비슷하지 않나요?

89

———

후세를 위한 염려

　지금 세상에서 욕을 먹거나 칭송을 받는 것은 두려워할 만하지 않지만 후세에 욕을 먹거나 칭송을 받는 것은 두려워할 만하다. 내 몸의 이해득실은 걱정할 만한 게 아니지만 자손의 이해득실은 충분히 우려할 만하다.

　〔拾遺〕『채근담菜根譚』에 이런 글귀가 있습니다.

　"사람의 도리에 깃들어 살며 그것을 지키는 이는 한때에 외롭지만, 권세에 의지하는 자는 영원히 처량하다. 세상의 이치를 깨달은 달인은 눈에 보이지 않는 이치를 보고 다시 태어날 후세의 삶을 생각하며 도리어 한때의 외로움을 견딜지언정 영원히 불쌍해지는 것을 얻지 말라 棲守道德者, 寂莫一時, 依阿權勢者, 凄凉萬古. 達人觀物外之物, 思身後之身, 寧受一時之寂莫, 毋取萬古之凄凉."

과거와 거울

이미 죽어서 없어진 것은 지금 생존하고 있는 것에 도움이 되
도록 이용되고 이미 지나가 버린 일은 미래의 거울이 된다.

〔拾遺〕송나라 구양수가 편찬한『당서唐書』「위징전魏徵傳」은 "옛일을
거울로 삼는다면 흥함과 망함을 알 수 있다以古爲鑑, 可知興替"고 하였습
니다. 당태종이 청동거울, 옛일, 사람 등 세 가지를 인생의 거울로 삼았
다는 이야기에서 나온 말입니다.

97

마음은 하늘에서 유래한다

눈을 떠보면 만물은 모두 유래한 곳이 있다. 우리의 몸은 부모가 낳아주었기에 유래한 곳이 있다. 그런데 마음이 유래한 곳은 어디에 있는 것일까. 나는 이렇게 생각한다. 우리의 몸은 가장 우수한 땅의 기로 부모가 모아준 것이다. 마음은 즉 하늘이다. 몸이 완성되면 하늘은 몸에 깃들어 살고, 하늘이 몸에 깃들어 살자 지각관념이 생기고 하늘이 몸을 떠나면 지각관념이 사라진다. 마음이 유래한 곳은 바로 태허^{太虛: 하늘}인 것이다.

〔拾遺〕『서경』「태서^{泰誓}」편과『장자』「달생^{達生}」편은 "천지는 만물의 부모^{天地, 萬物父母}"라고 했습니다.

—

사람은 왜 배워야 하는가

인간의 본성은 모두 같지만 기질은 서로 다르다. 기질이 사람마다 다르기에 교육이 필요하다. 본성이 같기에 교육의 성과를 올릴 수가 있다.

〔**拾遺**〕 중국에서 아동들에게 문자를 가르치는 데 사용한 대표적인 교과서인 『삼자경』에 다음과 같은 구절이 있습니다.

"사람은 태어나면서 본래 성품은 선한 것이었다. 본성은 서로 비슷하여 큰 차이가 없었지만, 습관에 의해 자꾸 멀어져 사람마다 그토록 차이가 생기게 된 것이다人之初, 性本善, 性相近, 習相遠."

또 공자께서는 『논어』 「양화陽貨」편 제2장에서 이렇게 말씀하셨습니다.

"타고난 본성은 서로 비슷하지만, 습성에 따라 서로 멀어지게 된다性相近也, 習相遠也."

사람의 본성은 큰 차이가 없지만 학문과 수양을 어떻게 하는가에 따라 차이가 나게 된다는 말이지요.

102

재앙은 위로부터 싹튼다

속담에 "재앙은 아래로부터 싹튼다"고 하였다. 하지만 나는 이렇게 생각한다. "이 속담은 망국의 말로써 한 나라의 군주를 잘못된 길로 인도하므로 믿어서는 안 된다." 무릇 '모든 재앙은 위로부터 싹튼다.' 설사 아래로부터 싹튼 재앙일지라도 반드시 위에 있는 자로 인해 그렇게 빚어진다. 상나라 탕왕은 "너희들 사방의 나라 백성들이 죄를 짓는 것은 위에 있는 자들의 책임이다"라고 말하였다. 군주라는 자들은 이 말을 꼭 거울로 삼아야 한다.

〔拾遺〕 춘추 시대 노魯나라의 역사책인 『춘추春秋』에 대한 해설서인 『좌전左傳』에서 민자마閔子馬가 이렇게 말했습니다.

"재난과 행복은 들어오는 문이 있는 것이 아니라, 오직 사람이 불러들이는 것이다禍福無門, 唯人所召."

105

쓸모없음의 쓸모

천하의 만물은 자연스러운 결과로 그렇게 되지 않으면 안 되는 것이다. 경우에 따라서는 학문을 하는 이가 혹여 사람이 한 일을 배척하며 쓸모없는 짓이라고 무시한다. 특히 '세상에 쓸모없는 것이 없다면 쓸모없는 일도 없다'는 이치를 모른다. 학문이나 학자가 배척한 쓸모없는 것이 도리어 크게 도움이 된다는 것을 어찌 알 수 있는가. 만약 인간의 의식주에 그 무엇 하나 도움이 되지 않은 것은 모두 쓸모없다고 생각하면, 하늘이 만물을 낳으면서 하늘은 또 왜 쓸모없는 것들을 많이도 만들었을까? 목재가 될 수 없는 초목도 있고 먹을 수 없는 금수와 곤충, 물고기도 있다. 하늘은 도대체 어떤 용도로 이것들을 낳았단 말인가. 정말로 인간의 생각이 쉬이 미치지 못한다. 『역경易經』은 "턱수염을 길러 꾸민다賁其須"라고 했는데, 턱수염은 또 무슨 쓸모가 있는 것인가.

〔拾遺〕『장자』「소요逍遙」편에 이런 이야기가 실려 있습니다.

혜자惠子가 장자에게 말했다.

"위魏나라 왕이 큰 박씨를 주길래 그것을 심었더니, 자라나 다섯 석石:

180리터 정도이나 들어갈 정도의 열매가 열렸소. 물을 담자니 무거워 들 수가 없었소. 확실히 크기는 컸지만 아무 쓸모가 없어 부숴버리고 말았지요."

장자가 말했다.

"선생은 큰 것을 쓰는 방법이 매우 서툴군요. 송나라에 손 안 트는 약을 잘 만드는 사람이 있었소. 그는 그 약을 손에 바르고 대대로 솜을 물에 빠는 일을 가업으로 삼아 왔소. 한 나그네가 그 소문을 듣고 약 만드는 방법을 백금百金을 주고 사겠다고 하자 친척을 모아 의논하며 말했소.

'우리는 솜 빠는 일을 대대로 해오고 있지만 수입은 불과 몇 푼 안 되니, 이 기술을 팔면 단박에 백금이 들어온다. 그러니 팔도록 하자.'

나그네는 그 약 만드는 비결을 사가지고 오吳나라 왕을 찾아가 설득했소. 월越나라가 오나라에 쳐들어오자 오나라 왕은 이 사람을 장군으로 썼는데 겨울에 월나라 군대와 수전을 하여 그들을 크게 무찔렀소. 월나라 군대는 물에서 손이 트는 고통으로 충분히 싸울 수가 없었던 거지요. 오왕은 그 공적을 크게 치하하여 그에게 땅을 나누어 주었소. 손을 트지 않게 하기는 마찬가지이나 한쪽은 영주가 되고 한쪽은 솜 빠는 일에서 벗어나지 못했소. 약을 쓰는 법이 다르기 때문이오.

지금 선생께서 다섯 석이나 드는 박을 갖고 있다면 어째서 그 속을 파내 큰 술통 모양의 배로 만들어 강이나 호수에 띄우고 즐기려 하지 않고 납작하여 아무것도 담을 수 없다고 푸념만 하시오. 역시 선생은 마음이 꽉 막혀 있군요."

혜자가 장자에게 말했다.

"내게 큰 나무가 있는데 사람들은 그걸 가죽나무라고 하더군요. 줄기는 울퉁불퉁하여 먹줄을 칠 수가 없고 가지는 비비 꼬여서 자를 댈 수가 없소. 길에 서 있지만 목수가 거들떠보지도 않소. 그런데 선생의 말은 이 나무와 같아 크기만 했지 쓸모가 없어 모두들 외면해 버립니다."

그러자 장자가 말했다.

"선생은 너구리나 살쾡이를 아실 테죠. 몸을 낮게 웅크리고서 놀러 나온 닭이나 쥐를 노려, 이리 뛰고 저리 뛰며 높고 낮은 데를 가리지 않다가 결국은 덫에 걸리거나 그물에 걸려서 죽지요. 그런데 검은 소는 크기가 하늘에 드리운 구름 같아 큰일은 하지만 쥐는 잡을 수가 없소. 지금 선생에게 큰 나무가 있는데 쓸모가 없어 걱정인 듯하오만, 어째서 아무것도 없는 드넓은 들판에 심고 그 곁에서 마음 내키는 대로 한가로이 쉬면서 그 그늘에 유유히 누워 자보지는 못하오. 도끼에 찍히는 일도 누가 해를 끼칠 일도 없을게요. 그런데 쓸모가 없다고 어째서 괴로워한단 말이오."

성악性惡의 원인

사람의 본성이 선한지를 알려면 모름지기 우선은 왜 악이 나타나는지를 연구하여야만 한다. 사람이 악을 행하는 것은 과연 무엇을 위함인가? 이것은 귀耳·눈目·코鼻·입口·손手·발足을 위해서가 아닌가? 귀와 눈이 있기에 음악이나 여색에 빠지고 코나 입이 있으므로 향기로운 냄새와 맛난 음식에 빠지고, 또 손과 다리가 있으므로 편안함과 안락을 탐하는 것이다. 이것들이 모두 악을 일으키는 원인이다. 만약 신체로부터 이목구비를 없애고 한 덩어리의 혈육으로 만들어버렸다면 사람은 과연 어떻게 악을 행할 것인가? 또 사람의 본성을 신체에서 없애버리면 이 본성은 과연 악을 행할 생각이 있을까, 없을까. 시험 삼아서라도 한 번 이것을 생각해 봐야 하지 않겠는가.

108

하늘과 땅 그리고 본성과 몸

사람의 본성은 하늘이 준 것이고, 몸은 땅이 준 것이다. 하늘은 순수하고 형태가 없다. 형태가 없기 때문에 어디에서든지 통할 수가 있다. 그래서 선善으로 하나가 될 수 있다. 땅은 여러 가지가 헝클어져 섞였기에 형태를 갖추고 있다. 형태가 있으므로 통하지 않고 정체를 한다. 그러므로 땅은 선과 악을 모두 갖추고 있다. 이 땅은 그 활력을 본래 하늘로부터 받았기에 땅으로서의 기능을 할 수가 있다. 바람과 비를 일으켜 만물을 자라게 하는 게 바로 그것이다. 또 때로는 바람과 비가 사물을 파괴하듯이 땅은 선과 악을 겸하고 있는 것이다. 이른바 그 악이라는 것도 진짜 악이 아니고, 지나치거나 미치지 않아 즉 중용을 얻지 못한 과불급過不及으로 인해 생겨났다. 사람의 본성은 선한데, 사람의 몸이 선과 악을 함께 지닌 것도 바로 이와 같다.

신체 그 자체가 원래부터 불선한 것은 아니다

비록 본성은 선일지라도 신체가 없으면 그 선을 실천할 수가 없다. 신체를 둔 것은 본래 마음이 시키는 대로 선을 실천하게 하기 위함이었다. 단지 형태가 있는 것은 어떤 것에 의해 막히면 마음은 비록 이미 선을 이루려고 하지만 때로는 그것이 지나쳐서 악으로도 흐르는 경향이 있다. 맹자가 "사람의 형체와 용모는 타고난 천성이다. 오로지 성인이라야 타고난 형체와 용모를 그대로 실현시켜 낼 수가 있다形色, 天性也. 惟聖人, 然後可以踐形"고 말한 것을 보더라도 신체 그 자체가 원래부터 불선한 것이 아님을 알 수가 있다.

110

욕망도 야심도 쓰기 나름이다

사람은 욕망이 없을 수가 없다. 욕망은 악하게 쓰일 수가 있다. 하늘이 사람에게 이미 준 본성은 선하지만 또한 이를 문란하게 하는 욕망이라는 악도 지니고 있다. 하늘은 어째서 애초부터 사람에게 욕망이 없도록 하였는가. 욕망은 과연 어찌 써야 하는가. 나는 욕망이라는 것은 사람 몸의 생기로써 몸의 지방과 정액이 증발하는 곳이라고 생각한다. 이 욕망이 있기에 사람은 살고, 이것이 없어지면 죽는다. 사람의 욕망의 기운이 퍼지는 것은 '아홉 곳의 구멍九竅'과 모공毛孔에서 나오기 때문이다. 이로 인해 몸에 욕망이 활활 타오른다. 때문에 악이 흘러내린다. 무릇 생물은 욕망이 없을 수가 없다. 오로지 성인만이 그 욕망을 선한 데에 쓸 뿐이다. 맹자는 "사람의 본성이 바라는 대로 하는 것을 선"이라고 말했다. 공자는 "마음에 하고 싶은 대로 좇아서 한다"고 말했다. 순 임금은 "나의 마음이 바라는 대로 백성을 다스린다"고 말하였다. 성인들은 모두 욕망을 착한 데 쓴다는 말이다.

112

몸의 욕구를 자제하면 활기가 축적된다

초목에게 싱싱한 기력이 있어 나날이 뻗어 우거지고자 하는 것은 초목의 욕구이다. 그 가지와 이파리가 성장하는 대로만 맡겨 두면, 욕구가 빠져나가 버린다. 그러므로 초목의 지엽을 벌채하면 그 활기가 뿌리로 돌아가고 다시 줄기로 영양분이 가서 굵게 커간다. 인간도 육체의 욕구가 바라는 대로 한다면 욕구가 새어나가 얇아지고 만다. 그 욕구가 빠져나가 버리면 정신도 소모해 버려 영묘한 정신 작용을 할 수 없게 된다. 고로 욕구가 외부에 빠져나오는 것을 막으면 활기가 안에 축적되고 마음의 영묘한 기능은 그곳으로부터 생기고 마음은 그것에 따라서 영묘한 작용을 하고, 또한 신체도 이에 따라 건강하게 유지될 수 있다.

114

효자를 표창할 때

요즘 효자를 칭찬하는데 금전이나 견포나 곡물 등으로 표창한다. 이것은 쇠약해진 미풍양속을 장려하는 의미에서는 합당한 방법이다. 단지 효행을 칭찬하려면 효를 행한 사람의 마음에 근본을 두는 것이 좋다. 효행의 마음은 부모를 경애하는 것 외에는 아무것도 생각하지 않는다. 부모를 위해서는 어떠한 간난신고도 달게 받는 것이다. 하물며 명성을 탐하고자 하는 마음은 어불성설이다. 그러므로 금전이나 견포, 곡물 등을 줄 때는 부모에게 많이 주고 자식에게는 조금 주어야 한다. 생각건대 그처럼 하는 것은 사실 아이에게 조금 주는 게 아니다. 그 부모에게 상을 대부분 주는 것은 그 아이에게 대부분 주는 거나 마찬가지다. 부모를 칭찬하는 말로서는 "가정교육이 잘 되어서 이런 효자가 나올 수 있었다"라고 하면 좋고, 자식을 칭찬하는 말로서는 "너는 가정교육을 잘 받은 매우 기특한 아이다"라고 말하는 게 좋다. 이와 같이 했다면 효행하고자 하는 평소의 마음이 채워진다.

115

효행을 권할 때

효행으로 인해 이름이 나는 것은 반드시 빈곤이라든가, 곤란이
라든가, 병이라든가, 변고라든가 하는 일에 의해서다. 즉 대체로
효행으로 유명한 사람은 불행한 경우에 빠진 사람이다. 지금 만
약 효자의 효행을 두텁게 칭찬하며 상을 내리면서도 부모를 칭찬
하지 않으면, 그 효자라는 자는 그 집의 불우함에 의해 상을 받고
명성을 요구하는 것에 지나지 않는다. 그러한 마음으로 한 효행
을 표창하기에는 아마도 썩 내키지 않을 것이다. 게다가 무릇 사
람의 선행을 칭찬할 때는 반드시 그 아버지와 형에 근거를 해서
실시해야 한다. 이와 같이 하면 단지 자식이 부모에게 하는 효와
아우가 형에게 하는 제^(悌, 공경)를 권할 수 있을 뿐만이 아니라 아울
러 부모의 자식에 대한 애정과 형의 아우에 대한 우애도 권할 수
가 있다. 이것이야말로 일거양득이라고 말할 수 있을 것이다.

〔**拾遺**〕 공자는 『논어』 「학이」편 제2장에서 이렇게 말하였습니다.

"사람됨이 부모를 모시고 집안 어른을 잘 받들면서 윗사람의 뜻을
침범하기 좋아하는 사람은 적고, 윗사람의 뜻을 침범하기를 좋아하지
않으면서 세상을 어지럽히기 좋아하는 사람은 있었던 적이 없다. 군자

가 근본을 세우고자 애쓰므로 근본이 서고 그 본의 길이 생긴다. 부모를 모시고 형제자매를 서로 위하는 일이야말로 인을 실천하는 근본이 아니겠는가 其爲人也，孝悌而好犯上者，善矣；不好犯上，而好作亂者，未之有也．君子務本，本立而道生，孝弟也者，其爲仁之本與．"

「공자성적도」 중에서, '조두를 차려놓고 제사를 지내며 놀다.'

117

국가의 탄생

아주 먼 옛날 상고시대에는 군주도 없고 이런저런 관리도 없고 인민은 각자의 힘으로 먹고 살며 생존하였으므로 완전히 금수와 같았다. 당시에는 강자가 약자를 괴롭히고 다수가 소수를 노략질 하였으므로 생활을 영위할 수 없는 자들도 있었다. 그런 가운데 재덕이 뛰어난 사람이 있으면 소수자나 약자들이 모여와 억울한 사정을 호소하고 공평한 중재를 부탁하게 되었다. 그러면 재덕자가 분쟁이 있는 곳으로 달려가서 명확하게 이치를 따져주면 강자나 다수자도 그 올바른 중재에 복종하고, 게다가 그 올바른 이치를 좇아 다시 난폭하게 행동하지 않게 되며 약자나 소수자도 안심하고 생활을 할 수 있게 되었다. 그러한 일이 점차 많아지면 결국 사람들이 모여 호소하기가 일상다반사가 되어, 재덕자는 스스로 일해서 먹고 살 수가 없게 되었기 때문에 자연스럽게 중재를 하는 일을 거절할 수가 없었다. 그러면 수많은 사람들이 서로 상의를 하며 이렇게 말할 것이다. "재덕이 있는 사람이 없어지면, 재난이 다시 일어날 것이다. 우리들이 먹을 것과 입을 것을 갹출하여 드리면 그분은 자신의 힘으로 먹을 것을 찾는 노고를 안 해도 되지 않은가? 그러면 반드시 우리들을 위해서 재판과 중재의 일을 도맡아 줄 것이다." 모든 사람들이 이에 동의하고 다시 재덕자에게 이를 부탁하니 생각한 것처럼 흔쾌히 받아들여졌다. 이것이 군장君長의 탄생이고 납세와 부역의 유래이다. 이러한 일이 곳곳에서 일어났다. 그 가운데 재덕이 가장 우수한 사람이 있으면 그 다음으로 우수한 재덕자가 모여들어 모두 그의 명령을 듣게 되고 결국 가장 뛰어난 재덕자를 추천하여 최고의 지위에 앉혔다. 이것이 만민의 임금이자 스승의 탄생이다. 맹자가 『맹자』「진심하盡心下」편에서 "백성은 귀하고 사직은 그 다음이고 군주는 하찮다. 그러므로 백성의 마음을 얻으면 천자가 되고, 천자의 마음을 얻으면 제후가 되고 제후의 마음을 얻으면 대부가 된다民爲貴, 社稷次之, 君爲輕. 是故得乎丘民而爲天子, 得乎天子爲諸侯, 得乎諸侯爲大夫"라고 했는데, 이 의미도 지금까지 한 얘기랑 닮았다.

자기를 잃으면 사람을 잃는다

자기를 잃으면 사람을 잃고 사람을 잃으면 모두를 잃어버린다.

〔拾遺〕『맹자』「이루상離婁上」편에 이런 글귀가 있습니다.

"무릇 사람은 반드시 스스로 업신여긴 후에 남이 업신여기고 집안도 반드시 스스로 망친 후에 남이 망치고 나라도 반드시 스스로 공격한 뒤에 남이 공격한다. 『서경』의 「태갑」에서 '하늘이 만든 재앙은 오히려 피할 수 있어도 스스로 만든 재앙은 빠져나갈 길이 없다'고 한 것은 바로 이것을 말함이다. ……스스로 자신을 해치는 자와는 함께 이야기를 할 수 없고 스스로 자신을 내팽개치는 자와는 함께 일을 할 수 없다 夫人必自侮, 然後人侮之; 家必自毀, 而後人毀之; 國必自伐, 而後人伐之. 太甲曰, "天作孼, 猶可違; 自作孼, 不可活." 此之謂也. ……自暴者, 不可與有言也; 自棄者, 不可與有爲也."

또한 중국인들이 가장 좋아하는 모범 군주 강희제1654-1722년는 "여러 사람의 마음을 얻는 자로 흥하지 않는 사람이 없고, 여러 사람의 마음을 잃는 자로 망하지 않은 사람이 없다"는 말을 남겼습니다.

121

독립자신

대장부는 다른 사람에게 기대는 일 없이 혼자서 독립을 해 자신감을 갖고 행동하는 게 중요하다. 자신의 영달을 위해 권세에 빌붙어 알짱거리거나 돈 있는 자에게 엉겨 붙어 아양을 떨 생각일랑은 하지 말아야 한다.

〔拾遺〕 일본 만엔짜리 지폐 속의 주인공인 후쿠자와 유키치福澤諭吉는 『학문을 권함學問のすすめ』에서 독립자존獨立自尊에 대해 이렇게 말한 적이 있습니다.

"독립의 기력이 없는 자는 반드시 남에게 의지하고, 남에게 의지한 자는 반드시 남을 두려워한다. 남을 두려워하는 자는 반드시 남에게 아첨하며 알랑거린다. 늘 남을 두려워하며 알랑거리는 자는 점점 이것에 익숙해져 철면피가 되고 부끄러워해야 할 일도 부끄러워하지 않고 왈가왈부할 일도 논하지 않고 사람만 보면 허리를 굽힐 뿐이다. …… 서라면 서고 춤추라면 춤추는 그 유연함은 사실 사육된 개와 같다."

또 "한 개인이 독립해야 한 나라가 독립할 수 있다一身獨立, 一國獨立"라고도 했습니다.

마흔이 지나서야 세월의 아까움을 안다

사람은 젊고 힘이 넘칠 때는 세월이 아깝다는 것을 모른다. 설사 알더라도 그렇게 크게는 아까워하지 않는다. 마흔 살이 지나면서 처음으로 시간이 아깝다는 것을 안다. 이를 이미 알 때는 힘도 점점 쇠해진다. 그러므로 사람이 배우기 위해서는 젊을 적에 뜻을 세우고 열심히 노력해야 한다. 그렇지 않으면 나중에 제아무리 후회한들 역시나 이롭지 않다.

〔拾遺〕 순자荀子는 『순자』 「권학勸學」편에서 뜻을 세우고 묵묵히 일해야 한다며 지렁이와 게의 이야기를 들려줍니다.

"지렁이는 날카로운 발톱과 이빨과 힘센 근육이나 뼈를 가지고 있지 않지만, 위로는 티끌과 흙을 먹고 아래로는 땅 속의 물을 마시는데, 그것은 한결같은 마음을 쓰기 때문이다. 게는 여덟 개나 되는 발에다 두 개의 집게를 지니고 있지만 장어의 굴이 아니면 의탁할 만한 곳이 없는 것은 산만하게 마음을 쓰기 때문이다. 그러므로 굳은 뜻이 없는 사람은 밝은 깨우침이 없을 것이며, 묵묵히 일하지 않는 사람은 혁혁한 공을 이루지 못할 것이다."

124

구름, 바람, 비, 천둥처럼 멈추지 않는 성실이
사람과 사회를 움직인다

구름은 끊이지 않고 모여들고, 바람과 비 역시도 멈추지 않고 하늘로부터 새어나오고, 세찬 천둥도 역시 멈추지 않고 진동한다. 이를 보면, 멈추려고 해도 멈출 수가 없는 지극한 성실의 작용을 엿볼 수가 있다.

셋슈 도요 그림, 「산수화」, 15세기

125

정직이 최고의 인생 전략이다

멎으려고 해도 멎을 수 없는 기세로 활동을 하면 그 무엇에도 가로막히지 않는다. 비뚤어질 수 없는 바른 길을 걸으면 위험하지 않다.

〔拾遺〕『논어』「옹야雍也」편 제17장에서 공자가 말하였습니다.

"사람의 삶은 정직해야 한다. 정직하지 않은 삶은 요행히 화나 면하고 있는 것이다人之生也直, 罔之生也幸而免."

129

기다리면 맑아진다

'수需' 자는 '비오는 하늘雨天'을 뜻한다. 비가 올 때에는 기다리면 개이지만 기다리지 않으면 젖어버린다. [분카文化 13년1816년 정월, 사토 잇사이 45세에 쓰다]

〔拾遺〕 일본 속담에 "기다리면 단비가 내리고待てば甘露の日和あり", 또한 "기다리면 바닷길이 갠다待ては海路の日和あり"라고 했습니다. 초조해하지 않고 참고 기다리면 머지않아 좋은 날이 온다는 뜻으로 "쥐구멍에도 볕들 날이 있다"라는 말일 것입니다.

130

초조함이 실패의 근원이다

다급해하면 당황해서 실패하고, 마음을 안정시켜 차분히 실행하면 성공한다.

〔拾遺〕『채근담』에 다음과 같은 글귀가 있습니다.

"일에는 급하게 서두르면 드러나지 않다가도 너그럽게 하면 혹 저절로 명백해지는 것이 있으니, 조급하게 서둘러서 그 분노를 초래하지 말라. 사람에게는 부리려고 하면 따르지 않다가도 그냥 놓아두면 혹 스스로 감화되는 사람이 있으니, 너무 심하게 부려서 그 완고함을 더하지 말라事有急之不白者, 寬之或自明, 毋躁急以速其忿. 人有操之不從者, 縱之或自化, 毋操切以益其頑."

131

하늘은 차별하지 않는다

이 망망하고 광대한 세계에서 도는 하나로 관통되어 있다. 인간의 입장에서 보면 문명국인 중화中華의 나라가 있고, 또 야만스러운 나라가 있다. 중화의 문명국에는 도덕을 지키고자 하는 성질이 있고 야만스러운 나라에도 그것이 있다. 문명의 나라에서는 사단四端, 인의예지의 맹아 즉 측은지심, 수오지심, 사양지심, 시비지심 등이 있고 야만스러운 나라에도 그것이 있다. 문명의 나라에는 오륜 즉 부자유친父子有親, 군신유의君臣有義, 부부유별夫婦有別, 장유유서長幼有序, 붕우유신朋友有信이 있고 야만스러운 나라에도 그것이 있다. 하늘은 정말로 어떤 사람에게는 후하고 어떤 사람에게는 박할까? 또 어떤 사람은 사랑하고 어떤 사람은 미워하며 차별을 할까? 그렇지 않다. 때문에 도가 하나로 관통되어 있는 것이다. 단지 인간이 지켜야 할 길을 말한 중국의 옛 성인이 다른 곳보다 특별히 더 빨리, 또한 특별히 자세하게 그것을 일찍이 말했을 뿐이다. 그러므로 성인이 사용한 언어나 문자는 사람의 마음을 움직이기에 충분하였다. 그러나 그러한 도도 사람의 마음을 언어나 문자로는 도저히 다 말할 수가 없었다. 만약 도가 중국의 문자에 있다고 한다면 한번 시험 삼아 생각해 보는 게 좋다. 세계

안에서 중국과 같은 문자를 이용하고 있는 나라가 얼마나 있을지 모르나, 그 나라에도 치세가 있고 난세도 있으니 중국과 별반 다르지 않다. 이밖에 가로 문자를 쓰는 서양도 또한 도덕을 지키는 성질과 인륜을 지니고 있고, 이 세상에 생명을 길러내고 또 죽음을 맞이하고 있다. 그래서 도는 중국의 문자에만 있는 것은 아니다. 그런데도 하늘이 과연 어떤 곳에는 후하고 어떤 곳에는 박하고, 어떤 곳은 사랑하고 어떤 곳은 미워하는 차별을 할까?

〔拾遺〕『한서漢書』「동중서전」은 "이빨을 준 것에는 뿔을 주지 않고 날개를 준 것에는 다리를 두 개밖에 주지 않는다豫之齒者, 去其角, 傅其翼者, 兩其足"고 합니다. 하늘은 차별하지 않는다는 말입니다.

132

죽음을 바라보는 성인과 현인
그리고 보통사람의 차이

성인은 생사를 초월하고 있기에 죽음을 태연자약하게 받아들이고, 현인은 생자필멸의 이치를 알고 있기에 죽음을 잘 인정하고, 보통사람은 단지 죽음을 두려워할 뿐이다.

강세황 그림, 「사군자」, 18세기

133

죽음과 삶은 낮과 밤과 같다

현명한 자는 죽음을 맞이하여, 마땅히 죽음을 자연의 도리로 당연하게 보고 거기에 만족하기 때문에 죽음을 두려워하는 것을 수치스럽게 생각하며 편안하게 죽기를 바란다. 그러므로 임종 때도 마음에 흐트러지는 바가 없다. 또한 남겨진 유훈이 있어 귀담아 들을 만하다. 그런데 현인이 성인에 미치지 못하는 것은 바로 이 유훈에 있다. 성인은 그 평상시의 언동 하나에서도 교훈이 아닌 것이 없고 죽을 때라고 특별히 유훈을 남기거나 하지 않는다. 생사를 마치 밤과 낮의 교대와 같이 실로 당연하게 여기므로 아무런 신경을 쓰지 않는다.

134

성인을 미화하지 말라

요·순·문왕 등의 성군이 『서경書經』에 남긴 교훈은 모두 만세의 법칙이며, 이것보다 뛰어난 고인의 가르침은 없다. 젊어서 즉위한 주나라 성왕成王의 임종 때의 명이나 증자의 선언善言은 현인의 본분이지 성인의 것은 아니다. 공자가 만든 「태산의 노래」가 『예기禮記』「단궁壇弓」편에 실려 있다. 공자는 어느 날 일찍 손을 뒤로 돌리고 지팡이를 끌며 문에서 천천히 거닐면서 "태산이 무너지는구나, 대들보도 쓰러지는구나, 철인이 시드는구나泰山其頹乎, 梁木其壞乎, 哲人其萎乎"라고 노래한 후 칠 일 만에 타계했다. 이것은 후세의 사람이 공자를 칭탁해서 말한 것이기에 완전히 믿기는 어렵다. 이러한 이야기는 이밖에도 종류가 많다. 성인을 존경하려는 의도지만 오히려 화를 부른 것에 지나지 않는다.

135

보통 사람의 죽음

보통 사람은 평소 칭찬받을 만한 일을 하나도 하지 않음에도 이따금 병이 위급해지면 착실해져, 스스로 일어날지도 모르는 일을 아는 양 훌륭한 유언을 하며 조금도 흐트러지지 않은 게 마치 현자와 같다. 이는 바로 임종에 즈음한 한마디는 들을 만한 가치가 있다는 것이다. 일종의 임종의 징후로서 이러한 사람도 있으니 또한 알아두어야만 한다.

〔拾遺〕『논어』「태백泰伯」편에서 증자가 이렇게 말했습니다.

"새가 죽으려 할 때면 그 울음소리가 슬퍼지고 사람이 죽으려 할 때면 그 말이 선해집니다鳥之將死, 其鳴也哀. 人之將死, 其言也善."

137

삶과 죽음을 모두 하늘에 맡겨라

생물은 모두 죽음을 두려워한다. 인간은 만물의 영장이다. 당연히 죽음을 두려워하면서도 죽음을 두려워하지 않기 위한 이치를 찾아내야 한다. 나는 다음과 같이 생각한다. 자신의 신체는 천명을 받아 이 세상에 태어났기 때문에 삶과 죽음의 권리는 하늘에 있다. 따라서 천명을 따를 수밖에 없다. 우리들이 태어난 것은 자연의 힘으로 태어나므로 즐거움을 모른다. 또한 우리들이 죽는 것 역시 자연적이기에 죽을 때에 슬퍼할 필요가 없다. 하늘이 우리들을 낳았고 하늘이 우리들을 죽음의 때에 이르게 하였다. 따라서 삶도 죽음도 하늘에 맡기고 두려워하지 않는 게 좋다. 나의 본성은 하늘이 주었고, 이 몸은 하늘이 준 본성을 간수해 둔 방이다. 정기가 응고되어 형태를 이루면 하늘^{본성}은 이 방에 머물고, 혼이 빠져나가면 하늘은 이 방을 떠난다. 죽으면 태어나고 태어나면 죽는데 우리의 본성이 본성인 까닭은 늘 사생의 밖 즉 삶과 죽음을 초월하고 있기에 나는 죽음을 두려워하지 않는다. 낮과 밤에 하나의 도리가 있고 사생에도 하나의 도리가 있다. 시작이 있으면 끝이 있고 봄이 있으면 겨울이 있듯이 생사도 이와 같다. 간단하고 알기 쉬운 진리다. 우리들은 이 진리에 따라 스스로를 성찰해야 한다.

〔**拾遺**〕『논어』「선진」편 제11장은 다음과 같습니다.

계로가 귀신 섬기는 일에 대하여 여쭙자, 공자께서 말씀하셨습니다.

"사람도 제대로 섬기지 못하는데 어찌 귀신을 섬길 수 있겠느냐?"

"감히 죽음에 대하여 여쭙겠습니다."

공자께서 대답했습니다.

"삶도 제대로 알지 못하는데 어찌 죽음을 알겠느냐?"

季路, 問事鬼神. 子曰 : "未能事人, 焉能事鬼?"

"敢問死." 曰 : "未知生, 焉知死?"

138

하늘이 준 죽음을 두려워하지 않는 마음

죽음을 두려워하는 것은 태어난 후의 감정이다. 몸이 있고 난 후에 감정이 생기기 때문이다. 죽음을 두려워하지 않음은 태어나기 전의 본성이다. 사람은 몸을 떠나야 처음의 이 본성을 알 수가 있다. 사람은 모름지기 죽음을 두려워하지 말아야 하는 이치를, 죽음을 두려워하는 와중 즉 태어난 후에 스스로 깨달아야 한다. 이래야 필시 본성으로 돌아갈 수 있을 것이다.

실제의 일을 학문의 각주로 삼아라

　모든 경서를 읽을 때에는 반드시 자신이 경험한 세상사와 사건을 경서의 각주로 삼을 줄 알아야 한다. 자신이 실제의 일을 처리할 때는 반드시 성현의 말씀을 각주로 삼아야 한다. 이렇게 하면 실제와 도리가 일치해, 학문은 결코 일상생활과 동떨어진 게 아니라는 것을 알 수가 있다.

「공자성적도」중에서, '창고 관리 벼슬을 얻다.'

|4|

역사의 내부에 감추어진 진실을 보라

일부의 역사가 전해주는 것은 모두 밖으로 드러난 형적일 뿐
내부에 감추어진 진상은 전하지 않는다. 역사를 읽는 자는 밖으
로 드러난 형적으로부터 내부의 진실을 볼 줄 알아야 한다.

김홍도 그림, 「사군자」, 18세기

142

독서에 대한 감상

나는 독서를 할 때에 옛 성인과 현인, 호걸들의 몸도 영혼도 모두 죽어 버린 것을 생각하면 자연히 머리가 수그러지고 슬픈 기분이 든다. 하지만 다시 생각하면 그들의 정신은 오히려 여전히 존재하고 있기 때문에 나는 눈을 크게 뜨고 발분하여 다시 일어난다.

143

미래는 현재의 연장이다

과거의 역사로부터 현재의 세계가 태어났기 때문에 지금부터 올 세계는 현재의 살아 있는 역사의 연장이다.

마루야마 오쿄 그림, 「까마귀」, 18세기

144

총명함의 가로축과 세로축

무슨 일이든지 넓게 듣고 많이 책을 읽어 여러 가지에 대해 밝고 기억력이 좋은 박람강기博覽强記는 총명함의 가로축이요, 도리를 연구해 신묘한 이치를 깨닫는 것은 총명함의 세로축이다.

〔拾遺〕 넓게 사물을 듣고 그것을 잘 기억하는 것은 '머리가 좋아지기' 위한 총명함의 가로축이다. 사물을 깊이 생각하는 것은 '머리가 밝아지기' 위한 총명함의 세로축이다. 일본인들이 가장 존경하는 경영자 마쓰시타 고노스케松下幸之助, 1894-1989년는 여기에다 '하늘의 이치와 자연의 법칙에 합치하는가' 하는 또 하나의 축을 덧붙인 '삼차원 사고축'을 말한 바 있습니다.

죽은 독서

어느 덕망이 있는 한 노인이 독서를 좋아한다. 식사를 하는 것 이외는 서적을 손에서 떼어놓은 적이 없는 생활을 하다 보니 어느새 그러한 노인이 되어버렸다. 사람들은 모두 그를 학문에 열심인 사람이라고 칭찬한다. 하지만 나는 그런 사람은 아마도 일을 마무리하지 못할 것이라고 본다. 그는 언제나 마음을 서적에 집중시키지 몸에 두려고 하지 않는다. 인간의 다섯 가지 감각기관인 오관五官, 눈·귀·코·혀·피부은 어느 것에도 차별을 두지 않고 균등하게 사용해야 한다. 그런데 그는 마음을 눈에만 집중시키기 때문에 특히나 눈만이 피로하고 거기에 따라서 정신 역시도 어두워진다. 이렇게 해서는 설령 그 얼마나 독서를 한들 결코 깊은 깨달음을 스스로가 얻어낼 수가 없다. 단지 마음을 서적 위에 두고 있을 뿐이다. 덧붙여 공자는 『논어』「이인」편에서 "군자는 밥 먹는 순간에도 인을 어기지 말아야 하고 아무리 급한 때라도 반드시 인에 근거해야 하고, 위태로운 순간일지라도 반드시 인에 근거해야 한다君子無終食之間違仁, 造次必於是, 顚沛必於是"고 가르쳤다. 생각해 보자. 이 노인은 평생 동안 서적을 손에서 떼어놓지 않았지만 마음은 제멋대로인 상태가 되어버렸다. 이것으로 '인仁'에 이르렀다고는 할 수 없는 것 아닌가.

〔拾遺〕『한산시^{寒山詩}』에 '책상물림'에 관한 시가 한 수 있습니다.

"기품 있고 온화하고 잘생긴 소년이여, 모든 경전과 역사책을 두루 읽었네. 하나같이 그 사람을 선생이라 부르고 세상에선 다 학자라고 일컫네. 그러나 벼슬자리 하나 얻지 못했고 쟁기와 보습을 잡고 밭 갈고 김매기도 할 줄 모르네. 한겨울에도 떨어진 베적삼이나 입으니, 아아, 모두 책이 그의 몸을 그르친 것이라네^{雍容美少年, 博覽諸經史. 盡號曰先生, 皆稱爲學士. 未能得官職, 不解秉未耜. 冬披破布衫, 蓋是書誤己.}"

146

___

공자의 제자들

공자의 문하생 중에는 민자건[閔子騫]처럼 중용을 지켜 온화한 기상이 있거나, 자로[子路]와 같이 강한 기상이 있거나, 염유[冉有]와 같이 강직하면서도 온화한 기상을 품은 이가 있다. 여하튼 기상은 강직하고 명쾌해야 한다. 이에 반해 요즈음 학문에 뜻을 둔 사람은 일 년 내내 옛 종이나 고서에 쫓아 돌려지고, 숨도 곧 끊어질 듯 분발하지 않고 기상이 쇠약해져 의기소침한 인간들이 되어버렸다. 공자의 문하생들과 비교하면 하늘과 땅 정도의 차이가 있다.

147

공자와 그의 아들

공자의 아들 백어伯魚가 정원을 종종걸음으로 달리고 있을 때, 아버지인 공자로부터 '시와 예에 대해 배우지 않으면 안 된다'는 가르침을 들은 것은 아마도 스무 살이 지날 무렵이었을 것이다. 옛날에는 서로 자식을 맞바꾸어 가르쳤으므로 백어는 이미 학문을 연마하고 있었다. 그래서 아버지가 '시는 배웠는가?'라고 물은 것이다. 그러나 백어는 아직 시나 예를 배우지 않았었다. 무엇을 배우고 있었을까? 백어와 문답을 한 진항은 하나를 물어 세 개를 얻고 기뻐하였기에 그때까지는 아직 시나 예를 배우지 않았던 것 같다. 학문에 뜻을 둔 사람은 이 이야기를 잘 유념해야 한다.

〔拾遺〕『논어』「계씨季氏」편 제13장에 공자가 자기 자식과 거리를 둔 이야기가 나옵니다.

진항陳亢이 백어伯魚에게 물었다.

"당신은 특별한 가르침을 들은 것이 있습니까?"

백어가 대답하였다.

"없습니다. 예전에 홀로 서 계실 때 제가 종종걸음으로 걸어서 안뜰을 지나가는데, '시를 공부했느냐?' 하고 물으셨습니다. '아직 못했습니다.' 하고 대답했더니, '시를 공부하지 않으면 남들과 말을 잘할 수가 없다.'라고 하셔서, 저는 물러나 시를 공부했습니다. 다른 날에 또 홀로 서 계실 때 제가 종종걸음으로 걸어서 안뜰을 지나가는데, '예禮를 공부했느냐?'라고 물으셨습니다. '아직 못했습니다.' 하고 대답했더니, '예를 공부하지 않으면 남들 앞에 설 수가 없다.'라고 하셔서, 저는 물러나 예를 공부했습니다. 제가 들은 것은 이 두 가지입니다.

진강이 물러 나와서 기뻐하면서 말하였다. "하나를 물어서 세 가지를 알게 되었다. 시에 대해서 듣고, 예에 관하여 들었으며, 또 군자는 자기 자식에게 거리를 둔다는 것을 알게 되었다."

陳亢問于伯魚曰: "子亦有異聞乎?" 對曰: "未也. 嘗獨立, 鯉趨而過庭. 曰: '學詩乎?' 對曰: '未也.' '不學詩, 無以言.' 鯉退而學詩. 他日又獨立, 鯉趨而過庭. 曰: '學禮乎?' 對曰: '未也.' '不學禮, 無以立.' 鯉退而學禮. 聞斯二者." 陳亢退而喜曰: "問一得三, 聞詩, 聞禮, 又聞君子之遠其子也."

148

믿음을 얻으면 안 되는 일이 없다

사람에게 믿음을 얻기란 어렵다. 아무리 좋은 말을 하더라도 사람은 행동을 보고 믿기 때문이다. 아니 행동보다는 마음을 보고 믿는다. 자신의 마음을 사람에게 보여주는 것은 무척이나 어렵기에 믿음을 얻기가 어렵다.

〔拾遺〕 공자는 『논어』「위정爲政」편 제22장에서 이렇게 말하였습니다.

"사람에게 신의가 없으면 그 쓸모를 알 수가 없다. 만일 큰 수레에 소의 멍에를 맬 데가 없고 작은 수레에 말의 멍에를 걸 데가 없으면 어떻게 그것을 끌고 갈 수 있겠느냐?人而無信, 不知其可也. 大車無輗, 小車無軏, 其何以行之哉."

150

윗사람에게도, 아랫사람에게도 믿음을 얻어라

윗사람에게도, 아랫사람에게도 신용을 얻으면 천하에 못할 일
이 없다.

〔拾遺〕 맹자는 『맹자』 「이루상」편에서 이렇게 말하였습니다.

"낮은 지위에 있으면서 윗사람에게서 신임을 얻지 못하면 백성들을
다스릴 수 없다. 윗사람에게 신임을 얻는 길이 있거니, 친구로부터 믿음
을 얻지 못하면 신임을 얻을 수 없다. 친구에게서 믿음을 얻는 길이 있거
니, 어버이를 섬겨 기쁘게 하지 못하면 친구로부터 믿음을 얻을 수 없다.
어버이를 기쁘게 하는 길이 있거니, 자신을 반성하여 진실하지 않다면
어버이를 기쁘게 하지 못한다. 자신을 반성하여 진실해지는 방법이 있으
니 선함을 밝게 알지 못하면 자신을 진실하게 할 수 없다. 그러므로 진실
함 자체는 하늘의 도이고 진실함을 추구하는 것은 사람의 도이다. 지극
히 진실한데도 남을 감동시키지 못하는 경우는 없고, 진실하지 않은데도
남을 감동시키는 경우는 없다居下位而不獲於上, 民不可得而治也. 獲於上有道: 不信
於友, 弗獲於上矣; 信於友有道: 事親弗悅, 弗信於友矣; 悅親有道: 反身不誠, 不悅於親矣;
誠身有道: 不明乎善, 不誠其身矣. 是故誠者, 天之道也; 思誠者, 人之道也. 至誠而不動者,
未之有也; 不誠, 未有能動者也."

152

신독

돈을 많이 모으면 멀리까지 드러난다. 성誠이 사물을 움직이는 것은 신독愼獨에서부터 시작된다. 혼자 있을 때 삼갈 줄 알면 사람을 대할 때도 부러 주의를 하지 않아도 상대는 자연스레 차림새와 모양새를 바르게 해 경의를 표한다. 만약 혼자서도 삼갈 줄 아는 습관이 없으면 사람을 대할 때 주의해서 정중할지라도 사람은 결코 모양새를 바르게 하며 존경을 표하지 않는다. 성誠이 지극하든 지극하지 않든지 간에 그 감응의 빠름은 이와 같다.

〔拾遺〕 신독은 '남이 알지 못하는 자신의 마음속에서 인욕人欲 · 물욕物欲에 빠지지 않고 삼간다'는 뜻을 지닌 유교의 중요한 실천 덕목입니다. 『대학』에서는 "이른바 자신의 의지를 성실하게 한다는 것은 자신을 속이지 않는 것이다. 악을 싫어하기를 마치 악취를 싫어하듯이 하고, 선을 좋아하기를 마치 예쁜 여자를 좋아하듯이 하는 것, 이것이 스스로 만족하면서 흔쾌히 선을 행하고 악을 제거한다고 하는 의미이다. 그러므로 군자는 반드시 홀로 있을 때에 신중하게 행동한다!所謂誠其意者: 母自欺也, 如惡惡臭, 如好好色, 此之謂自謙, 故君子必愼其獨也!"고 하였습니다.

『중용』에는 또 이러한 구절들이 있습니다.

"도라고 하는 것은 잠시라도 떨어질 수 없다. 떨어질 수 있다면 도가 아니다. 그러므로 군자는 다른 사람이 보지 않는 곳에서도 삼가고 다른 사람이 듣지 않는 곳에서도 조심한다道也者, 不可須臾離也, 可離非道也. 是故君子戒愼乎其所不睹, 恐懼乎其所不聞."

"은밀한 곳보다 눈에 잘 띄는 곳이 없고, 미세한 일보다 분명하게 드러나는 일은 없다. 그러므로 군자는 홀로 있을 때에 신중하게 행동한다莫見乎隱, 莫顯乎微, 故君子愼其獨也."

이하응 그림, 「묵란도」, 19세기

154

경敬

마음에 난잡한 생각을 일으키지 않는 것을 경敬이라고 하고, 난잡한 생각이 일어나지 않는 것이 성誠이다.

〔拾遺〕 경敬은 주자학에서 가장 중요시 하는 덕목으로 '자신에 대해서는 삼가 조심할 줄 알고 남은 공경한다'는 의미입니다. 선종에서는 주일무적主一無適, 마음을 하나로 집중해 다른 것에 마음을 빼앗기지 않음이라고 합니다. 성誠은 『중용』에서 "하늘의 도"라고 할 만큼 유교의 최고 경지로 일컬어집니다. 성은 사람이 애초부터 난잡한 생각을 지니지 않는 것입니다. 무사도武士道에서도 이 성을 최고의 덕으로 치고 있습니다. 성誠이라는 글자는 '말씀 언言'과 '이룰 성成'이 합쳐진 형성문자로 "한번 말하면 꼭 한다"라는 뜻으로 해석할 수 있으니, "무사에게는 두 말이 없다武士に二言ない"라는 말이 생겨났습니다.

155

마음을 공손히 하라

마음에 공손한 경敬이 있으면 망상을 끊을 수 있다. 옛사람이 말하길, "경은 이런저런 사악함을 이길 수 있다"고 하였다. 수많은 사악이 들이닥치면 반드시 음습한 생각이 우선 들기 마련이다.

세손 슈케 그림, 「죽림칠현도」(병풍 그림) 중에서, 16세기

경敬을 하나의 사물로 오해하지 말라

경敬을 오해해 하나의 사물로 취급하며 흉중에 방치하면 안 된다. 비단 총명함을 낳지 못할 뿐만 아니라, 총명함을 가로막기까지 한다. 이것이 바로 병이다. 가령 배에 딱딱한 것이 들어찬 것처럼 피가 흐르지 못하는 것과 같다. 즉 병이다.

163

마흔 살 이후에는 색욕을 삼가라

학문을 하고자 하는 자는 학령學齡이 연령과 함께 자라 학업이
매년 넓고 깊어지지 않으면 안 된다. 마흔 살이 넘으면 사람은 혈
기가 점점 쇠하기 때문에 특히 규방의 일은 삼가는 게 좋다. 이것
을 삼가지 않으면 정신이 희미해지고 기력이 쇠하고 학덕을 원대
하게 하는 게 불가능하다. 침실의 일은 젊을 때는 물론이거니와
마흔 이후에도 삼가야만 한다.

〔拾遺〕『논어』「계씨季氏」편 제7장에서 공자가 말하였습니다

"군자는 세 가지를 경계해야 한다. 젊을 때는 혈기가 안정되지 않으
므로 여색을 경계해야 한다. 장년이 되면 혈기가 바야흐로 왕성해졌으
므로 다툼을 경계해야 한다. 노년이 되어서는 혈기가 이미 쇠약해지므
로 물욕을 경계해야 한다君子有三戒: 少之時, 血氣未定, 戒之在色; 及其壯也, 血氣方
剛, 戒之在斗; 及其老也, 血氣既衰, 戒之在得."

164

색욕은 그 누가 대신 절제를 해주지 않는다

젊고 혈기가 왕성한 사람이 정력을 극단적으로 억제해 조금도 밖으로 발산하지 않으면 좋지 않다. 정신이 막히고 말아 순조롭게 자라지 않고 과도하면 몸에 해롭다. 따라서 색욕은 절제를 하는 게 무척이나 어렵다. 폭음폭식은 누구나 주의를 하기에 역시 절제를 할 수 있으나 음욕의 과도는 사람이 알지 못하고 또한 입 밖으로 꺼내기가 어려우니 스스로 절제를 하지 않으면 그 누가 대신 규제를 해주지 않는다.

169

양학 비판

서양 여러 나라의 학설이 점차 활발하게 퍼지는 징조가 있다. 그들이 말하는 이치는 궁극적으로 과학인데, 사람을 놀라게 하기에 충분하다. 옛날 송나라의 유학자인 정자는 "불교는 이$理$와 엇비슷한 것 같기에 폐해가 있다"라고 말했다. 서양의 학설이 이$理$와 엇비슷함은 불교보다 더 심하다. 그것은 생각도 미치지 않은 만큼 음란하고 사람들을 사치스럽게 하고, 또한 사람들을 자연스럽게 몰입하게 하고 만다. 학자는 서양의 학문을 음란한 소리나 아름다운 여자라고 생각해 조심해야 한다.

170

궁리

　궁리窮理라고 하는 두 글자는 『역경』의 「설괘전說卦傳」에 의거한다. 이른바 "도덕에 화순하고 의로움을 따르며, '이치를 궁구窮理'하며 본성을 다하여서 명에 이르느니라和順於道德而理於義, 窮理盡性以至於命"라고 하였다. 유가의 궁리는 올바른 정도正道 즉 의를 추구하는 데 있다. 이 도리는 나에게 존재해, 궁리도 나에게 존재하는 것이다. 만약 나 이외의 사물을 따르고 추구하는 것을 궁리로 한다면 유럽인이 동양의 유생들을 이긴 것으로 보아야 할 것인데, 이것으로 좋은가?

171

자연현상도 크나큰 정치다

우리가 하늘을 우러르고 엎드려 땅을 보면 해와 달은 휘황찬란하게 빛나고 무수한 별은 비단무늬처럼 반짝반짝 빛나고 따스한 봄바람은 부드러이 만물을 기르고 비와 이슬은 만물에게 융숭한 은혜를 베풀고 있다. 서리와 눈은 그 차가운 기운이 몸에 스며들도록 혹독하고 천둥은 혁혁한 위세로 울리고 차분한 산악은 도저히 옮길 수가 없고 하해는 도량이 커 그 무엇이든 받아들이고 계곡과 절벽은 깊이를 잴 수가 없을 만큼 깊다. 광야는 드넓고도 그 무엇도 감추지 않고 천지는 생기가 넘치고 쉬지를 않으며 만물의 사이에서 중재를 하고 있다. 무릇 이 모든 천지가 일대 정사政事로 이른바 천도의 크나큼을 가르쳐주고 있다. 바람과 비, 서리와 눈에도 가르침이 있다는 것을 군주인 자가 가장 잘 깨달아야 훌륭한 정치를 펼칠 수가 있다.

어느 때나 소인은 있기 마련이다

세상에는 덕이 없고 비열한 소인도 역시나 있기 마련이다. 소인은 지식이 모자라고 어리석은 자인데 현명하지 못한 자는 그런 소인과 사귄다. 그래서 세상에는 소인이 있기 마련이다. 어느 누가 "요순堯舜 시대의 백성들은 제후로 삼아도 될 만큼 훌륭했다"고 말했는데, 이는 대단히 올바른 소리다. 하지만 요순 시대에 설령 소인이 있었을지라도 모두 마음이 넓고 여유로워 각자가 자신의 직분에 맞게 살았던 것뿐이므로 겉으로 보아 뛰어나게 보였을 뿐이다.

176

난세의 전조

같은 뜻을 지닌 이들은 서로 어울리며 유유상종하고 사물도 같은 무리로 나누어지기 마련이다. 군주는 백성들을 하나로 엮어 하나의 당을 이룬다. 만약 그렇지 못하면 백성은 뿔뿔이 흩어지고 각자의 붕당을 이루고 마는 게 당연하다. 따라서 아래에 있는 백성들이 붕당을 짜는 것은 군주의 도가 쇠약해졌다는 증거로 난세의 전조나 다름없다.

177

군주의 도와 스승의 도

총명하고 슬기로우며 자신의 본성을 다하는 사람은 군주의 도君道와 스승의 도師道를 겸비한 사람이라고 할 수 있다. 군주의 말씀은 스승의 가르침이기에 둘로 나누어진 게 아닌데, 후세에 군주와 스승이 나누어지고 말았다. 스승의 도가 서면 군주의 도가 쇠약해진다. 그러므로 오륜의 덕목에 군신 관계가 있고 사제 관계는 들어가 있지 않다. 하지만 원래 사제 관계가 없는 것이 아니다. 군신이 즉 사제이기 때문에 특별히 사제의 덕목을 넣을 필요가 없었던 것이다. 어떤 사람이 오륜五倫 안의 붕우가 사제를 겸하고 있다고 했는데 이는 잘못된 해석이다.

179

세상의 풍속과 사람의 습관을 살펴가며 정치를 하라

체질이 허약한가 강건한가를 충분히 살핀 후에 약을 투여하는 것처럼 지금 세상의 풍속과 사람들의 습관을 잘 안 연후에 정치를 펼쳐야만 한다.

〔**拾遺**〕『이아익爾雅翼』은 "강남에 심으면 귤로 자라고, 강북에 심으면 탱자로 자란다江南種橘, 江北爲枳"고 하였는데 그만큼 풍속과 습관은 변하기 쉬우니 잘 살펴야 한다는 말입니다.

181

용인은 왕도가 없다

사람의 마음을 자연스럽게 움직이는 데는 특별히 정해진 형태가 없다. 어느 때는 유도하여 권하거나, 또는 금지하여 막거나 하는 게 순리적이다. 이끌다가 오히려 악으로 떨어지거나 억제하다가 도리어 이익을 보게 하는 것은 악수를 두는 방법이다. 따라서 민중을 다스리는 것은 그들이 향하고자 하는 곳과 등을 지고 싶은 곳이 어디인지를 잘 살피고, 또한 일의 경중을 소상하게 알아내 여세에 따라 유리함을 이끌고 적당한 때에 격려하며 그렇게 하는 까닭이 무엇인지 자각하게 하는 게 최선이다. 이렇게 하는 게 사람을 잘 쓰는 용인用人의 마음가짐이다.

사심을 버려야 도리가 통한다

일을 처리하는데 비록 자신의 도리가 있더라도 자신의 편의를
조금이라도 보는 사욕이 끼어 있다면 도리의 장애가 되고 그 도
리는 잘 통하지 않는다.

[拾遺] 불교 최초의 경전인 『숫타니파타』는 "자신의 이익만을 아는
사람은 추하다"고 합니다. "사람들은 자신의 이익을 위해 친구를 사귀
고 또한 남에게 봉사한다. 오늘 당장의 이익을 생각하지 않는 그런 사
람은 보기 드물다. 자신의 이익만을 아는 사람은 추하다. 무소의 뿔처
럼 혼자서 가라."

189

화는 입으로부터 나오고
병은 입으로부터 들어간다

사람은 당연히 입을 가장 신중히 해야 한다. 입은 두 가지 쓰임새가 있다. 하나는 말이 나오는 것이요, 둘째는 음식물을 삼키는 것이다. 사람이 말을 삼가지 않으면 화를 재빨리 부르고 음식을 삼가지 않으면 병을 부를 만하다. 속담에 이르길, "화는 입으로부터 나오고 병은 입으로부터 들어간다"고 하였다.

190

욕망을 한껏 부려서는 안 된다

사람은 모두 똑같은 몸을 지니고 있기에 감정도 같다. 성인과 현인이라고 불리는 이들도 똑같은 사람이다. 그래서 성현의 가르침인 『예기』에서 "오만한 마음이 자라도록 내버려두면 아니 되며, 욕망을 한껏 부려도 아니 된다"라고 하였다. 오만함도 욕망도 우리의 감정 중의 하나이기에 이것을 절멸시킬 수는 없다. 단지 이것을 점점 더 키우거나 제멋대로 좇거나 하면 좋지 않을 뿐이다. 『대학大學』은 "오만함과 나태함에 치우친다"며 이를 경계하였지만, 사람들은 종종 그렇지 않다며 이를 의심하는데, 나는 그렇게 생각하지 않는다.

〔拾遺〕『예기』「곡례曲禮」는 "오만한 마음이 자라도록 내버려두면 아니 되며, 욕망을 한껏 부려도 아니 되며, 뜻을 만족시키려고 해도 아니 되며, 즐거움을 끝까지 추구하는 것도 아니 된다傲不可長, 欲不可從, 志不可滿, 樂不可極"라고 하였습니다.

사람의 귀에 들어가지 않더라도
귀신이 엿듣기 마련이다

한漢나라의 문장가 목승牧乘은『한서漢書』「가추매로전賈鄒枚路傳」에
서 "남에게 이런저런 소리를 듣고 싶지 않으면 말을 하지 말고,
남에게 알려지고 싶지 않다면 하지를 말라"고 하였다. 명나라 유
학자 설문청薛文淸은『종정명언從政名言』에서 이 말을 명언이라고 칭
찬하고 있지만 내가 생각하기에는 무언가 부족하다. 무릇 사람의
일이란 그 마음에 따라 당연히 문제가 되기 마련이다. 만약 마음
에 무언가가 있다면 자신이 말하지 않아도 사람들의 귀에 들어가
기 마련이고, 비록 사람 귀에 들어가지 않더라도 귀신이 이것을
몰래 엿듣기 마련이다.

사람의 마음은 불과 같다

사람의 마음은 흡사 불과 같다. 불에 어떤 것을 대면 타오르는 것처럼, 마음에 어떤 것을 대면 형체를 이룬다. 마음에 선이 달라붙지 않으면 즉 착해지지 않는 법이다. 따라서 공자가 "예술의 경지에서 노닐어야 한다遊於藝"라고 한 가르침은 단지 사람의 마음을 선으로 이끌라고 한 것뿐만 아니라 또한 불선을 방지하는 것이기도 하다. 공자가 "장기나 바둑이라도 있지 않은가? 그것이라도 하는 게 안 하는 것보다 낫다"라고 한 것도 이러한 까닭이다.

〔拾遺〕『논어』「술이述而」편 제6장에서 공자는 이렇게 말하였습니다. "진리를 추구하는 도에 뜻을 두고, 덕을 지키고, 인에 의지하고, 예술의 경지에서 노닐어야 한다志于道, 據于德, 依于仁, 游于藝."

「양화陽貨」편 제22장에서는 또 이렇게 말하였습니다. "하루 종일 배불리 먹고 마음 쓰는 데가 없다면 곤란한 일이다. 장기나 바둑이라도 있지 않은가? 그것이라도 하는 게 안 하는 것보다 낫다飽食終日, 無所用心, 難矣哉! 不有博弈者乎, 爲之猶賢乎已."

193

자기 자신이 마음으로 자신을 따라야 남도 따라준다

이치에 맞는 말은 어느 누구라도 따르지 않으면 안 된다. 그렇지만 그 말에 노기가 있어 격한 데가 있다면 듣는 사람은 따르지 않는다. 강제성이 있기에 따르지 않는다. 으스대고 뽐내는 데가 있어도 따르지 않는다. 자신의 편의를 살피고자 하는 데가 있어도 따르지 않는다. 무릇 사리에 충분히 맞더라도 사람이 따르지 않는 경우에는 군자라는 자도 반드시 자기 자신을 반성할 줄 알아야 한다. 우선 자기 자신이 자신의 행위에 만족하며 마음으로부터 복종할 수 있어야 남들도 따라준다.

〔拾遺〕『맹자』「공손추상公孫丑上」편에는 증자가 제자 자양子襄에게 다음과 같이 말한 게 실려 있습니다. "스스로는 돌이켜보아서 옳지 않다면 누더기를 걸친 비천한 사람에 대해서도 두려움을 느끼게 될 것이고, 스스로 돌이켜보아서 옳다면 천군만마가 쳐들어와도 나아가 용감하게 대적할 수 있을 것이다 自反而不縮, 雖褐寬博, 吾不惴焉; 自反而縮, 雖千萬人, 吾往矣."

195

인심人心과 도심道心

사욕 탓에 인간의 마음이 위험한 상태가 되면, 성인인 요임금
과 순임금과 같이 훌륭한 마음을 가진 사람이라도 악역무도한 폭
군 걸왕과 주왕과 같은 인물이 된다. 반대로 이 없는 청정심이 조
금이라도 있으면 걸 · 주와 같은 사람이라도 요 · 순과 같은 마음
을 지닌 사람이 될 수가 있다.

〔拾遺〕 그래서 공자는 『논어』 「이인」편 제1장에서 이렇게 말했는지
모릅니다. "사람 사는 마을에 어질고 후덕한 풍속이 있는 것은 아름다
운 것이다. 따라서 거주할 곳을 선택한다면 당연히 그처럼 어질고 후
덕한 풍속이 있는 곳을 택해야 하는데, 그렇지 않다면 지혜롭다고 할
수 없다里仁爲美, 擇不處仁, 焉得知."

196

수기 · 산기 · 지기

수기水氣가 모이고 굳어져 어류나 자라류가 되었기 때문에 어류나 자라류는 물이다. 그러나 어류나 자라류는 자신이 물인 것을 알지 못한다. 산기山氣가 모이고 굳어져 금수나 초목이 되었기 때문에 금수나 초목은 산이다. 그러나 금수와 초목은 자신이 산인 것을 모른다. 지기地氣의 정수가 응고해 사람이 되었던 것이기에 사람은 땅이다. 그러나 사람은 그 스스로 땅인 줄을 모른다.

거연당 그림, 「산수도」

198

마음은 하늘이다

인간이 갖추고 있는 본심^{본성}은 영묘하게 빛나기에 많은 도리를 그 마음속에 갖추고 있고, 일들과 사물들이 모조리 이 마음으로부터 나온다. 이렇게 빛나는 마음은 어디에서 얻은 것일까. 자신이 이 세상에 태어나기도 전에 이 마음은 어디에서 나온 것일까. 또 자신이 사망한 이후, 이 마음은 어디에 귀착되는 것일까. 과연 삶과 죽음이라는 것이 있는 것일까. 생각이 여기에까지 이르면 몸이 오싹해질 정도로 두렵다. 자신의 마음이 곧 하늘 그 자체임을 깨닫게 하기 때문이다.

현명함과 우매함은 노력을 통해 바꿀 수가 있다

사람이 처음부터 하늘로부터 받은 기는 그 두껍고 얇은 몫이
거의 같다. 신체의 크고 작음, 수명의 길고 짧음, 힘의 강약, 마음
의 현명함과 우매함은 그렇게 차이가 없다. 그 사이에 특히 한 곳
만이라도 두꺼운 곳이 있으면 사람들은 모두 이것을 비범하다고
한다. 이 비범함은 당분간 논외로 하자. 즉 보통 사람과 같은 경
우 신체와 수명과 힘의 몫에 대해서는 하늘이 주는 것이기 때문
에 이를 어찌 할 도리가 없다. 단지 마음의 현명함과 우매함에 대
해서는 배움을 통해 바꿀 수가 있다. 그러므로 『중용』은 "폭넓게
배우고 자세하게 묻고 신중하게 생각하며, 분명하게 변별하고,
돈독하게 행하여야 한다. 다른 사람이 한 번에 할 수 있지만 자신
은 그렇게 할 수 없다면 백 번이라도 하고, 다른 사람은 열 번에
할 수 있지만 그렇게 할 수 없다면 천 번이라도 한다. 과감하게
이 도를 행할 수 있다면 어리석은 사람이라 하더라도 반드시 명
철해질 것이며, 유약한 사람이라 하더라도 반드시 강인해질 것이
다.博學之，審問之，愼思之，明辨之，篤行之．人一能之己百之，人十能之己千之．果能此道矣，雖愚
必明，雖柔必強"고 하였다. 매일매일 게을리 하지 않고 조금씩이라도
노력해 간다면, 반드시 비범함에 이를 수 있다. 단지 보통 사람은

대부분 게으름뱅이이기 때문에 그와 같이 노력을 하지 않을 뿐이다. 그런데도 어찌 하늘이 정한 운명이란 것이 있으랴.

강세황 그림, 「사군자」, 18세기

불초자는 아버지가 만든다

유명한 아버지의 자식이 집안의 명예를 떨어뜨리지 않는 일은
드물다. 어떤 이는 "세상 사람들이 그 아버지를 우러르기에 그 아
들까지 칭찬한다. 그 아들은 아버지의 양육으로 성장하면서 아버
지의 명예를 자만해 마침내 스스로 나태한 습성에 빠지기에 대체
로 우둔한 자다"라고 말한다. 물론 수많은 불초자들에게 이러한
일이 터지지 않을 수가 없다. 이뿐만이 아니다. 아버지가 이미 대
단히 뛰어난 인물임에도 왜 사전에 불초자의 이러한 허물을 방지
하지 못하고 결국 아들을 되돌릴 수 없는 지경에 빠트리는 것일
까? 아마 이 역시도 운명일 게다. 곧바로 초목과 같은 것도 금년
에 과실을 많이 맺으면 다음해에는 반드시 열매가 적다. 사람 집
안의 성쇠와 운명도 역시 이와 같다.

처음부터 주어지는 것을 자연스럽게 받아야 한다

사람은 재난이나 우환이 닥치면 신에게 기도하며 액막이를 한다. 적어도 지극정성으로 빌면 혹시 효험이 있을지도 모른다. 그런데도 마음이 어지러운 것은 어쩔 수 없다. 무릇 처음부터 주어지는 재난이나 복에 일정한 운명이 있다면 피해야 할 것도 아니고, 또한 피할 수 있는 것도 아니다. 도깨비의 힘에 기대어 일시적으로 화가 없어지게 할지라도 운명에 의한 재난은 결국 면할수가 없다. 한때 면하더라도 하늘은 반드시 다른 재난으로 바꾼다. 예를 들어 머리나 눈의 병을 배나 등의 병으로 바꾸는 것이니 신에 기도할손 치더라도 아무런 효과가 없다. 그러므로 맹자는 "군자는 자연스럽게 처음부터 주어지는 것을 솔직하게 받아야 한다"라고 하였다.

203

천하의 즐거움이 바로 근심이다

천하의 슬픔이 제 한 몸에 모아지는 것은 흉조인가. 또 천하의 즐거움이 제 한 몸에 모아지는 것은 길조인가. 천하의 즐거움을 제 한 몸에 받는 사람은 반드시 천하의 슬픔도 제 한 몸으로 맞는 사람이기 때문에 길흉이라는 것은 과연 어디에 정해져 있는 것인가? 그래서 주공周公과 함께 주나라 성왕成王을 모신 소공召公이 『서경』「주서周書 · 군서君奭」에서 "우리 주나라가 은나라를 벌하라고 받은 천명은 한없이 복된 것이나 또한 지키기 어렵다. ……오로지 문왕의 덕을 계승하고 한없는 걱정을 잊지 말라我受命無疆惟休, 亦大惟艱. 惟文王德丕承, 無疆之恤"라고 하였다.

204

타고난 재능인 양능良能과 타고난 지능인 양지良知

하늘이 그 어떤 어려움도 없이 쉬이 만물을 창조할 줄 안 것은 사람으로 말하자면 '타고난 지능良知'이다. 땅이 그 어떤 어수선함도 없이 하늘이 낳은 만물을 기를 수 있는 것은 사람으로 치자면 '타고난 재능良能'이다. 이 천지는 우주의 근원인 태극太極으로 통일되어 있기에 양지와 양능은 별개이지 않고 하나다.

〔拾遺〕『맹자』「진심상」편에서 맹자는 다음과 같이 말하였습니다.

"사람이 배우지 않아도 할 수 있는 것은 타고난 능력良能이고, 생각하지 않아도 아는 것은 타고난 지능良知이다. 두세 살 난 어린아이라도 어버이를 사랑할 줄 모르는 사람이 없고, 성장해서는 형을 공경할 줄 모르는 사람이 없다. 어버이를 친애하는 것이 인이고, 윗사람을 공경하는 것은 의이다. 그렇게 할 수 있는 것은 다른 이유 때문이 아니라 모든 사람들이 인과 의를 보편적으로 지니고 있기 때문이다 人之所不學而能者, 其良能也; 所不慮而知者, 其良知也. 孩提之童, 無不知愛其親者; 及其長也, 無不知敬其兄也. 親親, 仁也; 敬長, 義也. 無他, 達之天下也."

210

―――

음악에 대한 공자의 생각

고상하고 올바른 아악雅樂의 비결은 음성이나 리듬에 있는 것이 아니라 내면적인 것에 있다. 보통의 악관樂官에게 이것을 얘기해 주어도 모르겠지만 오로지 노나라 악관의 우두머리인 대사大師만큼은 알고 있을 것이다. 그래서 공자도 대사에게 음악에 관하여 다음과 같이 말하였다. 성인은 천지간의 만물을 일체로 여기므로 그것을 반영하는 음악도 천지자연의 흐름과 같다. 춘난의 기색이 감돌면 만물이 죄다 활발히 활동하기 시작한다. 이것을 음악에서는 오음이 잘 어울리며 합주되고 있다고 말한다. 여름이 되면 초목의 지엽이 사방으로 뻗어 우거지며 모조리 대화합의 모양새를 띤다. 이것을 음악에서는 모든 음이 리듬을 잘 지켜 조화를 이룬다고 한다. 가을이 되면 초목이 결실을 보고 다음 대를 형성해 나가는 조리가 분명하게 갖추어진다. 이것을 음악에서는 오음의 마디가 분명하다고 표현한다. 겨울이 되면 춘난의 기색을 잉태한 낙엽이 떨어진다. 이것을 음악에서는 음성이 계속 끊어지고 있다고 표현한다. 아마도 음악의 오묘함이 춘하추동의 사계와 순서가 잘 맞는다는 것은 위에서 말한 바 그대로이다. 성인 공자만이 이것을 아주 잘 알고 있었으므로 그 아악의 비결을 대사에게 말했던 것이다. 음성이나 운율은 대사가 잘 알고 있을 터인데 공자가 어째서 반대로 대사를 가르치려고 들겠는가? 그런 일은 있을 수 없다.

〔拾遺〕 공자는 『논어』「팔일^{八佾}」편 제23장에서 노나라 태사^{大師; 음악을 관장하는 벼슬아치}에게 음악에 대하여 이렇게 말하였습니다. "음악은 배워둘 만한 것이다. 처음 시작할 때에는 여러 소리가 합하여지고, 이어서 소리가 풀려 나오면서 조화를 이루며 음이 분명해지면서 끊임이 없이 이어져 한 곡이 완성된 것이다樂其可知也: 始作, 翕如也; 從之, 純如也, 皦如也, 繹如也, 以成."

제25장에서는 "소韶: 순임금의 음악를 일컬어 더할 나위 없이 아름답고, 더할 수 없이 선하다고 하셨다. 그러나 무武: 주나라 무왕의 음악에 대해선 더할 수 없이 아름다우나, 더할 바 없는 선을 이루진 못했다韶, 盡美矣, 又盡善也. 謂武, 盡美矣, 美盡善也"고 말하였습니다.

공자는 또 「태백」편 제8장에서 "시를 통해 순수한 감성을 불러일으키고 예의를 통해 도리에 맞게 살아갈 수 있게 되며, 음악을 통해 인격을 완성한다興于詩, 立于禮. 成于樂"고 하였고, 「위령공」편 제10장에서는 안연이 나라를 다스리는 데 대하여 여쭙자, "하나라의 역법을 쓰고, 은나라의 수레를 타며, 주나라의 예관을 쓰고, 음악은 순임금의 것을 따르며, 정나라의 음악을 몰아내고, 교묘하게 말 잘하는 사람을 멀리 해야 한다. 정나라의 음악은 음란하고 교묘하게 말 잘하는 사람은 위태

롭기 때문이다^{行夏之時, 乘殷之輅, 服周之冕, 樂則韶舞. 放鄭聲, 遠佞人. 鄭聲淫, 佞人}
^殆"고 하셨는데, 이는 모두 예와 음악을 정치의 도구로 바라보았기 때문입니다. 그래서 「술이」 제13장에서는 "공자께서는 제나라에서 순임금의 음악인 소를 들으신 후, 석 달 동안 고기 맛을 잊으셨다^{子在齊聞韶,}
^{三月不知肉味}"고 하였는데, 그만큼 공자는 음악을 중요하게 여기며 살았다는 방증입니다.

슌킨 그림, 우라가미 교쿠도의 초상, 19세기

211

부모가 돌아가신 후에는
자신의 몸이 부모의 몸이다

부모가 살아 계시면 부모의 몸이 자신의 몸이며, 부모가 돌아
가신 이후에는 자신의 몸이 부모의 몸이라는 것을 반드시 알고
있어야만 한다. 그러면 자신을 사랑하는 마음으로 부모를 사랑하
고 부모를 존경하는 마음으로 자기 자신을 공경하지 않을 수 없
게 된다.

〔拾遺〕 '효孝' 자가 '늙을 로老'에서 '비수 비匕' 자를 빼고 '아들 자子'
를 넣은 까닭은 위로는 윗사람을 존경하고 아래로는 아랫사람을 경애
하라는 뜻에서 그런 게 아닐까요.

212

조상과 자손은
자기 자신의 몸이 아닌 사람이 없다

나는 조용한 밤에 홀로 생각해 보는데 나의 몸에 있는 한 개의 털이나 한 올의 머리카락, 한 순간의 들숨과 날숨, 일시一視 · 일청一聽 · 일침一寢 · 일식一食 그 모두가 부모로부터 물려받은 것이다. 자신의 몸은 부모가 내려주신 것임을 알고, 또 자신의 아이가 자신의 몸의 분신이라는 것을 알면 위로 거슬러 올라가 조부 · 증조부 · 고조부도 자기 자신이 아닌 사람이 없고, 아래쪽을 생각하면 손자 · 증손 · 고손도 자기 자신이 아닌 사람이 없다. 성인이 구족과 함께 친하게 지내는 것을 마음에 두어야 한다고 한 것은 아마도 이런 까닭일 터이다.

213

대인의 마음과 서캐와 이

몸의 때나 더러움이 변하고 굳어져 서캐^蟣와 이^蝨가 되니 이것을 없애지 않으면 안 된다. 또한 서캐와 이가 자신의 피부나 털의 끝에서 나온 것이라고 생각하면 차마 죽일 수가 없다. 이와 같이 큰 덕을 지닌 사람의 마음은 천지간의 만물을 '하나의 몸^{一體}'이라고 보기에 형벌에 처해지는 사람을 안쓰럽게 생각하며 처벌을 하는 데 신중한 태도로 임한다. 그것은 이와 서캐를 차마 죽일 수 없는 마음과 같다.

214

마음의 영묘한 빛

한밤중 어두운 방안에서 혼자 앉아 있으면 여러 가지 물체의 움직임이 그쳐버려 형태도 그림자도 전혀 볼 수 없다. 여기서 되돌아 곰곰이 생각해 보면 마음속에 무엇인가 분명하게 비추는 것이 있다. 그것은 마치 하나의 등불이 암실을 비추는 것과 같다. 이것이 바로 우리 마음의 영묘한 빛, 즉 영묘하게 빛나는 마음의 본체라는 것을 깨달을 수가 있다. 『중용』에서 말한 '성명性命' 즉 "하늘이 만물에게 부여해 준 본성天命之謂性"이며, 또 도덕이란 게 바로 이것이다. 옛 성인이 『중용』에서 과불급過不及하지 않은 "중中과 화和를 극진하게 실현하면 천지가 제자리에 서고 만물이 번성하게 될 것이다致中和, 天地位焉, 萬物育焉"라고 한 것도 오로지 이 마음속의 영묘한 빛이 우주에 가득 차 있는 덕분이다.

215

충과 효는 양립할 수가 있다

부모에 대한 효심이 독실한 사람은 반드시 나라에 충성을 다한
다. 나라의 정치를 담당하는 현명한 대신은 반드시 군대에 들어
가서도 좋은 장군이다.

〔拾遺〕『후한서』「위표전韋彪傳」은 "충신을 구하려면 반드시 효자의
가문에서 찾아라求忠臣必於孝子之門"고 합니다. 당나라 방현령이 칙명을
받들어 편찬한『진서晉書』「하호전下壺傳」은 "충효의 도가 한 가문에 모
인다忠孝之道. 萃於一門"라고 하였습니다.

216

충과 효는 모두 다 함께 극진할 수 있다

"나라에 충성을 다하지 않는 자는 효도도 다하지 않고, 또한 전
장에 나와 용감하지 않는 사람은 효도 극진하지 않다." 효행으로
유명한 공자의 제자인 증자의 말이 이렇다. 또 그는 "충과 효는
서로 양립할 수 없다"고 말하였다. 하지만 이것은 세간의 틀린 생
각일 뿐이다.

〔拾遺〕『효경』은 충과 효가 서로 다른 두 가지가 아니라고 합니다.

"공자께서 말씀하시기를, 군자는 부모를 섬기는 효에 극진하여 그
진심이 옮겨져 임금을 섬기므로 곧 충성이 된다 子曰, 君子之事親孝. 故忠可移
於君."

"효로써 임금을 섬기면 그것은 충이다 以孝事君則忠."

화목은 참을 인忍 자에서 싹튼다

'참을 인忍' 자는 이미 병의 근원을 없애는 것이 아니다. 이른바 이기고, 자랑하고, 원망하고, 탐내고 하는 이 네 가지는 '참을 인' 자 덕분에 행해지지 않게 되는 정도이지, 병의 근원을 완전히 제거한 것은 아니다. 장공예張公藝가 '참을 인' 자를 백 번 써가며 스스로를 경계했다는 이야기는 아마도 세상 사람들의 일반적인 견해일 것이다.

〔拾遺〕『논어』「헌문憲問」편 제2장은 다음과 같습니다.

"남을 이기려고 하고, 자기를 과시하고, 남을 원망하고 화내는 일을 하지 않으면 어질다고 할 수 있습니까?

공자께서 말씀하셨다.

"하기 어려운 일이라고는 할 수 있지만 어진 것인지는 나도 모르겠다."

克, 伐, 怨, 欲不行焉, 可以爲仁矣?" 子曰: "可以爲難矣, 仁則吾不知也.

『당서唐書』「장공예전張公藝傳」을 보면 당나라 사람 장공예로 인해 '구세동거九世同居'라는 말이 나왔습니다. 장공예는 9대가 함께 살았는데 당나라 고종高宗 황제가 "어떻게 그렇게 친족끼리의 의가 좋을 수 있나?"라고 물었습니다. 그러자 장공예는 '참을 인' 자를 백 번 썼다고 대답하였습니다. 그래서 친족끼리 화목한다는 뜻의 '구세동거'라는 말이 나왔던 것이지요.

강세황 그림, 「사군자」, 18세기

참을 인忍 자에 대한 통찰

'마음 심心' 자 위에 '칼날 인刀' 자를 씌운 글자가 '참을 인忍' 자여서 표면적으로 좋지 않은 글자다. 단지 이 '참을 인忍' 자를 빌려, 기를 다잡고 위험한 순간을 면할 수 있도록, 다시 말해 인내의 수단으로 삼으면 그것으로 족하다. 역시나 '참을 인忍' 자의 정도는 유교의 이상인 '도道'의 수준은 아닌 듯하다.

219

일이 많으면 근심도 많다

물건이 하나 늘면 하는 일이 하나 더 늘게 된다. 하는 일이 하나 더 늘면 번거로움이 하나 더 늘어나게 된다.

[拾遺] 『채근담』에 다음과 같은 구절이 있습니다.

"인생은 일 분을 덜면 곧 일 분을 초월한다. 만약 사귐을 덜면 곧 시끄러움을 면하고, 말을 덜면 곧 허물이 적어지고, 생각을 덜면 곧 정신이 소모되지 않고, 총명을 덜면 곧 본성을 완성할 수 있을 것이다人生減省一分, 便超脫一分. 如交遊減, 便免紛擾. 言語減, 便寡愆尤. 思慮減, 則精神不耗. 聰明減, 則混沌可完. 彼不求日減而求日增者, 眞桎梏此生哉!"

칭기스칸을 보좌한 명재상 야율초재耶律楚材는 "이익 하나를 더하는 것은 해악 하나를 없애는 것보다 더 못하다與一利不如除一害"라고 했습니다.

은혜는 파발마보다 빠르다

서둘지 않고 천천히 일을 하면 반드시 이루고 물심양면으로 남에게 은혜를 베풀면 반드시 남과 친해져서 따르기 마련이다. 역대로 극악한 인물들도 이 비결을 살그머니 도둑질해 일시적으로는 그들의 야심을 이루었다. 참으로 은덕은 두려워할 만하지 않은가.

〔拾遺〕『맹자』「공손추상」편에는 공자의 다음과 같은 말이 실려 있습니다.

"덕이 흘러 퍼져 나가는 것은 파발마가 명령을 전달하는 것보다 빠르다 德之流行, 速於置郵而傳命."

비슷한 듯하지만 영 아닌 사이비를 미워하라

감정을 억제하며 밖으로 드러내지 않는다는 뜻의 익정匿情은 신중하고 면밀하다는 뜻의 신밀愼密과 매우 닮았다. 온화하게 아양을 떤다는 의미의 유미柔媚는 조심성이 있게 따른다는 뜻의 공순恭順과 매우 닮았다. 완강하게 따르지 않는다는 의미의 강복剛腹은 자신의 능력과 가치를 올바르게 확신한다는 자신自信과 그 뜻이 닮았다. 그래서 『맹자』에 "군자君子는 '비슷한 듯하지만 영 아닌' 사이비似而非를 미워한다"는 말이 나온 것이다.

〔拾遺〕 『맹자』 「진심하」편에는 다음과 같은 구절이 나옵니다.

"공자께서 '비슷한 듯하지만 아닌 것似而非를 미워하노라. 가라지를 미워하는 것은 곡식의 싹을 어지럽힐까 염려하기 때문이다. 잔재주가 뛰어난 자를 미워하는 것은 의로움을 어지럽힐까 염려하기 때문이다. 말이 번드르르한 입을 가진 자를 미워하는 것은 믿음성을 어지럽힐까 염려해서이다. 감정의 절제가 없는 정鄭나라의 음악을 미워하는 것은 올바른 음악을 어지럽힐까 염려하기 때문이다. 자주색을 미워하는 것은 붉은색을 어지럽힐까 염려하기 때문이다. 향원鄕原: 자기 고향에서 행세하는 무리을 미워하는 것은 덕을 어지럽힐까 염려하기 때문이다'고 하셨다."

孔子曰：“惡似而非者：惡莠，恐其亂苗也；惡佞，恐其亂義也；惡利口，恐其亂信也；惡鄭聲，恐其亂樂也；惡紫，恐其亂朱也；惡鄉原，恐其亂德也.”

공자

225

본성으로 돌아가라

남을 연민하는 마음인 측은지심의 도가 지나치면 백성 중에는 애정에 빠져 신세를 망칠 수도 있다. 자신의 불선을 부끄러워하고 남의 불선을 미워하는 수오지심의 도가 지나치면 백성 중에는 도랑 안에서 목을 매어 죽는 사람도 있을 것이다. 남에게 양보하는 사양지심의 도가 지나치면 백성 중에는 도망쳐 달리는 광인과 같은 사람이 나올 것이다. 옳고 그름을 판별하는 시비지심의 도가 지나치면 백성 중에는 형제와 싸움을 벌이거나 또는 부모와 자식이 서로 소송을 거는 경우도 있을 것이다. 이와 같이 감정이 한편에 치우치면 맹자가 말한 '사덕四德, 인의예지의 맹아'인 사단四端까지도 결국 나쁘게 변하고 마는 것이다. 그러므로 학문을 하여 성정이 중中과 화和를 잃지 않도록 하고, 또한 과불급過不及하지 않도록 해야 한다. 이것을 복성復性 즉 '본성으로 돌아가는 배움'이라고 한다.

〔拾遺〕맹자는『맹자』「공손추상公孫丑上」편에서 사단四端 즉 측은지심, 수오지심, 사양지심, 시비지심은 사덕四德, 인의예지의 맹아라고 하였습니다.

"사람들은 누구나 차마 '남의 고통을 외면하지 못하는 마음不忍人之心'을 가지고 있다. 선왕들에게는 차마 남의 고통을 외면하지 못하는 마음이 있었으므로 차마 '남의 고통을 외면하지 못하는 정치不忍人之政'을 하였다. 차마 남의 고통을 외면하지 못하는 마음으로 차마 남의 고통을 외면하지 못하는 정치를 실천한다면, 천하를 다스리는 것은 손바닥 위에서 움직이는 것같이 쉬울 것이다.

사람들은 누구나 차마 남의 고통을 외면하지 못하는 마음이 있다고 하는 것은 다음과 같은 근거에서이다. 만약 지금 어떤 사람이 문득 한 어린아이가 우물 속으로 빠지게 되는 것을 보게 된다면, 누구나 깜짝 놀라며 측은하게 여기는 마음을 가지게 된다. 그렇게 되는 것은 어린아이의 부모와 교분을 맺기 위해서가 아니고, 마을 사람과 친구들로부터 어린아이를 구했다는 칭찬을 듣기 위해서도 아니며 어린아이의 울부짖는 소리가 싫어서 그런 것도 아니다.

이것을 통해서 볼 때 '측은하게 여기는 마음惻隱之心'이 없다면 사람이 아니고, '부끄러워하는 마음羞惡之心'이 없다면 사람이 아니며, '사양하는 마음辭讓之心'이 없다면 사람이 아니고, '옳고 그름을 판단하는 마음是非之心'이 없다면 사람이 아니다.

측은하게 여기는 마음은 인仁의 단서端緖이고 부끄러워하는 마음은 의義의 단서이고, 사양하는 마음은 예禮의 단서이고, 시비를 가리는 마음은 지智의 단서이다.

사람이 이 네 가지 단서四端를 가지고 있는 것은 그가 사지를 가지고

166

있는 것과 같다. 이 네 가지 단서를 가지고 있는데도 자신은 선을 실천할 수 없다고 말하는 사람은 스스로를 해치는 자이고 자기의 군주는 선을 실천할 수 없다고 말하는 사람은 자기의 군주를 해치는 자이다.

무릇 나에게 갖추어져 있는 네 가지 단서를 모두 확대시켜 가득 차게 할 줄 알면 마치 불이 타오르기 시작하고 샘이 쏟아나기 시작하는 것과 같아진다. 진실로 그것을 확대시켜 가득 차게 할 수 있으면 천하라도 보존할 수 있고, 만일 확대시켜 가득 차게 하지 않으면 부모조차도 부양할 수 없다."

『중용中庸』에서는 "기쁨, 화남, 슬픔, 즐거움의 감정이 아직 일어나지 않은 상태를 중中이라고 한다. 이러한 감정들이 일어나 모두 절도에 맞는 상태에 이른 것을 화和라고 한다. 중이란 천하 모든 것의 가장 큰 근본이며 화란 천하 모든 것에 두루 통하는 도이다. 중中과 화和를 극진하게 실현하면 천지가 제자리에 서고 만물이 번성하게 될 것이다喜怒哀樂之未發, 謂之中; 發而皆中節, 謂之和. 中也者, 天下之大本也; 和也者, 天下之達道也. 致中和, 天地位焉, 萬物育焉"이라고 합니다.

공자께서는 『논어』「선진先進」편에서 "지나친 것은 모자란 것과 같다過猶不及"고 말씀하셨습니다.

악의 본체는 선이다

악을 일으키는 바탕인 감정의 본체 즉 사단四端이 인간의 본성이기 때문에, 악을 일으키는 본체는 선이라고 할 수 있다. 그래서 악도 본성이라고 말하지 않으면 안 된다.

〔拾遺〕맹자가 말한 사단四端은 인仁 · 의義 · 예禮 · 지智를 이끌어내는 실마리 즉 측은지심, 수오지심, 사양지심, 시비지심입니다. 맹자는 인간은 태어나면서부터 이를 지니고 있기에 성선설性善說: 인간의 본성은 선하다을 주장했습니다. 그런데 송나라의 대유 정명도程明道는 "선은 물론 인간의 본성이다. 악도 역시 본성이라고 말하지 않을 수 없다." 또한 "천하의 선악은 모두 천리天理인데 이 악이라고 말하는 것은 본래는 악이지 않고, 단지 지나치거나 미치지 못한 것이다."라고 말하였습니다. 명나라의 왕양명王陽明은 『전습록傳習錄』에서 "선한 것도 없고 악한 것도 없다는 것은 이理, 마음의 본체가 고요한 때이고 선한 것이 있고 악한 것이 있다는 것은 기氣가 움직이는 때이다. 기에 의하여 움직여지지 않으면 곧 선한 것도 없고 악한 것도 없게 된다. 이것을 '지극한 선至善'이라 말하는 것이다無善無惡者理之靜, 有善有惡者氣之動. 不動於氣, 即無善無惡, 是謂至善"라고 하였습니다.

어진 이를 친애하는 것이 가장 먼저다

맹자는 『맹자』「진심상」편에서 "지혜로운 사람은 알지 못하는 것이 없으나 힘써야 할 일을 급선무로 여긴다. 어진 사람은 사랑하지 않음이 없으나 어진 이를 친애함을 서두르는 데 힘쓴다. 요순과 같은 지혜로도 만물을 두루 알지 못한 것은 먼저 힘써야 할 것을 급선무로 여겼기 때문이다. 요순과 같은 어진 마음으로도 모든 사람을 다 사랑하지 못한 것은 어진 이를 친애하는 것을 급하게 여겼기 때문이다 知者無不知也, 當務之爲急. 仁者無不愛也, 急親賢之爲務. 堯舜之知而不吳物, 急先務也. 堯舜之仁不吳愛人, 急親賢也"라고 말하였다. 시험 삼아 『서경』의「요전堯典」과「순전舜典」을 조사해 보았는데 두 군데 모두 다 전반부지만, 양자가 모두 그러하고 전반은 '급선무急先務'를 주로 하고, 후반은 '급친현急親賢'을 주로 하고 있다.

230

선善은 당사자의 덕의 정도를 알고 적당히 권하라

성왕인 요임금과 순임금에게는 선善이 갖춰져 그 끝이 없다. 그러나 보통사람들에게 모든 일을 완전하게 잘하도록 요구하기란 어렵다. 그래서 우선 그 사람의 재덕의 한도를 알고 나서 선행을 권하는 게 좋다. 그렇게 하지 않고 오로지 남에게 선을 행하라고 다그쳐서는 안 된다.

땅이 두텁듯 인정도 두텁게 하라

『역경』「곤괘坤卦」에서 "곤坤, 땅이 두텁게 사물을 실음이 덕이 끝없는 데 합하며, 머금고 크고 빛나고 커서 모든 사물이 다 형통하니라坤厚載物. 德合無疆. 含弘光大. 品物咸亨"고 하였다. 인간도 이것을 몸에 익혀 인정을 두텁게 하지 않으면 안 된다. 사람의 죽음을 슬퍼해서 축제를 열며 공경하는 일도 '두터울 후厚' 자의 이면으로부터 나오는 것이다.

232

부모가 남긴 유품을 소중히 간직하라

부모가 남긴 의류나 기구는 자손인 사람으로서 마땅히 그것을 소중히 보존하고 그것을 보고 부모를 그리워하는 마음을 잊지 말아야 한다. 결코 자신의 손으로부터 떼어 놓아 남에게 줄 까닭이 없는 것이다. 요즈음 상가에서는 부모가 남긴 유품을 남에게 나누어 기증한다. 중국에서도 최근에는 무명이나 비단 직물을 나누어 주는 것이 행해지고 있다. 이것은 나쁜 습관이다. 중국 금金나라의 명군 세종世宗 황제가 북송의 휘종徽宗 황제의 유물을 되돌려 주었다고 하는 것은 일가견이 있는 처사였다.

233

자제 교육은 하늘을 섬기는 일이다

자제 교육을 잘하는 것은 한 집안의 사사로운 일이라고만은 할 수가 없다. 이것은 나라에 봉사하는 공공의 일이다. 아니, 군주를 섬기는 공사公事가 아니라 하늘을 섬기는 막중한 본분이다.

〔拾遺〕 주희는 『소학小學』에서 "어린아이를 가르치는 데에는 먼저 안정되고 상세하며 공손하고 공경함이 긴요하다敎小兒, 先要安詳恭敬"라고 장횡거張橫渠의 말을 인용하였습니다.

공자의 학문은 오로지 실천궁행이다

공자의 학문은 오로지 배운 바를 몸소 실천하는 궁행躬行에 있다. 공자의 제자들이 묻는 항목은 모두 자기 자신이 스스로 이루지 않으면 안 되는 것을 들고 있다. 후세의 사람들이 경전을 들고 질문을 하는 것과는 다르다. 그래서 공부자孔夫子, 공자 선생님는 대답도 질문하는 사람들마다 다르게 한다. 대부분 치우쳐 있는 곳을 바로 잡아주고, 결점이나 폐해를 바로 고쳐주고, 도가 지나친 곳은 없애주고, 단점을 보충하여 정도正道를 걷게 한다. 예를 들어 말하면 좋은 의사가 병의 증상에 따라 알맞은 약을 조제하는 것이나 마찬가지다. 병의 증상은 환자마다 다를 것이기에 거기에 따른 처방약도 달라야만 하지 않은가. 맹의자孟懿子, 맹무백孟武伯, 자유子游, 자하子夏 등이 모두 똑같이 효에 대해 질문하였지만 공자의 대답은 네 사람 각자마다 모두 달랐다. 이를 보면 당시의 학문이 얼마나 실천궁행과 개성의 존중을 중시했는지를 상상할 수가 있다.

〔拾遺〕『논어』「위정」편 제5장부터 제8장까지 효에 대한 공자의 말씀이 나옵니다.

맹의자가 효에 대해 묻자 공자께서는 말씀하셨다.

"어긋남이 없는 것이다."

번지가 수레를 몰고 있을 때 공자께서 그에게 그 일을 말씀하셨다.

"맹손씨가 나에게 효에 대해 묻기에 '어긋남이 없는 것이다'라고 대답하였다."

번지가 여쭈었다. "무슨 뜻으로 말씀하신 것입니까?"

공자께서 말씀하셨다.

"살아 계실 때에는 예의를 갖추어 섬기고 돌아가신 후에는 예법에 따라 장례를 치르고 제사를 지내라는 것이다."

孟懿子問孝. 子曰:"無違." 樊遲御, 子告之曰:"孟孫問孝于我, 我對曰 '無違'." 樊遲曰:"何謂也?" 子曰:"生, 事之以禮; 死, 葬之以禮, 祭之以禮."

맹부백孟武伯이 효에 대해 묻자 공자는 이렇게 말씀하셨다.

"부모님께서는 오직 자식의 질병만을 근심하신다."

孟武伯問孝. 子曰:"父母唯其疾之憂." 父母唯其疾之憂.

자유가 효에 대해 묻자 공자께서 말씀하셨다.

"요즘의 효라는 것은 부모를 물질적으로 봉양할 수 있는 것을 말한다. 그러나 개나 말조차도 모두 먹여 살리기는 하는 것이니, 공경하지 않는다면 짐승과 무엇으로 구별하겠는가?"

子游問孝. 子曰:"今之孝者, 是謂能養. 至于犬馬, 皆能有養; 不敬, 何以別乎?"

자하가 효에 대해 묻자 공자께서 말씀하셨다.

"항상 밝은 얼굴로 부모를 대하는 일이 어렵다. 일이 있을 때는 아랫사람이 그 수고로움을 대신하고 술이나 음식이 있을 때는 윗사람이 먼저 드시게 하는 것을 가지고 효도라고 할 수 있겠느냐?"

子夏問孝. 子曰: "色難. 有事弟子服其勞, 有酒食先生饌, 曾是以爲孝乎?"

경서의 문자에 얽매이지 말고
마음을 담아 읽어라

경서의 문자는 쉬운 문자를 가지고 주석을 달며 설명하는 게 좋다. 그 의미와 내용이라는 것은 자신의 마음을 거기에 주입하는 것에 의해서 체득할 수 있다. 즉 문자에 집착해서는 뜻을 이해할 수가 없다.

〔拾遺〕 왕양명은 『전습록^{傳習錄}』에서 "공부는 반드시 마음의 본체에 대해 알고자 노력하여야 한다. 모든 것을 알 수가 없고 행할 수 없는 것은 반드시 돌이켜 자기 마음에 합당하도록 제찰하면 곧 통달할 수 있다. 사서오경도 다만 마음의 본체에 대하여 해설한 데 불과한 것이다^須 於心體上用功, 凡明不得, 行不去, 須反在自心上體當即可通. 蓋四書五經, 不過說這心體"라고 말했습니다.

경서를 마음에 기대어 읽고 마음으로 인증하라

경서의 의의를 구명하려면 반드시 마음에 기대어 생각하고 마음으로 인증을 해야만 한다. 만약 단지 문자 위에서만 생각을 하거나 근거를 대고 이것으로 경서를 다 구명했다고 하는 소치는 지극히 좁은 견해다.

[拾遺] 송나라의 유학자 육상산陸象山은 "육경六經은 나마음의 주석이다六經注我"라고 말했습니다.

맹자의 세 가지 독서법

독서법으로는 맹자의 세 가지 말을 배울 만하다. 첫째 자신의 마음으로 작가의 정신이 있는 곳을 맞아들여야만 한다. 둘째, 책을 비판적으로 읽으면서 그 일부는 믿되 전부를 믿지 않는다. 셋째 작가도 사람이란 것을 알고 그 당시의 사회적 배경을 궁리해 가면서 읽는다.

〔拾遺〕 맹자는 『맹자』 「만장상萬章上」에서 "시詩를 해설하는 사람은 문자에 얽매여서 말을 오해해서는 안 된다. 말에 얽매여서 지은이의 본래 의도를 오해해서는 안 된다. 자신의 생각으로서 지은이의 본래 의도를 헤아려야 제대로 이해할 수 있다詩者, 不以文害辭, 不以辭害志. 以意逆志, 是爲得之"라고 말하였습니다.

「진심하盡心下」편에서는 "서경의 내용을 전적으로 믿는다면 오히려 책이 없는 편이 더 낫다. 나는 서경의 무성 중에서 두세 구절만을 받아들일 뿐이다盡信書, 則不如無書. 吾於武成, 取二三策而已矣"고 말하였습니다.

「만장하萬章下」편에서는 "옛사람이 지은 시를 외우고 옛사람이 지은 책을 읽으면서도 옛사람에 대해서 알지 못한다면 되겠는가? 그런 까닭에 그들이 살았던 시대에 대해 이야기를 하는 것이다. 이것이 곧 위로

올라가 옛사람을 벗으로 삼는 것이다^{頌其詩, 讀其書, 不知其人, 可乎? 是以論其}

^{世也. 是尙友也}"라고 하였습니다.

맹자 석각상

경서를 강의하는 요령

경서를 강의하는 방법은 간단하고 명료한 것이 좋지, 지나치게 세세하거나 장황해 번거러운 것은 좋지 않다. 또한 알기 쉬워야 지 어려워서는 안 된다. 오로지 청강자가 큰 뜻을 이해하면 그것 으로 족하다. 깊은 의미가 있는 곳에서는 결국 말만으로는 충분 히 그 뜻을 다 풀어 낼 수가 없다. 단지 배우는 자제들이 고뇌하 며 문제가 있는 곳을 잘 알아채서 때때로 경서 이외의 것도 언급 하고, 성현의 말 대신에 훈계의 말을 하나 둘씩 하여 배우는 자제 들이 스스로 반성하며 깨닫도록 하면 그것으로 족하다. 만약 헛 되이 말주변으로만 속이고 종횡무진 변설하며 청강자를 많이 웃 기고 피로를 잊게 하는 것이 경서를 강의하는 사람의 본뜻이 되 어서는 안 된다.

241

하늘은 지성무망^{至誠無妄}하다

하늘이 만물을 만들고 기르는 것은 영원하고 끝이 없는데, 거기에는 일정한 상리^{常理}나 순서가 갖추어져 있어 절대로 망동을 하는 경우가 없다. 이것이 지성^{至誠}이며 하늘의 이치이다.『역경』에서는 '무망^{無妄}'이라고 한다. 우주 간에는 이 생기 넘치는 도리가 갖추어져 있어 만물은 이것을 얻고 각각의 본성을 이루고 있다.『역경』에서는 이것을 "하늘이 사물마다 '무망'을 부여하였다 ^{物與无妄}"라고 한다.

〔拾遺〕『채근담』에 다음과 같은 구절이 있습니다.

"하늘의 도리를 따르는 길은 한없이 넓어서 그곳에 조금만 마음을 두어도 즉시 마음이 넓어지고 맑아진다. 인간의 욕망의 길은 한없이 좁아서 겨우 발을 붙였는가 하면 곧 사방이 가시덤불과 진흙탕으로 가득 찬다 ^{天理路上, 甚寬. 稍游心, 胸中便覺廣大宏朗. 人欲路上, 甚窄. 纔寄迹, 眼前俱是荊棘泥塗.}"

243

천명은 인력으로 어찌할 도리가 없다

하늘이 정한 운명은 사람의 인력으로 바꾸거나 움직일 수가 없다. 그래서 사람의 일생이 때때로 소망하고 있던 것과는 정반대에 머물고, 또한 예측하지 못하고 바라지 않은 방향으로 가버리고 마는 경우가 있다. 우리들은 시험 삼아 자기 자신의 과거의 경력을 되돌아보면 이것을 알 수가 있다.

천명과 사람의 일

세상에는 덕이 있는 훌륭한 군자가 있는가 하면, 시시한 소인도 있다. 그들이 서로 번성하거나 쇠약해지거나 하는 것은 운명이다. 운명이 그처럼 되지 않을 까닭이 없다. 이러한 이치에는 예측할 수 있는 것과 예측할 수 없는 것이 있다. 요컨대 모두 하나의 이치일 뿐이다. 그래서 사람은 예측할 수 있는 이치에 안심하고, 예측할 수 없는 이치는 기다려야만 한다. 이것이 사람이 가야할 길 즉 천명이다.

사람으로서 온갖 힘을 기울인 후에
천명을 기다리면 마음이 편안하다

사람이 무언가의 일을 이루려면 인력의 한계를 다한 후에 천운을 빌어야 한다. 평생 제멋대로이고 게으름뱅이인 어떤 사람이 "아무리 열심히 일해도 그 어떤 이익도 없으니 운명은 하늘에 맡겨야 한다"고 말하면 그 어떤 일도 성공할 수가 없다. 아마도 이러한 사람은 하늘이 그 사람으로부터 영혼을 강탈하고 이와 같이 시켰을 것이므로 이것 또한 정해진 운명일 수 있다. 평생 매우 신중하고 근면한 어떤 사람은 "사람이 이루어야 할 도리는 어떤 경우라도 다하지 않으면 안 된다. 운명은 하늘의 규정에 따른다"고 말하면 무슨 일이든지 반드시 성공한다. 아마도 이러한 사람은 하늘이 그 사람의 마음을 이끌며 그와 같이 시켰으므로 그것도 운명일 것이다. 또한 사람의 힘을 다하더라도 성공하지 못하는 것이 있는데, 이것은 도리 상으로 성공해야 하지만 아직 천운이 다하지 않았기에 성공하지 못했을 것이니 천운이 도래하면 성공할 수 있을 것이다. 이와 반대로 사람으로서 온 힘을 기울이지 않았지만 우연히도 성공하는 경우가 있는데, 이는 도리상으로는 성공하지 않아야 함에도 천운이 이미 도래하였기에 그러하지만 결국에는 반드시 실패할 것이다. 요컨대 모두가 운명이다. 성공과 실패가 그 사람 자신에게 나타나 오지 않고 그 자손에게 나타나는 경우도 있는데, 이것도 천운에 의한 것으로 인력으로는 아무래도 그리 할 수가 없다.

〔拾遺〕『역경』「곤괘坤卦 · 문언전文言傳」에 "적선을 쌓은 집안에는 반드시 경사가 있을 것이고 불선을 쌓은 집안에는 반드시 화가 남을 것이다積善之家, 必有餘慶. 積不善之家, 必有餘殃"이라고 하였고, 일본의 『광사원廣辭苑』에는 "사람으로서 온갖 힘을 기울인 후에 천명을 기다리면 마음이 편안하다人事を盡くして天命を待つ"고 하였습니다.

『채근담』에는 다음과 같은 구절들이 있습니다.

"마음이 흔들리면 활 그림자도 뱀으로 보이고 쓰러진 돌도 엎드린 호랑이로 보이니, 이 속에는 모두 살기뿐이다. 생각이 가라앉으면 석호도 바다갈매기처럼 되고 개구리 소리도 음악으로 들리니, 가는 곳마다 모두 참된 작용을 보게 되리라機動的, 弓影疑爲蛇蝎, 寢石視爲伏虎, 此中渾是殺氣. 念息的, 石虎可作海鷗, 蛙聲可當鼓吹, 觸處俱見眞機."

"여우는 무너진 돌계단에서 잠자고 토끼는 황폐한 누대에서 달리니, 이 모두 지난날에 노래하고 춤추던 곳이로다. 이슬은 국화에 떨어져 차갑고 안개는 시든 풀 속에 어지러우니 다 옛날에 전쟁하던 마당이로다. 성하고 쇠함이 어찌 늘 같으며 강하고 약함은 어디에 있는가? 이를 생각하면 사람의 마음은 싸늘한 재와 같이 된다狐眠敗砌, 兎走

荒臺, 盡是當年歌舞之地. 露冷黃花, 烟迷衰草, 悉屬舊時爭戰之場. 盛衰何常, 强弱安在, 念此, 令人心灰."

팔대산인 그림, 17세기

제2부

『언지후록』은 학문 · 인생 · 인간 · 문학 · 도덕 등에 대해 머리에 떠도는 수상을 전체 255조항에 걸쳐 서술한 것으로 양명학적 견해도 조금 엿보인다. 제1조에 "분세이文政 11년1828년 9월 9일 사토 잇사이 57세에 쓰기 시작하다"라는 기술이 있다. 이후 대략 10년간 썼고, 다음 권인『언지만록』과 함께 1850년에 간행하였다. 말미에 학문에 뜻을 둔 사람이 깨달아야 할 「입학설入學說」을 붙여 실었다.

언지후록
言志後綠

1

배움은 평생 지고 가야 할 짐이다

　배움은 우리들이 일평생 떠맡아 지고 가야 할 짐이기 때문에 마땅히 죽을 때까지 노력해야만 한다. 도道는 원래부터 그 끝이 없는 것이기에 요임금과 순임금과 같은 성인의 더없는 선행에서도 도의 전부를 다할 수가 없었다. 공자는 열다섯 살에 학문에 뜻을 두고 일흔 살이 될 때까지 10년마다 자신의 진보한 학문의 경지를 스스로 깨달으면서 학문에 매진하느라 나이를 먹어가는 것도 느끼지 못했다. 만약 공자가 여든 살, 아흔 살을 넘어 백 살까지 장수하였더라면 그 지덕은 더욱더 앞으로 나아가 신명神明의 경지에 이르렀을지도 모른다고 상상해도 무리는 아닐 것이다. 무릇 공자를 스승으로 삼고 배우는 사람은 당연히 끊임없이 스스로 노력하는 공자의 뜻을 자신의 뜻으로 삼을 줄 알아야 한다. [분세 이文政 11년1828년 9월 9일 사토 잇사이 57세에 쓰다]

2

자강불식은 몸소 실천하는 것이다

스스로 힘써 노력하느라 밤낮을 잊고 쉬는 일이 없는 자강불식
自彊不息은 천도天道이며, 또한 군자의 길이다. 가령 맹자는 "닭이 울
면 일어나 부지런히 선을 행한 사람은 순임금과 같은 부류"라고
말했고, 우禹는 "저는 날마다 부지런히 일할 것을 생각하고 있을
따름입니다"라고 말했고, 『대학』을 보면 탕왕은 목욕하는 그릇인
반盤에 새겨 이르기를 "진실로 날로 새롭거든, 나날이 새롭게 하
고, 또 나날이 새롭게 하라苟日新, 日日新, 又日新"고 하였고, 주나라 문
왕은 "아침부터 한낮을 거쳐 해가 지기까지 밥 잡수실 겨를도 없
이 만백성들을 모두 화평케 하셨다自朝至于日中昃, 不遑暇食, 用咸和萬民"고
하고, 주공은 "우임금, 탕왕, 문왕, 무왕의 덕을 깨닫게 되면 그것
을 실행하기 위해 앉은 채로 날이 새기를 기다렸다幸而得之, 坐以待旦"
고 하고, 공자는 "무언가에 의욕이 생기면 먹는 것도 잊었다發憤忘
食"고 한다. 이는 모두 스스로 노력하며 쉬지 않는 자강불식의 천
도를 따른 것이다. 헛되이 조용하게만 심신을 닦고 눈을 감고 앉
아 정좌를 하고 있는 것만을 능사로 여기는 자의 학문과는 완전
히 다른 것이다.

〔拾遺〕『맹자』「진심상盡心上」편에서 맹자가 이렇게 말했습니다.

"닭이 울면 일어나 부지런히 선을 행한 사람은 순임금과 같은 부류이고, 닭이 울면 일어나 부지런히 이익을 추구하는 사람은 도척과 같은 부류의 사람이다. 순임금과 도척의 구별을 알고자 한다면, 그것은 다른 것이 아니라 이익을 추구하는가 선을 추구하는가의 차이이다鷄鳴而起, 孶孶爲善者, 舜之徒也. 鷄鳴而起, 孶孶爲利者, 蹠之徒也. 欲知舜與蹠之分, 無他, 利與善之閒也."

『서경』「익직益稷」편에는 순임금과 우의 다음과 같은 대화가 나옵니다.

순임금께서 말씀하셨다.
"오시오, 우여! 그대도 좋은 말을 해보오!"
우가 절을 하고 말하였다.
"아아, 임금님! 제가 무슨 말씀을 아뢰겠습니까? 저는 날마다 부지런히 일할 것을 생각하고 있을 따름입니다."
帝曰, 來禹. 汝亦昌言. 禹拜曰, 都. 帝. 予何言. 予思日孜孜.

『서경』「무일無逸」편은 "문왕께서는 허름한 옷을 입으시고 거친 들판의 일과 농사일을 하셨습니다. 매우 부드럽고 심히 공손하시어, 낮은 백성들을 아끼고 보호하시고 홀아비와 과부들도 사랑하고 잘 돌보아주셨습니다. 아침부터 한낮을 거쳐 해가 지기까지 밥 잡수실 겨를도 없이 만백성들을 모두 화평케 하셨습니다 文王卑服卽康功田功, 徽柔懿恭, 懷保小民, 惠鮮鰥寡. 自朝至于日中昃, 不遑暇食, 用咸和萬民"고 합니다.

『맹자』「이루하離婁下」편에서 맹자는 이렇게 주공에 대해 말했습니다.

"우임금은 맛있는 술을 싫어하고 선한 말을 좋아했다. 탕왕은 중용의 도를 굳게 지켰으며 현능한 사람을 기용함에 출신을 따지지 않았다. 문왕은 백성을 마치 상처 입은 사람처럼 가엽게 여겼고 도를 바라보고서도 마치 아직 보지 못한 듯이 여겼다. 무왕은 가까운 사람을 함부로 대하지도 않았고 먼 곳에 있는 사람을 잊지도 않았다.

주공은 우임금, 탕왕, 문왕, 무왕의 덕을 두루 갖추고 그들이 했던 네 가지 일을 실천하고자 했다. 그것들 중에 당시의 실정과 부합하지 않는 것이 있으면 하늘을 바라보며 생각하기를 낮부터 밤까지 계속하다가, 다행히 깨닫게 되면 즉시 그것을 실행하기 위해 앉은 채로 날이 새기를 기다렸다 禹惡旨酒而好善言. 湯執中, 立賢無方. 文王視民如傷, 望道而未之見. 武王不泄邇, 不忘遠. 周公思兼三王, 以施四事；其有不合者, 仰而思之, 夜以繼日；幸而得之, 坐以待旦."

4

공자의 학문은 지행합일이다

공자의 학문은 '자기 수양을 통하여 공경스러워지고 사람들을 편안하게 해주는, 어디까지나 실제의 것에 충실한 실학이다. 공자는 네 가지를 가르치셨으니 '학문과 행실과 성실과 신의文行忠信' 였다. 공자께서 평소에 늘 말씀하시는 것은 『시경』과 『서경』과 예를 실천하는 것이었지, 반드시 시를 낭독해 책을 강의하는 일만을 전념하지 않았다. 고로 당시에 학문을 하는 자는 비록 재능적인 측면에서는 민첩한 자와 둔한 자라는 차이는 있었지만, 각각 그 그릇에 따라 대성시킬 수가 있었다. 이와 같이 사람은 모두 도를 배우고 실천할 수 있는 것에 따라 달랐지, 능력의 있고 없음에 따라 구별하지 않았다. 그런데 후세가 되어 이 공자의 학문이 타락하고 만 탓에 기껏 예藝, 재주나 겨루는 자기 자랑거리가 되고 말았다. 사물에 박식하고 한 번 보면 곧 암송해 버리는 것 등이 기예技藝. 재주이다. 시와 글에 재능이 있어 자유자재로 수많은 언어를 쏟아내며 선 곳에서 곧바로 일필휘지하는 것은 뛰어난 재주이다. 이와 같이 학문이 재주에 빠져버렸으므로 능력의 있고 없음의 차이가 생겨 버렸다. 여기에까지 이르니 학문은 실천과 멀어지고 말았다. 세상 사람들은 "아무개는 학문은 충분하지만 실천

하는 지성이 부족하다든가, 아무개는 실천은 충분하지만 학문은
부족하다든가" 하고 곧잘 말한다. 그런데 정말로 공자의 학문에
뜻을 가진 자들 중에서 학문은 충분하나 실천이 부족한 이가 있
을까? 그러한 일은 없다. 세상 사람들이 말을 잘못 한 것이다.

〔拾遺〕『논어』「헌문」편 제45장에서 공자는 자로가 군자에 대하여
여쭙자 이렇게 말하였습니다.

"자기 수양을 통하여 공경스러워져야 한다."

"그렇게만 하면 됩니까?"

"자기 수양을 통하여 사람들을 편안하게 해주어야 한다."

"그렇게만 하면 됩니까?"

"자기 수양을 통하여 백성들을 편안하게 해주어야 한다. 자기 수양
을 통하여 백성들을 편안하게 해주는 것은 요임금과 순임금도 오히려
어렵게 여겼던 일이다."

「술이」편 제24장에서는 "공자께서는 네 가지를 가르치셨으니, 학문
과 행실과 성실과 신의이다子以四敎: 文, 行, 忠, 信"고 합니다.

「술이」편 제17장에서는 "공자께서 평소에 늘 말씀하시는 것은 시경
과 서경과 예를 실천하는 것이었으며 모두 늘 말씀하셨다子所雅言, 詩,
書, 執禮, 皆雅言也"고 합니다.

5

안의 지혜와 밖의 지혜

모든 가르침은 밖에서부터 오는 것이고 지혜는 안에서부터 나오는 것이다. 자신의 안에서 나온 지혜는 반드시 밖에서 바른 사실로 실증을 해보아야만 하고, 또한 밖으로부터 온 가르침은 마땅히 자신이 그 옳고 그름을 안에서 궁리를 해보아야만 한다.

〔拾遺〕 공자는 『논어』 「술이」편 제8장에서 이렇게 말하였습니다.

"배우려는 열의가 없으면 이끌어주지 않고, 표현하려고 애쓰지 않으면 일깨워주지 않으며, 한 모퉁이를 들어보였을 때 나머지 세 모퉁이를 미루어 알지 못하면 반복해서 가르쳐주지 않는다子曰: "不憤不啓, 不悱不發, 擧一隅不以三隅反, 則不復也."

「위정」편 제15장에서 공자는 또한 이렇게 말하였습니다.

"배우기만 하고 생각하지 않으면 막연하여 얻은 것이 없고 생각만 하고 배우지 않으면 위태롭다學而不思則罔, 思而不學則殆."

6

자중하고 자중하고 자중하라

우리는 꼭 몸을 삼가며 경솔하게 행동하지 않는 자중自重을 알아야만 한다. 우리들의 본성은 하늘이 준 미덕이므로 가장 소중하게 여겨야 하고, 우리의 몸은 부모가 물려준 것이므로 귀중하게 여기지 않으면 안 된다. 자신의 외양은 사람들이 보고, 말은 사람들의 신용을 받는 것이므로, 이 또한 자중하지 않으면 안 된다.

강세황 그림, 「사군자」, 18세기

7

성인은 신과 같은가?

성인의 몸에는 맑고 청명한 마음이 머물러 있고 그 마음은 신과 같다. 그러므로 사람이 성인의 면전에 나오면 무서워서 삼가 조심하며 자연스럽게 존경의 염을 일으키고 감히 관계가 익숙해졌다고 깔보는 일도 하지 않고, 또 감히 아양을 떨며 아첨도 하지 않는다. 마음으로부터 신뢰하는 친애의 정을 품고 진심을 다 바치는 것이다. 그것은 마치 신 앞에 나와 기도를 하는 것과 같다. 사람들이 이렇게 진정을 다 바치는데 천하를 다스리는 것이 무슨 문제랴.

8

———

어릴 적을 떠올려보면 부모의 은덕을 알 수 있다

사람은 누구라도 마땅히 과거에 자신이 경험한 일을 다시 생각해 보아야만 한다. 어느 해에 자신이 했던 일 중에서 어느 것은 정당하고 어느 것은 정당하지 않은가. 어느 것이 충분했고 어느 것이 충분하지 않았는가. 어느 해에 자신이 계획한 일 중에서 어느 것이 온당했고 어느 것이 지나쳤는가. 이와 같이 과거를 미래의 거울로 삼아 경계를 해야 한다. 그렇지 않으면 헛되이 아무런 보람도 없이 아득바득 앞일을 계획해도 역시나 그 무슨 이득이 있겠는가? 또한 마땅히 어릴 적의 일을 상기해 보아야만 한다. 부모가 젖을 먹이며 자신을 키워준 은혜, 자신을 반복해서 품에 안고 돌보아준 수고로움, 어루만져 주며 귀여워해 준 두터운 정, 타이르거나 나무라며 가르쳐준 친절함 등등. 무릇 부모가 간난신고를 겪으며 자신을 키워준 일을 모조리 회상하면 지금 자신의 몸을 소중하게 여기고 경솔한 일을 하지 않는 것도 또한 부모의 마음이 두루두루 충분히 미치지 않는 곳이 없다는 것을 알 수 있을 터다.

〔拾遺〕『시경』「소아小雅」에 이런 시가 있습니다.

"아버지는 나를 낳으시고 어머니는 나를 기르시니 나를 어루만지고

기르시며 나를 키우고 덮어주시며 나를 돌아보고 다시 보시며 나를 들
때 품에 안으시니 그 은덕을 갚고자 한다면 하늘처럼 다함이 없도다父
兮生我, 母兮鞠我. 拊我畜我, 長我育我. 顧我復我, 出入腹我. 欲報之德, 昊天罔極."

당나라 시인 맹동야孟東野는「유자음遊子吟: 길 떠나는 아들의 노래」에서 '한
치쯤 자란 풀도 봄날의 햇빛 덕에 성장한 것인데, 그 봄풀이 아무리 고
마워하더라도 따뜻한 봄 햇살의 은혜에는 보답하기 어렵듯이 부모의 극
진한 은혜는 좀처럼 보답하기 어렵다'고 노래합니다.

"자애로운 어머니의 손에 들린 실은 길 떠나는 아들의 옷을 짓기 위
해서네.
떠날 때 되어 더욱 촘촘히 꿰매심은 아들이 늦게 돌아올까 걱정해서네.
어려워라, 한 치 풀 같은 아들의 마음으로 봄날 햇살 같은 어머님 사
랑에 보답하기가.
慈母手中線, 游子身上衣. 臨行密密縫, 意恐遲遲歸. 誰言寸草心, 報
得三春暉.

9

생각함에 사악함이 없는 게 영묘한 마음의 본체이다

사람이 이 세상에서 살아가는 것은 적든 많든 다른 이와 교제를 하지 않으면 안 되고 속세의 번뇌로 인해 헤매는 일도 있기 마련이다. 이런저런 일이 어지러이 터지는 게 그 끝이 없을 지경이다. 그러므로 계획을 저울질해 보고 추측해 보고 부러워하고 질투하고 인색해지거나 하며, 참으로 주위 환경으로 인해 생기는 감정과 망념이 가지가지다. 이것들이 모조리 세간의 습관이 된다. 비유컨대 온갖 도깨비들이 어둠을 틈타 준동하지만 태양이 떠올라 밝아지면 도망을 치는 것처럼, 마음의 영묘한 빛은 태양처럼 빛나고 있다. 마음의 영묘한 빛이 찬란하게 반짝이면 후천적으로 생긴 나쁜 습관은 사라지고 그것이 병을 부르지도 못한다. 성인이 이것을 단 한마디로 말하기를, "무엇을 생각할까, 무엇을 궁리할까何思何慮"라고 하였다. 바로 '생각함에 사악함거짓됨이 없는思無邪' 게 영묘한 마음의 본체라는 것이다.

〔拾遺〕 공자는 『논어』「위정」편 제2장에서 이렇게 말하였습니다.

"『시경』에 있는 삼백 편의 시를 한마디로 이야기하자면 '생각함에 사악함이 없다思無邪'는 것이다詩三百, 一言以蔽之, 曰 '思無邪'"

『채근담』에 나오는 다음과 같은 구절은 마음의 영묘한 빛을 떠오르게 합니다.

"가슴속에 반점의 물욕도 없으면 이미 집착은 마치 눈이 화롯불에 녹고 얼음이 햇빛에 녹는 것과 같으리라. 눈앞에 스스로 한 조각 밝은 빛이 있으면 언제나 달이 푸른 하늘에 있고 그 그림자가 물속에 있음을 보게 되리라 胸中, 旣無半點物欲, 已如雪消爐焰, 氷消日. 眼前, 自有一段空明, 始見月在靑天, 影在波."

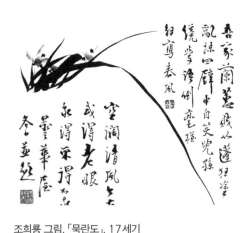

조희룡 그림, 「묵란도」, 17세기

10

말은 칼처럼 자신을 보호할 수도 있고 벨 수도 있다

천지간에 불가사의한 것들 중에 인간의 말만 한 게 없다. 새와 짐승은 단지 소리를 내는 것만으로 서로 의사를 주고받는 게 고작이다. 오로지 인간만이 말로 분명하게 자신의 감정과 의사를 전달할 수 있다. 또한 마음속 생각을 서술한 문장은 멀리 있는 사람들에게까지 전할 수 있고 후세인들에게도 물려줄 수가 있다. 어찌 영묘하지 않은가. 단지 이렇게 불가사의하기에 재앙과 다툼을 일으키는 발단이 되는 것도 또한 인간의 말이다. 가령 예리한 검은 몸을 보호하는 것이지만, 쉽게 자신의 몸에 상처를 입힐 수 있다. 그런 까닭에 검과 같은 말을 신중하게 하지 않으면 안 된다.

〔拾遺〕『채근담』에서는 입을 이렇게 정의합니다.

"입은 곧 마음의 문이니 입을 엄밀히 지키지 못하면 진정한 비밀이 다 새어나가고 말리라. 뜻은 곧 마음의 말이니 뜻을 엄밀히 막지 못하면 모두 사악한 길로 달려가고 말리라 口乃心之門. 守口不密, 洩盡眞機. 意乃心之足. 防意不嚴, 走盡邪蹊."

11

다른 이가 등을 지면 왜 그런가를 생각해 보라

설령 다른 사람이 자신의 은혜를 저버리는 짓을 하더라도 자신은 은혜를 저버리지 말라고 하는 것은 참으로 올바른 소리이다. 나도 역시 "다른 사람이 자신의 등을 저버릴 때에는 왜 그렇게 되었는가 하는 이유를 잘 헤아려보며 반성하고 자신의 학덕을 닦는 밑바탕으로 삼아야 한다"고 말하고 싶다. 그렇게 하면 자신에게 큰 이득이 있을진대, 어찌 그 사람을 원수로 보는 일이 가능하겠는가?

〔拾遺〕『채근담』에 다음과 같은 구절이 있습니다.

"원망은 덕으로 인해 나타나니 남들로 하여금 나를 덕 있다고 여기게 하기보다는 덕과 원망 양쪽을 다 잊게 하는 것이 나으며, 원수는 은혜로 인해 생기느니 남들로 하여금 나의 은혜를 알게 하기보다는 은혜와 원수를 모두 없애는 것이 낫다怨因德彰.故使人德我，不若德怨之兩忘.仇因恩立.故使人知恩，不若恩仇之俱泯."

12

가르침에는 다양한 기술이 있다

손을 잡고 이끌어 도와주며 지도하는 것은 교육의 상식이다. 자제가 나쁜 길로 빠지면 나무라며 깨우쳐주는 것은 가르침의 때를 놓치지 않음이다. 스스로 먼저 솔선수범하며 자제를 이끄는 것은 가르침의 근본이다. 그 무엇도 말하지 않으며 자제를 교화하는 것은 가르침의 신묘함이다. 한번은 억눌렀다 나중에 칭찬을 해주며 앞으로 나아가게 하는 것은 가르침의 일시적 방편으로 임기응변이다. 이렇게 가르침에도 여러 가지 기술이 있기 마련이다.

〔拾遺〕『맹자』「고자하^{告子下}」편에서 맹자는 다음과 같이 말했습니다.

"가르치는 데는 여러 가지 방법이 있다. 내가 탐탁지 않아 가르치기를 거절하는 것 또한 가르침의 하나이다^{敎亦多術矣, 予不屑之敎誨也者, 是亦敎誨之而已矣}."

또 노자는 『도덕경』 제43장에서 "말이 없는 가르침과 인위적으로 하지 않는 유익함에는 천하에서 이에 미칠 만한 것이 없다^{不言之敎, 無爲之益, 天下希及之}"고 합니다.

13

아랫사람을 부리는 마음가짐

어느 부하 관리가 자신의 일을 열심히 하지 않으면 그 윗사람은 힘껏 독려하며 지도하는 게 좋다. 때로는 도리에 어긋난 견해가 있더라도 얼마 동안 이것을 인정해 주고 서서히 깨우쳐주는 게 좋다. 결코 처음부터 짓누르면 안 되는데, 그러면 의지를 상실하고 기운이 빠져 그 다음부터는 결코 진심으로 직무에 충실하지 않고 만다.

〔拾遺〕『대학』전10장에 다음과 같은 구절이 있습니다.

"자신이 아랫사람의 위치에 있을 때 윗사람에게서 본 싫어하는 모습으로 아랫사람을 부리지 말며, 아랫사람에게서 본 싫어하는 모습으로 윗사람을 섬기지 말라. 그리고 자신이 뒷사람의 위치에 있을 때 앞사람에게서 본 싫어하는 모습으로 뒷사람에게 먼저 하도록 시키지 말며 자신이 앞사람의 위치에 있을 때 뒷사람에게서 본 싫어하는 모습으로 앞사람을 따르지 말라. 또 자신이 왼쪽에 있을 때 오른쪽에게서 본 싫어하는 모습으로 왼쪽과 사귀지 말며 자신이 오른쪽에 있을 때 왼쪽에게서 본 싫어하는 모습으로 오른쪽과 사귀지 말라. 이것이 '사람의 마음으로 미루어서 헤아려보는 도'의 뜻이다."

14

관리가 재앙을 피하는 길

관리가 가슴에 새겨야 할 바람직한 글자가 네 개가 있다. 공公·정正·청淸·경敬이다. 공은 공평무사를, 정은 정직을, 청은 청렴결백함을, 경은 공경함을 뜻한다. 이 네 가지를 잘 지키면 결코 과실을 범하는 일이 없다. 또한 관리에게 바람직하지 않은 글자 네 개가 있다. 사私·사邪·탁濁·오傲이다. 사私는 불공평을, 사邪는 사악함을, 탁은 부정함을, 오는 오만함을 의미하는데, 만일 이 네 가지를 범하지 않으면 모든 재앙에서 벗어날 수 있다.

「공자성적도」 중에서, '자서가 공자의 등용을 막다.'

15

오늘 배우지 않고서도 내일이 있다고 말하지 말라

무릇 사람은 서둘러서 해야 할 일은 급히 하지 않고 서두르지
말아야 할 일은 급히 하고 마는데, 이는 모두 다 잘못이다. 가령
이 성인의 학문은 곧바로 지금 서둘러 배워야 할 일, 즉 서둘러
하면 실제로 도움이 되는 일이다. 절대로 '오늘 배우지 않고서도
내일이 있다'고 말하지 말라. 주연을 열고, 손님을 모으고, 산에
오르고, 호수에서 배를 타는 일 등처럼 마음대로 유유자적하는
일은 '오늘 하지 않아도 내일을 기약할 수 있다'고 말해도 좋다.

〔拾遺〕 주자^{朱子}는 「권학^{勸學}」에서 이렇게 말했습니다.

"오늘 배우지 않고서 내일이 있다고 말하지 말 것이며, 올해 배우지
않고서 내년이 있다고 말하지 말라. 날과 달은 흘러가서 세월은 나를
위하여 더디 가지 않는다. 아! 벌써 늙었구나. 아아, 이 늙음은 누구의
허물이란 말인가^{勿謂今日不學而有來日, 勿謂今年不學而有來年, 日月逝矣. 歲不我延,}
^{嗚呼老矣是誰之愆.}"

과실은 불경함에서 싹튼다

과실은 스스로 삼갈 줄 모르는 불경^{不敬}함에서 싹튼다. 스스로 삼가며 공경할 줄 알면 과실이라고 하는 것은 자연스럽게 줄어들기 마련이다. 만약 과실을 범하면 재빨리 고치는 게 좋다. 재빨리 고치는 것도 경^敬이다. 가령 안회가 잘못을 두 번 다시는 반복하지 않은 것도, 또한 자로가 자신의 잘못을 질책하는 것을 듣고 기뻐한 것도 경이 아닌 게 아니다.

〔拾遺〕 공자는 『논어』 「옹야」편에서 안회를 이렇게 평했습니다.

"애공이 물었다. '제자 중에서 누가 배우기를 좋아합니까?' 공자께서 대답하셨다. '안회가 배우기를 좋아해서 노여움을 남에게 옮기지 않고 같은 잘못을 두 번 저지르지 않았는데, 불행히도 단명하여 죽었습니다. 이제는 그런 사람이 없으니, 그 후로는 아직 배우기를 좋아한다는 사람을 들어보지 못했습니다^{哀公問: '弟子孰爲好學?' 孔子對曰: '有顏回者好學, 不遷怒, 不貳過. 不幸短命死矣! 今也則亡, 未聞好學者也.'}"

맹자는 또 자로를 『맹자』 「공손추상^{公孫丑上}」편에서 이렇게 평했지요.

"자로는 남들이 그에게 잘못이 있음을 일러주면 기뻐하였다^{子路, 人告之以有過則喜.}"

19

공욕과 사욕의 차이를 판별하는 마음의 움직임

마음은 영묘하다. 사리를 판별하는 이성이 감정의식에 의해서 움직이는 것이 욕망이다. 이 욕구에는 공욕公欲과 사욕私欲이 있다. 감정의식이 이성에 의해 지배되는 경우가 공욕이고, 반대로 이성이 감정의식에 의해 지배되어 이성적 판단이 흐려지는 경우가 사욕이다. 이 두 가지를 아는가, 알지 못하는가를 스스로 변별하는 것이 마음의 영묘한 움직임이다.

20

우주는 우리 마음 안에 있다

우주宇는 공간적으로 제한이 없는 넓이를 뜻하는데, 거기에서는 만물이 서로서로 사귀거나 대립하면서 존재하고 있다. 주宙는 시간의 영원한 길이를 뜻하는데, 거기에서는 만물이 끊임없이 흐르면서 변화를 거듭한다. 우주는 우리의 마음에 다름이 아닌바, 원래 우리 마음 밖의 것이 아니다.

〔拾遺〕 송나라의 대유 육상산陸象山은 "우주 안의 일이 곧 내 안의 일이고, 내 안의 일이 곧 우주 안의 일이다宇宙內事乃己分內事, 己分內事乃宇宙內事"고 말하였습니다.

22

마음이 넓으면 몸이 편안해진다

사람이 언제나 감정에 치우치지 않고 만사에 적절함을 얻는 중中과 화和를 지니고 있으면 몸은 자연스럽게 안정되어 편안하고 자유스럽다. 즉 경敬이다. 『대학』에서 "마음이 넓으니 몸이 편안해진다心廣體胖"고 한 것도 경이다. 『서경』에서 "매우 부드럽고 심히 공손하셨다徽柔懿恭"고 한 것도 경이다. 『논어』에서 공자에 대해 "단정하고 온화하시고 평화로우셨다申申夭夭"고 한 것도 경이다. 그런데 경을 수갑 족쇄나 줄로 묶은 것처럼 거북하고 답답하고 부자유스러운 것이라고 본다면 그것은 '가짜 경'이지 '참된 경'이 아니다.

〔拾遺〕『대학』 제6장에 이런 글귀가 나옵니다.

"부귀함은 자신의 집을 호화롭게 꾸밀 수 있고, 덕은 자신의 몸을 윤택하게 할 수 있다. 마음이 넓으니 몸이 편안해진다. 그러므로 군자는 반드시 자신의 의지를 성실하게 한다富潤屋, 德潤身, 心廣體胖, 故君子必誠其意."

『서경』「무일無逸」편에는 이런 구절이 나옵니다.

"문왕께서는 허름한 옷을 입으시고 거친 들판의 일과 농사일을 하셨습니다. 매우 부드럽고 심히 공손하시어, 낮은 백성들을 아끼고 보호하시고 홀아비와 과부들도 사랑하고 잘 돌보아주셨습니다. 아침부터 한낮을 거쳐 해가 지기까지 밥 잡수실 겨를도 없이 만백성들을 모두 화평케 하셨습니다 文王卑服卽康功田功, 徽柔懿恭, 懷保小民, 惠鮮鰥寡. 自朝至于日中仄, 不遑暇食, 用咸和萬民."

『논어』「술이」편 제4장은 공자의 몸가짐을 이렇게 전해줍니다.

"공자께서는 한가히 계실 적에는 몸가짐이 단정하고 온화하시고 모습이 평화로우셨다 子之燕居, 申申如也, 夭夭如也."

23

이해를 따지는 군자와 소인의 차이

군자 역시도 이해손익를 말하지만 그 이해는 의리에 근거한 것이다. 소인도 의리를 말하지만 그 의리는 자신의 이해에 따른 것이다.

〔拾遺〕 공자께서는 『논어』 「이인里仁」편 제16장에서 "군자는 의리에 밝고, 소인은 이익에 밝다君子喩於義, 小人喩於利"고 말씀하셨습니다.

25

곤란할 때도 자신을 잃지 말고
인생을 즐겁게 보낼 줄 알라

사람이 일생 동안 마주치는 일을 길에 빗대면 험난한 곳도 있고 평탄한 곳도 있고, 수로에 빗대면 부드러운 흐름도 있고 놀라운 파란도 있다. 이것은 자연적인 운명으로 어찌해도 피할 수가 없다. 이것이 역易에서 말하는 도리이다. 따라서 사람은 자신이 처한 곳에 만족하며 이러한 변화를 즐기는 게 좋다. 만약 이를 성급하게 피하려고 한다면 결코 달인의 견식이 아니다.

〔拾遺〕 공자께서 『논어』 「옹야雍也」편 제18장에서 "알기만 하는 사람은 좋아하는 사람만 못하고, 좋아하는 사람은 즐기는 사람만 못하다 知之者不如好之者, 好之者不如樂之者"라고 말씀하셨습니다.

또 『채근담』에는 이런 말이 있습니다.

"마음이 흔들리면 활 그림자도 뱀으로 보이고 쓰러진 돌도 엎드린 호랑이로 보이니, 이 속에는 모두 살기뿐이다. 생각이 가라앉으면 석호도 바다갈매기처럼 되고 개구리 소리도 음악으로 들리니, 가는 곳마다 모두 참된 작용을 보게 되리라機動的, 弓影疑爲蛇蝎, 寢石視爲伏虎, 此中渾是殺氣. 念息的, 石虎可作海鷗, 蛙聲可當鼓吹, 觸處俱見眞機."

26

속세와 자연의 닮은 꼴 묘미

산수山水에서 놀아볼 만한 가치가 있다고 하는 것을 말해 보자면, 그것은 첩첩산중이라든지, 격류나 갑작스러운 여울이라든지, 깊은 삼림이나 길게 이어지는 계곡이라든지, 우뚝 솟은 벼랑이나 멀리 떨어진 항구 등이라고 할 수 있다. 또한 무릇 보라색 산에 녹색의 초목이 울창하게 우거진 것이나, 구름이나 안개가 갖가지로 변화하는 상태나, 멀고 가까운 산들이 서로를 비추거나, 험한 산과 평탄한 땅이 서로 사귄다거나 하는 데서야 비로소 조용하고 깊숙한 감상의 정취에 빠질 만한 가치가 있다. 여기에 이르러서야 정말로 대지의 아름다운 무늬를 바라볼 수가 있다. 만약 단지 산이 하나밖에 없거나 여울이 하나밖에 흐르지 않는다면 그 무슨 뛰어난 정취가 있으랴. 인간의 속세도 또한 이러한 것이다.

27

밤과 낮이 바뀌는 도리를 알면
삶과 죽음을 이해할 수가 있다

사물은 꽃이 피어 돋보이거나 시들어서 스러지거나 하는 때가 있고 인간에게는 태어나거나 죽거나 하는 일이 있다. 이른바 '낳고 낳음을 역生生之謂易'이라고 하였다. 모름지기 인간의 육체는 땅에 속하고 본성은 하늘에 속한다는 것을 모르면 안 된다. 이 천지에 죽음도 삶도 따로 없는데 어찌 사람이나 사물에게 삶과 죽음이 따로 나누어져 있으랴? 생사라든가 영고성쇠라든가 하는 이런 것은 단지 하나의 기가 생기고 가득 찬 것이 생이자 영築이며, 하나의 기가 사라져 없어지는 것이 죽음이며 고枯이다. 이 도리를 알면 밤낮음양이 교체하는 도를 알 수가 있다.

〔拾遺〕 왕양명은 『전습록』에서 "밤과 낮이 바뀌는 도리를 알면 삶과 죽음을 알 수가 있다"고 말했습니다.

공자는 『논어』 「선진」편 제11장에서 다음과 같이 말하였습니다.

계로가 귀신 섬기는 일에 대하여 여쭙자, 공자께서 말씀하셨습니다.

"사람도 제대로 섬기지 못하는데 어찌 귀신을 섬길 수 있겠느냐?"

"감히 죽음에 대하여 여쭙겠습니다."

공자께서 대답했습니다.

"삶도 제대로 알지 못하는데 어찌 죽음을 알겠느냐?"

季路, 問事鬼神. 子曰: "未能事人, 焉能事鬼?"

"敢問死." 曰: "未知生, 焉知死?"

「공자성적도」 중에서, '기둥 사이에 관이 놓여 있는 꿈을 꾸다.'

28

지행知行은 결국 사思라고 하는
글자 하나로 돌아간다

마음의 기능은 곧 '생각하는' 것이다. '생각 사思'라는 글자는
오로지 궁리한다는 것이다. 마음속으로 더욱더 깊게 생각하면 더
욱더 정통해지고, 또한 더욱더 독실하게 실천하게 된다. 이 독실
함을 행行이라고 하고, 이 정통함을 지知라고 한다. 지행知行은 결국
'사思'라고 하는 글자 하나로 돌아가는 것이다.

〔拾遺〕왕양명은『전습록』에서 지행합일知行合一 즉 '앎과 행동이 하
나로 합치되어야 한다'며 다음과 같이 말했습니다.

"앎이란 행동의 본의本意이며 행동이란 앎의 공부인 것이다. 앎이란
행동의 시작이며 행동이란 앎의 완성이다知是行的主意, 行是知的功夫. 知是行
之始, 行是知之成."

"앎이 참되고 절실하며 독실해야 할 곳이 바로 행이오. 행이 밝게 깨
닫고 정세하게 살펴야 할 곳이 바로 앎이오. 앎과 행함에 대한 공부는
본시 분리시킬 수가 없는 것이오知之眞切篤實處, 即是行. 行之明覺精察處, 即是
知, 知行工夫本不可離."

29

중^中에 대하여

지나치거나 미치지 못하여 중용^{中庸}을 얻지 못한 상태 즉 '과불급^{過不及}'이 없는 것을 '중^中'이라고 하는데 이것이 가장 깨닫기 어렵다. 기가 약한 사람이 '중'이라고 하는 것은 모두 '중'에 이르지 못한 것이다. 반대로 그 무엇에도 굴복하지 않고 기백이 넘치는 사람이 '중'이라고 하는 것은 모두 '중'을 지나쳐 버린 것이다. 그러므로 군자의 길인 '중'을 제대로 아는 자는 적다.

〔拾遺〕『중용』은 "기쁨, 화남, 슬픔, 즐거움의 감정이 아직 일어나지 않은 상태를 중^中이라고 한다. 이러한 감정들이 일어나 모두 절도에 맞는 상태에 이른 것을 화^和라고 한다. 중이란 천하 모든 것의 가장 큰 근본이며 화란 천하 모든 것에 두루 통하는 도이다. 중^中과 화^和를 극진하게 실현하면 천지가 제자리에 서고 만물이 번성하게 될 것이다^{喜怒哀樂之未發, 謂之中; 發而皆中節, 謂之和. 中也者, 天下之大本也; 和也者, 天下之達道也. 致中和, 天地位焉, 萬物育焉}"라고 합니다.

주희는 『중용장구』에서 "중은 치우치지 않고 기울어지지 않으며 지나치거나 모자람이 없는 것을 이름한 것이다. 용은 평상이다^{中庸者, 不偏不倚無過不及之名, 庸, 平常}"라고 하였습니다.

30

과유불급에 대하여

의지가 강한 사람이 '중'이라고 생각하는 것은 실은 '중'을 지나쳐 버린 것이다. 그리고 그 사람이 조금 지나치다고 생각하는 사람은 마치 과격한 상태에 있는 것이라고 할 수 있다. 마음이 약한 사람이 '중'이라고 생각하는 것은 실은 '중'에 이르지 않는 것이다. 그리고 그 사람이 미치지 않았다고 생각하는 자는 대부분은 취해 넘어져 있는 상태라고 할 수 있다.

〔拾遺〕『논어』「선진」편 제15장에서 공자는 "지나친 것은 모자란 것과 마찬가지라네過猶不及"라고 말하였습니다.

31

총명한 척만 하다 보면
정신수양을 하는 힘이 사라져 버린다

정신을 다잡아 죄고 수양을 할 때에는 스스로 자신의 현명함이 닫힌 것처럼 생각된다. 하지만 수양이 충분하게 성숙해지면 어두운 곳에 나날이 광명이 찾아오는 것 같다. 기지를 부리며 남을 대하고 있을 때에는 자신이 영리해서 사물에 정통한 것 같은 생각이 든다. 하지만 그처럼 영리한 체만 하는 게 익숙해지다 보면 정신을 다잡아 죄고 수양을 하는 힘이 나날이 사라져 버리고 만다.

33

봄바람과 가을 서리의 처세술

남은 봄바람처럼 대하고, 가을 서리처럼 스스로를 삼가야 한다.

〔拾遺〕『채근담』에 이런 말이 있습니다.

"청렴결백하면서도 아량이 넓고, 어질고 인자하면서도 결단력이 강하며, 총명하면서도 남의 결점을 잘 들추어내지 않고, 정직하면서도 지나치게 따지지 않는다면 그것은 이른바 꿀을 넣은 음식이면서도 달지 않고 해산물이면서도 짜지 않은 것과 같으니, 이것이야말로 아름다운 덕이다淸能有容, 仁能善斷, 明不傷察, 直不過矯, 是謂 "蜜餞不甛, 海味不鹹, 纔是懿德.""

34

찰나의 한 호흡 간에 공력이 결정된다

자신을 이기는 극기의 공력은 찰나의 한 호흡 간에 있으니, 여러 가지를 고민하다 우물쭈물하는 일 없이 즉시 실천에 옮겨라.

〔拾遺〕 왕양명은 "산중의 적은 깨뜨리기 쉽지만 마음속의 적은 깨트리기 어렵다"고 하였습니다.

공자는 『논어』 「안연顔淵」편 제1장에서 다음처럼 극기복례에 대해 말하였습니다.

안연이 인仁에 관하여 여쭙자, 공자께서 대답하셨다.

"자기를 이겨내고 예禮로 돌아감이 인이다. 하루라도 자기를 이겨내고 예로 돌아가면 천하가 인에게로 돌아온다. 나로부터 인을 이룩함이니 남에게 의존할 것이겠느냐!"

안연이 여쭈었다.

"그 구체적 방법을 감히 여쭙고자 합니다."

공자께서 대답하셨다.

"예가 아니면 보지 말고, 예가 아니면 듣지 말며, 예가 아니면 말하지 말고, 예가 아니면 거동하지 말라."

顔淵問仁, 子曰, 克己復禮爲仁. 一日克己復禮, 天下歸仁焉. 爲仁由己, 而由人乎哉. 顔淵曰, 敢問其目. 子曰, 非禮勿視, 非禮勿聽, 非禮勿言, 非禮勿動.

또『채근담』에 이런 말이 있습니다.

"악마를 항복시키려고 하는 사람은 먼저 자기의 마음을 다스리라. 자신의 마음이 잘 다스려지면 모든 악마들이 스스로 물러갈 것이다. 남의 횡포를 누르려는 사람은 먼저 자신의 혈기를 다스리라. 스스로 자신의 마음을 다스려 평화로워지면 외부로부터 횡포가 침입하지 못할 것이다 降魔者, 先降自心. 心伏, 則群魔退聽. 馭橫者, 先馭此氣. 氣平, 則外橫不侵."

35

찰나에 인간과 금수의 차이가 난다

인간의 본성인 선善을 붙잡고 지키는 것은 인간이다. 도리어 그
것을 버리고 망쳐버리면 금수다. 이것을 붙잡는 것과 놓아버리는
것은 찰나의 한 호흡 간이지만 인간인가 금수인가를 판별하는 잣
대이니 교훈으로 삼을 만하지 않은가!

〔**拾遺**〕『맹자』「고자상告子上」편에 다음과 같은 글이 있습니다.

"공자께서 '붙잡으면 있게 되고 놓아버리면 없어진다. 드나듦에 일
정한 때가 없고 그것이 어디로 가는지를 알지 못한다.' 하신 것이 바로
마음에 대해 말씀하신 것이다孔子曰: '操則存, 舍則亡; 出入無時, 莫知其鄕.' 惟
心之謂與."

여기서 공자께서 가리키는 바는 바로 '인간의 본성인 선善'입니다.

37

경敬, 순順, 간簡, 후厚 등
땅의 덕을 일상에서 실천하라

사람은 땅에서 낳고 땅으로 돌아가므로 결국 땅을 떠날 수는
없다. 그러므로 사람은 땅의 덕을 잘 궁리해 보아야 한다. 땅의
덕은 경敬이므로 사람은 마땅히 자신을 삼가고 남을 공경해야 한
다. 땅의 덕은 순順이므로 사람은 마땅히 유순해야 좋다. 땅의 덕
은 간簡이므로 사람은 마땅히 질박하고 단순해야 좋다. 땅의 덕은
후厚이므로 사람은 마땅히 인정이 두터워야 한다.

〔拾遺〕『맹자』「진심상盡心上」편에서 맹자가 말했습니다.

"사람을 대함에 먹여주기만 하고 사랑하지 않는다면 짐승으로 사귀
는 것이요, 사랑하기만 하고 공경하지 않는다면 짐승으로 기르는 것이
다. 공경하는 마음은 예물을 보내기 전에 갖추어져 있어야 하는 것이
다食而弗愛, 豕交之也; 愛而不敬, 獸畜之也. 恭敬者, 幣之未將者也."

38

인생을 뜻하는 일一 자와 적積 자는
두려워할 만하다.

'일一' 자와 '쌓일 적積' 자는 매우 두려워할 만하다. 선도 악도
그 조짐은 최초의 일념에 의한 것이다. 또한 선과 악이 여무는 것
도 최초의 일념이 거듭되며 쌓인 결과다.

〔拾遺〕『역경』「곤괘坤卦」「문언전文言傳」에 이런 말이 있습니다.

"선을 쌓은 집은 반드시 남은 경사가 있고, 불선不善을 쌓은 집에는
반드시 남은 재앙이 있다. 신하가 그 임금을 죽이고, 자식이 그 아비를
죽이는 것은 하루아침 하루저녁의 까닭이 아니고, 그것이 싹튼 유래는
조금씩 오래오래 쌓인 것이다積善之家，必有餘慶，積不善之家，必有餘殃．臣弑其
君，子弑其父，非一朝一夕之故，其所由來者漸矣."

한漢나라 유향劉向은 『설원說苑』에서 '불선不善'을 '악惡' 자로 바꾸어
"악을 쌓은 집안은 반드시 남은 재앙이 있다積惡之家，必有餘殃"라고 하였
지요.

228

42

그릇된 것을 바로잡는 마음으로 원한을 대하라

공자가 『논어』에서 "'그릇된 것을 바로잡는 마음直'으로 원한을 갚아야 한다."고 한 말은 깊이 음미해볼 만하다. 오로지 '그릇된 것을 바로잡는 마음直'으로 원한을 대하는 것이지, 원한을 원한으로 대하지 않는 것일 뿐이다.

〔拾遺〕『논어』「헌문憲問」편 제36장에서 어떤 사람이 "은덕으로 원한을 갚으면 어떻습니까?"라고 여쭙자 공자께서 말씀하셨습니다.

"그러면 덕은 무엇으로 갚겠는가? 원한은 '그릇된 것을 바로잡는 마음直'으로 갚고, 은덕은 은덕으로 갚는 것이다何以報德? 以直報怨, 以德報德."

44

아랫사람의 사정을 잘 안다는 것

통하정通下情: 아랫사람과 서민의 사정을 잘 앎이란 이 세 글자는 피아彼我 간의 쌍방을 잘 보아야만 한다. 윗사람이 아랫사람의 사정을 통달한다는 것은 자기 자신도 잘 안다는 것이다. 또한 아래의 사정을 잘 안다는 것은 상대의 사정을 잘 안다는 것이다. 이와 같이 자기 자신과 아랫사람을 모두 볼 줄 알아야 참말로 아랫사람의 사정을 잘 안다고 할 수 있는 것이다.

45

곤란한 일을 처리하는 법

무릇 크디크게 곤란한 일이 닥쳤을 때는 조급하게 해결하려고 해서는 안 된다. 당분간은 그대로 관두는 게 좋다. 하룻밤 그대로 놔둔 채 베갯머리에서 대략 어느 정도의 궁리를 하면서 자보라. 다음날 아침 해가 밝아 머리가 산뜻할 때 계속해서 궁리를 하다 보면 반드시 하나의 길이 어렴풋이 보인다. 그러면 사리가 자연스레 마음속에 집중된다. 이런 연후에 천천히 난제를 하나씩 하나씩 처리하면 대체로 실수가 터지지 않는다.

〔拾遺〕『논어』「자로」편 17장에서, 자하가 거보의 읍재邑宰가 되어 정치를 여쭙자 공자가 말하였습니다.

"빨리 성과를 보려 하지 말고, 작은 이익을 추구하지 말라. 빨리 성과를 보려 하면 제대로 성과를 달성하지 못하고, 작은 이익을 추구하면 큰일이 이루어지지 않는다無欲速, 無見小利. 欲速, 則不達; 見小利, 則大事不成."

48

역사책을 읽는 까닭은 무엇인가?

한 사람의 일생의 이력은 유년 시절과 노년을 빼면 대강 45년 정도밖에 되지 않는다. 이때의 견문은 거의 역사의 일부에 불과하므로 역대의 사서^{史書}를 읽는 게 마땅하다. 위 아래로 수천 년의 사적이 자신의 마음속에 나란히 열을 지으면 어찌 통쾌하지 않은가. 고금의 사서에서 주의 깊게 읽을 점은 인심의 움직임과 시세의 변화이므로 여기에서 눈을 떼지 말아야 한다.

「공자성적도」 중에서, '책(죽간)을 묶은 가죽끈이 세 번이나 끊어지다.'

49

옛사람들과 친구가 되라

나는 항상 송나라와 명나라 시대의 어록을 읽는데, 그중에는 납득할 만한 곳도 있고 납득할 수 없는 곳도 있다. 또한 일견 믿을 수 있는 것처럼 생각되지만 도저히 믿을 수 없는 곳도 있다. 또한 의심스러운 것처럼 생각되어도 의심할 수 없는 곳도 있다. 그래서 반복해서 읽으면 정말로 옛 현인들과 같은 방에서 친밀하게 토론을 벌이고 있는 것 같은 기분이 든다. 참으로 옛 현인들과 친구가 되는 것은 이득이 많다.

〔拾遺〕『맹자』「만장하萬章下」편에서 맹자가 만장에게 말했습니다.

"한 고을의 선한 선비는 그 고을의 선한 선비를 벗으로 삼고, 한 나라의 선한 선비는 그 나라의 선한 선비와 벗을 삼으며, 천하의 선한 선비는 천하의 선한 선비와 벗을 삼는다. 천하의 선한 선비와 벗을 삼는 것만으로도 만족하지 못해서 위로 올라가 옛사람에 관해 이야기를 한다. 옛사람이 지은 시를 외우고 옛사람이 지은 책을 읽으면서도 옛사람에 대해서 알지 못한다면 되겠는가? 그런 까닭에 그들이 살았던 시대에 대해 이야기를 하는 것이다. 이것이 곧 위로 올라가 옛사람을 벗으로 삼는 것이다."

51

온몸과 온 세상이 측은지심으로 가득 차 있다

온몸이 측은지심으로 가득 찼다는 것을 알면 세계가 모두 측은
지심으로 넘쳐나고 있다는 것을 알 수가 있다. 우주 간에는 오로
지 이것, 인仁 하나만이 진실이고 더구나 결점이 없다.

〔拾遺〕 맹자는 『맹자』「공손추상公孫丑上」편에서 "측은지심은 인仁의
단서"라고 말했습니다.

"사람들은 누구나 차마 '남의 고통을 외면하지 못하는 마음不忍人之心'
를 가지고 있다. 선왕들에게는 차마 남의 고통을 외면하지 못하는 마
음이 있었으므로 차마 '남의 고통을 외면하지 못하는 정치不忍人之政'을
하였다. 차마 남의 고통을 외면하지 못하는 마음으로 차마 남의 고통
을 외면하지 못하는 정치를 실천한다면, 천하를 다스리는 것은 손바닥
위에서 움직이는 것같이 쉬울 것이다.

사람들은 누구나 차마 남의 고통을 외면하지 못하는 마음이 있다고
하는 것은 다음과 같은 근거에서이다. 만약 지금 어떤 사람이 문득 한
어린아이가 우물 속으로 빠지게 되는 것을 보게 된다면, 누구나 깜짝
놀라며 측은하게 여기는 마음을 가지게 된다. 그렇게 되는 것은 어린
아이의 부모와 교분을 맺기 위해서가 아니고, 마을 사람과 친구들로부

터 어린아이를 구했다는 칭찬을 듣기 위해서도 아니며 어린아이의 울부짖는 소리가 싫어서 그런 것도 아니다.

이것을 통해서 볼 때 '측은하게 여기는 마음惻隱之心'이 없다면 사람이 아니고, '부끄러워하는 마음羞惡之心'이 없다면 사람이 아니며, '사양하는 마음辭讓之心'이 없다면 사람이 아니고, '옳고 그름을 판단하는 마음是非之心'이 없다면 사람이 아니다. 측은하게 여기는 마음은 인仁의 단서端緖이고 부끄러워하는 마음은 의義의 단서이고, 사양하는 마음은 예禮의 단서이고, 시비를 가리는 마음은 지智의 단서이다. 사람이 이 네 가지 단서四端를 가지고 있는 것은 그가 사지를 가지고 있는 것과 같다. 이 네 가지 단서를 가지고 있는데도 자신은 선을 실천할 수 없다고 말하는 사람은 스스로를 해치는 자이고 자기의 군주는 선을 실천할 수 없다고 말하는 사람은 자기의 군주를 해치는 자이다.

무릇 나에게 갖추어져 있는 네 가지 단서를 모두 확대시켜 가득 차게 할 줄 알면 마치 불이 타오르기 시작하고 샘이 솟아나기 시작하는 것과 같아진다. 진실로 그것을 확대시켜 가득 차게 할 수 있으면 천하라도 보존할 수 있고, 만일 확대시켜 가득 차게 하지 않으면 부모조차도 부양할 수 없다."

54

존재하는 모든 것은 소멸한다

타오르는 불은 꺼지고, 물은 마르고, 사람은 죽는다. 존재하는
모든 것의 족적이 이러하다.

〔拾遺〕한나라 양웅揚雄은 『양자법언揚子法言』에서 "사는 것은 반드시
죽고, 시작은 반드시 끝이 있다生者必死有, 初有者必終有"라고 하였습니다.

하세가와 도하쿠 그림, 「송림도」(병풍 그림), 16세기

55

나의 소원

기개는 날카롭고 몸가짐은 단정하고 품위와 인망은 높고 견식
과 도량은 넓고 크며, 조예는 깊고 견해는 진실하고 싶다.

59

진보할 때 퇴보를 잊어버리면 흉조다

사람은 진보를 할 때 퇴보를 잊지 않으면 실패하지 않는다.『역경』「임괘臨卦」에 이르기를, "큰 제사를 거행한다. 이롭다는 점이나, 팔월에 이르면 흉하다^{元亨. 利貞. 至于八月有凶}"라고 하였다. 팔월은 양기가 충만한 태양의 달이지만 그 안에 스스로 음기를 낳아 흉한 징조라는 것이다. 때문에 나아갈 때 물러서는 것을 잊어버리면 흉조에 빠져 실패를 한다는 말이다.

〔拾遺〕『채근담』에 이런 말이 있습니다.

"나아가는 곳에서 문득 물러날 것을 생각한다면 거의 울타리에 걸리는 재앙을 면할 수 있고, 손을 댈 때에 먼저 손을 놓을 것을 도모하면 곧 호랑이를 타는 위험에서 벗어날 수 있으리라^{進步處. 便思退步. 庶免觸藩之禍. 著手時. 先圖放手. 纔脫騎虎之危.}"

238

60

성誠과 경敬

천운이 도래하지 않을 때 하늘에 앞서 일을 해도 그것이 천리를 위반하지 않는 것은 마음이 드넓고 공평무사하기 때문이다. 이를 『중용』에서는 "희로애락喜怒哀樂의 감정이 아직 일어나지 않은 상태를 중中이라고 한다"고 했는데, 바로 여기의 중中이 성誠이다. 천운이 도래하고 하늘보다 뒤늦게 일을 해도 천리에 어긋나지 않는 것은 하늘에 순응했기 때문이다. 이를 『중용』에서는 "희로애락의 감정들이 일어나 모두 절도에 맞는 상태에 이른 것을 화和라고 한다"고 하였는데, 바로 여기의 화和가 경敬이다. 무릇 아무런 일이 터지지 않을 때는 마땅히 선천先天적인 성실함誠으로 일을 하고, 유사有事 시에는 후천後天적인 노력 즉 경敬으로 일을 해야만 한다. 선천적인 성도 후천의 경도 요점은 두 개로 나누어지지 않았다는 것이다. 학문에 뜻을 둔 자는 생각이 여기에까지 이르러야만 한다.

65

선을 행함도 과유불급하지 말라

옛 사람이 말하기를, "천하의 모든 일은 지나치면 해가 된다"고 하였다. 비의 습기는 만물에 좋기도 하지만, 지나치게 많이 쏟아져 홍수가 나면 그 해로움은 가뭄과 같다. 지금 여기에 사람이 있어 선을 행하려는 의지가 있지만 자기 자신의 마음이 가는 대로 멋대로 행동하면 이는 모조리 비의 은택이 지나쳐 홍수가 나는 꼴에 다름 아니다. 나 역시 종종 이와 같은 사람을 보는데, 이는 남의 일만이 아니라 나 스스로 깊이 경계를 삼지 않으면 안 된다.

춘추春秋의 경물을 즐길 줄 알라

어수선하고 소란스러운 도시에서 쉬지도 못하며 여유롭지 못하게 살면 춘하추동의 위대한 자연의 경치를 모른다. 조용하고 드넓은 전원을 산책해야만 실로 조화의 기교가 무궁함을 볼 수가 있다. 내가 이전에 읊은 구가 있다. "성 안에 있어서는 봄가을의 경치도 사람에게 감동을 주는 것이 적지만, 전원에서는 조화의 신이 영묘한 재주를 뽐내느라 바쁘다." 나는 '이 구절이 사람을 속이는 것이 아니다'라고 생각한다.

〔拾遺〕『채근담』에 이런 말이 있습니다.

"바람과 꽃의 산뜻함, 눈과 달의 밝고 깨끗함은 오직 고요한 사람만이 이들의 주인이 될 수 있고, 물과 나무의 번성함과 메마름, 바위 사이 대나무의 자람과 사라짐은 홀로 한가한 사람만이 그 권리를 쥘 수 있도다風花之瀟洒, 雪月之空淸, 唯靜者爲之主. 水木之榮枯, 竹石之消長, 獨閒者操其權."

큰소리치기를 좋아하면 국량이 작다

큰소리치기를 좋아하는 자는 반드시 그 사람됨의 도량이 작다. 장담하기를 좋아하는 사람은 반드시 그 사람됨이 겁쟁이다. 오로지 큰소리를 치지 않고 지나치게 장담하지 않는 말 중에 그 무언가의 깊은 의미가 품어져 있으면 대체로 견식이 높고 도량이 넓은 인물이다.

〔拾遺〕『논어』「학이」편 제3장에서 공자가 말하였습니다.

"말을 교묘하게 하고 얼굴빛을 곱게 꾸미는 사람들 중에는 어진[仁] 이가 드물다巧言令色, 鮮矣仁!"

「자로」편 제27장에서는 공자가 이렇게 말하였습니다.

"강직함과 의연함과 질박함과 어눌함은 모두 어짊[仁]과 가깝다剛毅, 木訥, 近仁."

69

즐거움이 마음의 본모습이다

인생은 빈천도 있고 부귀도 있다. 또한 각자에게는 각자의 고락이 있다. 반드시 부귀는 즐겁고 빈천은 고통스럽다고 말할 수 없다. 생각건대 아마도 고통으로 말하자면 무슨 일이든 고통스럽지 않고, 즐거움으로 말하면 무슨 일이든 즐겁지 않겠는가. 그런고로 이런 고락은 역시나 마치 마음의 바깥에 있는 것과 같다. 옛 현인인 왕양명은 "즐거움이 마음의 본모습이다樂者, 心之本體"고 말하였다. 마음의 본모습인 즐거움은 세간에서 흔히 말하는 고락의 즐거움과 떨어지지도 않았고, 또한 고락의 즐거움에 의해 타락하는 것도 아니다. 생각건대 아마도 세간에서 흔히 말하는 고락과 함께 하되, 그럼에도 불구하고 그것을 초월해 자신이 처한 곳에서 편안해하며 그 밖의 다른 것을 부러워하지 않는 것이야말로 진짜 즐거움이리라. 『중용』에 "군자는 자신의 위치와 경우에 바탕을 두고 행동한다. 자신의 처지에 벗어난 일을 바라지 않는다. 군자는 어디서든 항상 그에 맞게 행동한다"고 한 것은 이를 두고 하는 말이다.

〔拾遺〕『중용』제14장에는 군자가 살아가는 방법이 나옵니다.

"군자는 자신의 위치와 경우에 바탕을 두고 행동한다. 자신의 처지에 벗어난 일을 바라지 않는다. 부귀한 상태에 있으면 부귀함에 맞게 행동하고, 빈천한 상태에 있으면 빈천함에 맞게 행동한다. 오랑캐들과 함께 생활하게 될 상황에서는 오랑캐들의 생활에 맞게 행동한다. 그리고 전쟁과 같은 힘든 상황을 만났을 때는 힘든 상황에 맞게 행동한다. 군자는 어디서든 항상 그에 맞게 행동한다.

윗자리에 있으면서 아랫사람을 능멸하지 않고 아랫자리에 있으면서 윗사람에게 아부하지 않는다. 자기 자신을 올바르게 하고 다른 사람에게 요구하지 않는다면 원망할 일이 없을 것이다. 위로는 하늘을 원망하지 않고 아래로는 다른 사람을 책망하지 않을 것이다.

그러므로 군자는 순리대로 생활하면서 그 결과를 기다린다. 그러나 소인은 위태롭게 행동하면서 요행을 바란다. 공자가 다음과 같이 말하였다. '활쏘기는 군자가 자신의 행동을 되돌아볼 때와 유사하다. 활을 쏘아서 정곡을 맞추지 못하면 돌이켜 그 자신에게서 원인을 찾는다.'君子素其位而行，不願乎其外．素富貴，行乎富貴；素貧賤，行乎貧賤；素夷狄，行乎夷狄；素患難，行乎患難；君子無入而不自得焉．在上位不陵下，在下位不援上，正己而不求於人則無怨．上不怨天，下不尤人．故君子居易以俟命，小人行險以徼幸．子曰："射有似乎君子；失諸正鵠，反求諸其身．"

70

여행에는 사람살이의 도가 숨겨져 있다

사람이 세상을 살아가는 것은 마치 여행을 하는 것과 같다. 도
중에 험난한 길이 있으면 평탄한 길도 있으며, 또한 맑은 날이 있
으면 비오는 날도 있다. 필경 어느 쪽이든 피할 수가 없다. 오로
지 때에 따라, 곳에 따라 빠름과 느림을 조절하며 서두르기도 하
고 여유를 부리기도 하면 된다. 지나치게 서두르다 화를 부르지
말고, 또 우물쭈물 꾸물거리다 예정된 때를 놓치지 말라. 이것
은 여행의 방법이지만 곧바로 살아가는 방법이기도 하다.

〔拾遺〕일본의 아주 유명한 하이쿠俳句 시인인 마쓰오 바쇼松尾芭蕉의
여행집『오쿠로 가는 오솔길奧の細道』은 "세월은 멈추지 않는 영원한 과
객이고 오고가는 해 또한 나그네이다月日は百代の過客にして, 行かふ年も又旅人
なり"로 시작하고, 당나라 시인 이백은 춘야연도리원서春夜宴桃李園序에서
다음과 같이 노래하였습니다.

"천지는 만물이 쉬어가는 여관이요, 세월은 영원한 나그네라. 부평
초처럼 떠다니는 인생 꿈만 같으니, 기쁨을 누린들 얼마이런가?夫天地
者, 萬物之逆旅. 光陰者, 百代之過客. 而浮生若夢, 爲歡幾何."

71

본성은 하늘이고 몸은 땅이다

사람은 스스로 어머니의 몸 안에 있던 자신의 마음이 어떠하였을까를 생각해 봐야 한다. 또 모체로부터 나온 이후 자신의 마음은 어떠한가를 생각해 봐야 한다. 누구라도 완전히 잊어버린 기억이란 없다. 그렇지만 자신의 몸은 이미 갖추어져 있는 것이기 때문에 반드시 마음이 있는 것이다. 그래서 지금 생각해 보면 모체 내에 있던 마음은 반드시 하나의 순수한 기이며 선도 없고 악도 없고, 단지 하나의 영묘한 광명 즉 양지良知이다. 모체로부터 나와 태어난 이후 이 마음의 영묘한 빛이 나타나고 우선 최초로 사물의 선악을 알게 된다. 이 선악은 즉 시비지심是非之心이다. 이에 따라 사랑과 경敬을 알게 된다. 생각이 여기에 이르러 보면 우리의 본성은 하늘로부터 받은 것이고, 몸은 땅으로부터 얻은 것임을 알 수가 있다.

72

태어나기 전의 나

아직 어머니의 태내에 있어 태어나지 않았던 때의 자신을 생각해 보면 혼돈의 상태로 하늘의 본체 즉 마음의 본성을 알고 있다. 모체로부터 태어났을 때의 자신을 생각해 보면 조금의 지각이라도 생겨나기에 천기天機 즉 양지와 격물格物을 알게 된다. [덴보天保 3년, 10월 20일 61세 생일날에 쓰다]

「공자성적도」 중에서, '니구산에서 기도하여 공자를 낳다.'

73

노닒도 모두 배움이다

옛날에 공자가 냇가에서 물의 흐름을 보고, "흘러가는 것은 이물과 같으니 밤낮도 없이 흘러가는구나!逝者如斯夫! 不舍晝夜"라고 탄식했고, 어떤 어린아이가 "창랑의 물이 맑으면 나의 갓끈을 씻고, 창랑의 물이 흐리면 나의 발을 씻는다"고 노래하자 이에 감탄해 "너희들은 저 노래를 들어보아라. 맑으면 갓끈을 씻고 흐리면 발을 씻는다고 한다. 그런 차이는 모두 물이 스스로 자초한 것이다"고 하셨다. 또 공자는 무우舞雩에서 노닐다가 번지가 한 질문이 수양에 적절한 것을 칭찬하고, "너희를 알아주는 사람이 있다면 어떻게 하겠는가?"라는 공자의 질문에 증석이 "늦은 봄에 봄옷을 지어 입고, 어른 대여섯 명과 아이들 육칠 명과 어울리어, 기수沂水 강가에서 목욕하고, 하늘에 제사 지내는 곳인 무우 근처에서 바람을 쐬며 노닐다 노래하면서 돌아오고 싶습니다"라고 답하자 공자는 감탄하며 증석과 함께 하련다고 말하였다. 공자는 동산東山에 올라가 노나라를 작다고 여기셨고, 태산에 올라가 천하를 작다고 여기셨다. 이와 같이 성인이 노닒은 모두 배움이 아닌 것이 없다.

〔拾遺〕『논어』「자한子罕」편 제16장에서 공자가 냇가에서 말하였습니다.

"흘러가는 것은 이 물과 같으니 밤낮도 없이 흘러가는구나!逝者如斯夫! 不舍晝夜."

『맹자』「이루상」편에는 다음과 같은 구절이 있습니다.

"어떤 어린아이가 '창랑의 물이 맑으면 나의 갓끈을 씻고, 창랑의 물이 흐리면 나의 발을 씻는다'고 노래했다. 공자가 그것에 대해서 '너희들은 저 노래를 들어보아라. 맑으면 갓끈을 씻고 흐리면 발을 씻는다고 한다. 그런 차이는 모두 물이 스스로 자초한 것이다'고 하셨다有孺子歌曰: '滄浪之水淸兮, 可以濯我纓; 滄浪之水濁兮, 可以濯我足.' 孔子曰: '小子聽之! 淸斯濯纓, 濁斯濯足矣, 自取之也.'"

『논어』「안연」편 제21장에서 번지가 무우舞雩에서 공자를 따라서 노닐다가 여쭈었습니다.

"감히 덕을 숭상하는 것과 악한 마음을 다스리는 것과 미혹됨을 가려내는 것에 대하여 여쭙고자 합니다."

공자께서 말씀하셨습니다.

"훌륭한 질문이로구나! 일을 먼저 하고 이득은 뒤로 미루는 것이 덕을 숭상하는 것이 아니겠느냐? 자신의 악함을 공격하고 남의 악함을 공격하지 않는 것이 악한 마음을 다스리는 것이 아니겠느냐? 하루아침의 분노로 자기 자신을 잃고 그 화가 부모님에게까지 미치게 한다면 미혹됨이 아니겠느냐?"

樊遲從游于舞雩之下, 曰: "敢問崇德, 修慝, 辨惑." 子曰: "善哉問! 先事后得, 非崇德與? 攻其惡, 無攻人之惡, 非修慝與? 一朝之忿, 忘其身, 以及其親, 非惑與?"

맹자는 『맹자』「진심상」편에서 이렇게 말했습니다.

"공자께서 동산東山에 올라가 노나라를 작다고 여기셨고, 태산에 올라가 천하를 작다고 여기셨다. 그러므로 바다를 본 사람의 경우 어지간한 강물은 그의 관심을 끌 수 없고 성인의 문하에서 배운 사람의 경우 어지간한 말은 그의 관심을 끌 수가 없다. 물을 보는 데는 방법이 있으니 반드시 그 물결을 보아야 한다. 해와 달은 빛을 지니고 있어서 그 빛을 받아들일 곳이면 반드시 비춘다. 흐르는 물은 빈 웅덩이를 채우지 않고는 나아가지 않는다. 군자가 도를 추구함에 있어서도 일정한 성취를 이루지 않으면 통달된 경지에 이르지 못한다孔子登東山而小魯, 登太山而小天下. 故觀於海者難爲水, 遊於聖人之門者難爲言. 觀水有術, 必觀其瀾. 日月有明, 容光必照焉. 流水之爲物也, 不盈科不行; 君子之志於道也, 不成章不達."

『논어』「선진」편 제25장에는 증점과 공자의 대화가 나옵니다.
자로, 증석, 염유, 공서화가 공자를 모시고 앉아 있을 때, 공자께서 말씀하셨다.
"내가 너희들보다 나이가 조금 많기는 하지만, 그런 것을 의식하지 말고 얘기해 보아라. 평소에 말하기를 '나를 알아주지 않는다'라고 하는데, 만일 너희를 알아주는 사람이 있다면 어떻게 하겠는가?"

자로가 불쑥 나서면서 대답하였다.

"수레 천 대를 낼 수 있는 제후의 나라가 큰 나라들 사이에 끼어 군대의 침략을 받고 그로 인하여 기근까지 겹쳐 있다 하더라도, 제가 그 나라를 다스려 거의 삼 년이면, 백성들을 용감하게 만들고, 또 그들로 하여금 올바른 도리를 실천할 줄 알도록 만들겠습니다.

공자께서 빙긋이 웃으셨다.

"구(염유)야, 너는 어찌하겠느냐?" 염유가 대답하였다.

"사방 육칠십 리 또는 오륙십 리 되는 곳을 제가 다스린다면, 대략 삼 년이면 백성들을 풍족하게 할 수 있을 것입니다. 다만 예악에 대해서는 저보다 뛰어난 군자의 힘을 빌리고자 합니다."

"적(공서화)아, 너는 어찌하겠느냐?" 공서화가 대답하였다.

"제가 이런 일을 잘할 수 있다고 말하는 것이 아니라, 배우고자 하는 것입니다. 종묘의 제사나 임금들이 회합을 할 때에, 검은 예복과 예관을 쓰고, 작은 일이나마 돕고자 합니다."

"점(증석)아 너는 어찌하겠느냐?"

거문고瑟를 타는 소리가 점차 잦아들더니, 뎅그렁 하며 거문고를 밀어놓고 일어서서 대답하였다. "세 사람이 이야기한 것과 다릅니다."

공자께서 말씀하셨다.

"무슨 상관이 있겠느냐? 또한 각기 자기의 뜻을 말한 것이다."

증석이 말하였다.

"늦은 봄에 봄옷을 지어 입고, 어른 대여섯 명과 아이들 육칠 명과 어울리어, 기수沂水 강가에서 목욕하고, 하늘에 제사 지내는 곳인 무우 근처에서 바람을 쐬며 노닐다 노래하면서 돌아오고 싶습니다."

공자는 감탄하시며 말씀하셨다.

"나는 점과 함께 하련다."

세 사람이 나가고 증석이 뒤에 남았다. 증석이 여쭈었다.

"저 세 사람의 말이 어떻습니까?" 공자께서 말씀하셨다.

"또한 각각 자기의 뜻을 이야기했을 뿐이다."

"선생님께서는 무엇 때문에 유의 말에 미소를 지으셨습니까?"

"나라는 당연히 예로 다스려야 하는데도, 자로는 도리어 조금도 겸손하지 않았기에 그를 보고 웃은 것이다."

"구의 경우는 나라를 다스리는 것이 아니지 않습니까?"

"어찌 사방 육칠십 리 또는 오륙십 리인데 나라가 아니라고 생각하는 것이냐?"

"적의 경우는 나라를 다스리는 것이 아니지 않습니까?"

"종묘의 일과 천자 알현하는 일이 제후의 일이 아니고 무엇이겠느냐? 적의 일을 작은 일이라고 한다면 누구의 일을 큰일이라고 할 수 있겠느냐?"

子路, 曾晳, 冉有, 公西華侍坐. 子曰："以吾一日長乎爾, 毋吾以也. 居則曰："不吾知也！'如或知爾, 則何以哉?"子路率爾而對曰："千乘之國, 攝乎大國之間, 加之以師旅, 因之以饑饉；由也爲之, 比及三年, 可使有勇, 且知方也."夫子哂之. "求！爾何如?"對曰："方六七十, 如五六十, 求也爲之, 比及三年, 可使足民. 如其禮樂, 以俟君子." "赤！爾何如?"對曰："非曰能之, 願學焉. 宗廟之事, 如會同, 端章甫, 願爲小相焉."　"點!爾何如?"鼓瑟希, 鏗爾, 舍瑟而作. 對曰:"異乎三子者之撰."子曰:"何傷乎? 亦各言其志也."曰:"莫春者, 春服旣成. 冠者五六人, 童子六七人, 浴乎沂, 風乎舞雩, 詠而歸."夫子喟然嘆曰:"吾與點也!"三子者出, 曾晳后. 曾晳曰:"夫三子者之言何如?"子曰:"亦各言其志也已矣."曰:"夫子何哂由也?"曰:"爲國以禮, 其言不讓, 是故哂之."　"唯求則非邦也與?"　"安見方六七十如五六十而非邦也者?"　"唯赤則非邦也與?"　"宗廟會同, 非諸侯而何? 赤也爲之小丶 孰能爲之大?"

74

학문은 간난신고의 끝에서야 열매를 맺는다

공자는 제나라에 가서 성왕 순이 지은 음악인 소^韶를 듣고 배웠으며 기^杞나라에서는 하나라의 연중행사가 쓰여진 하시^{夏時}를 얻고 송나라에서는 음양의 일을 기록한 건곤^{乾坤}을 얻고 주나라를 돌아보고는 번성했던 옛날과 쇠락한 오늘날을 비교하며 감개무량에 빠졌다. 사람들 눈에 띄지 않기 위해 비목을 하고 송나라로 향하다 진채^{陳蔡}의 들판에 갇혀 곤욕을 치렀다. 위^衛나라, 정^鄭나라, 초^楚나라에 갔지만, 어디에서도 중용을 받지 못하였다. 성인의 학문은 먼 곳을 떠돌며 이런저런 간난신고를 겪은 후에야 그 열매를 얻는 경우가 많다.

〔**拾遺**〕 불교 최초의 경전인 『숫타니파타』는 성인을 이렇게 이야기하고 있습니다.

"홀로 걸어가고, 게으르지 않으며 비난과 칭찬에도 흔들리지 않고 소리에 놀라지 않는 사자처럼, 그물에 걸리지 않는 바람처럼, 진흙에 더럽히지 않는 연꽃처럼 남에게 이끌리지 않고 남을 이끄는 사람, 현자들은 그를 성인으로 안다."

그리고 또 이런 말이 있습니다.

"역경과 곤궁은 호걸을 단련하는 하나의 용광로와 망치이다. 능히 그 단련을 받아들인다면 곧 심신에 다 유익하겠고, 그 단련을 받아들이지 않는다면 심신에 모두 손해가 되리라 橫逆困窮, 是煆煉豪傑的一副鑪錘. 能受其煆煉, 則身心交益. 不受其煆煉, 則身心交損."

「공자성적도」 중에서, '광 지역의 사람들에게 오해받았으나, 곧 풀려나다.'

77

종이 위의 도학자

성인이나 현인의 가르침을 강의하거나 설명하거나 하지만 그 것을 스스로 실천궁행할 수 없으면 그러한 사람을 말뿐인 성현이 라고 한다. 나는 이것을 듣고 우선 마음이 부끄러워 놀랄 뿐이다. 송나라 시대의 유학자는 학문을 논하거나 변설을 하지만 그것을 몸으로 실천하지 않은 자를 '종이 위의 도학자'라고 말하였다. 나 는 이것을 듣고 다시 한 번 오싹해 두려워할 뿐이다.

79

정치의 다섯 가지 필요조건

정치를 하는 데 꼭 알아두어야 할 다섯 가지가 있다. 첫째, 경중 즉 재정상의 정도를 가늠해야 한다. 둘째, 시세 즉 시대의 동향을 살펴야 한다. 셋째, 관후寬厚 즉 마음이 넓고 정이 두텁게 민중들을 대해야 한다. 넷째, 진정鎭定 즉 동란과 분쟁을 가라앉히고 평화를 유지해야 한다. 다섯째, 영내寧耐 즉 마음을 안정시키고 인내를 할 줄 알아야 한다. 또한 현인을 등용하고 아첨을 일삼는 자를 멀리하고 농업을 장려하고 조세를 가볍게 하고 사치스러운 생활을 금하고, 검약을 중시하고 노인을 우대하고 어린이들을 자상하게 보살펴야 하는 등등 여러 가지이다. 이 모든 것은 사람들이 익히 알고 있는 바이다.

80

지^智 · 인^仁 · 용^勇 삼덕의 조화를 갖추어라

지혜로움^智과 어짊^仁은 하늘이 준 천성^{天性}이다. 용맹스러움^勇은
본성의 발동에 의해 생기는 기^氣다. 지^智 · 인^仁 · 용^勇을 배합해 삼
덕^{三德}으로 부르는 데는 오묘한 이치가 숨겨져 있다.

〔拾遺〕『중용』 20장은 지^智 · 인^仁 · 용^勇 삼덕을 이렇게 말하고 있습
니다.

"지혜로움과 어짊, 용맹스러움, 이 세 가지가 천하에 두루 통하는 보
편적인 덕이다. 그러나 이것을 행하는 방법은 한 가지이다. 어떤 사람
은 나면서부터 알고 어떤 사람은 배워서 알기도 하며 어떤 사람은 고
심해서도 알기도 하지만 안다는 점에서는 동일하다. 어떤 사람은 마음
에 걸림이 없어 편안하게 행하고 어떤 사람은 자신에게 이롭다고 생각
할 때만 행하고 어떤 사람은 힘써 열심히 행한다. 그러나 결과를 성취
한다는 측면에서 동일하다. 공자께서 말씀하셨다. '배우기를 좋아하는
것은 지혜로움에 가깝고 힘써 행하는 것은 어짊에 가까우며 부끄러워
할 줄 아는 것은 용맹함에 가깝다.' 이 세 가지를 알면 몸을 닦는 방법
을 알 것이며 몸을 닦는 방법을 알면 사람을 다스리는 방법을 알 것이
다. 사람을 다스리는 방법을 알면 천하 국가를 다스리는 방법을 알 것

이다 知仁勇三者, 天下之達德也, 所以行之者一也. 或生而知之, 或學而知之, 或困而知之, 及其知之一也; 或安而行之, 或利而行之, 或勉强而行之, 及其成功一也. 子曰: 「好學近乎知, 力行近乎仁, 知恥近乎勇. 知斯三者, 則知所以脩身; 知所以脩身, 則知所以治人; 知所以治人, 則知所以治天下國家矣.」

또한 공자는 『논어』 「자한子罕」편 제28장에서 이렇게 말하였습니다.

"지혜로운 사람은 미혹되지 않고, 어진 사람은 근심하지 않으며, 용기 있는 사람은 두려워하지 않는다知者不惑, 仁者不憂, 勇者不懼."

81

탁상공론이나 공리공담은 인륜에 어긋난다

옛사람은 "도덕의 근본은 도심道心과 인심人心에 있고, 그 세부 사항은 부자·군신·부부·장유·붕우 등 다섯 가지 인륜이다"라고 말하였다. 나는 다음과 같이 생각하고 있다. 도심은 인간의 본성이고, 인심은 인간의 정이다. 오로지 도심을 지켜 공정한 중용의 길로 나아가야 본성에 의해서 정을 억제할 수 있으니 수양의 노력이 필요하다. 이 수양의 노력이 나타나는 곳이 다섯 가지 인륜이다. 그것은 부자간의 친애, 군신간의 의리, 부부간의 유별, 장유간의 질서, 친구간의 신의이다. 이것은 인정과 본성이 자연스럽게 감응하는 이치이고 본성이 인정에 나타난 것으로 보인다. 정말로 여기에 궁리가 있고 본체가 존재하는 이유라는 것을 알수가 있다. 그런데 후세의 도학자는 때때로 허무하고 그윽한 것에만 매달리고 지나치게 고상하고 미묘해 도리와 실제로부터 동떨어진 끝에 본성을 언어로서 표현할 수 없고 사리분별의 길도 끊겨 마음으로도 구할 수 없고 몸으로도 실천할 수 없는 탁상공론이나 공리공담의 상황에 빠지고 말았다. 이것을 과연 어찌 인륜이라 부를 수 있겠는가. 도덕을 논하는 자가 혹여 자기 자신의 명예와 이익을 위해서나, 혹여 문장에만 전념하면 인륜으로부터 점차 멀어지기 마련이다.

　〔**拾遺**〕『서경』「대우모^{大禹謨}」는 "사람의 마음은 위태롭기만 하고 도를 지키려는 마음은 극히 희미한 것이니 오직 정성을 다하고 오직 마음을 통일하여 진실로 그 중정함을 지켜야만 하오^{人心惟危，道心惟微，惟精惟一，允執厥中}"라고 합니다.

84

학^學과 문^問

'학^學'이라 함은 옛사람의 주석을 지금과 비교해 맞추어보는 것 이다. 문^問이라 함은 스승과 친우에게 캐어묻는 것이다. 사람들은 모두 이를 잘 알고 있다. 그러나 학은 반드시 스스로 실천을 해야 하고, 또 문은 반드시 자신의 마음으로 캐어물으며 성찰을 하는 게 가장 중요함을 과연 몇 명이나 알고 있을까?

〔拾遺〕『중용^{中庸}』에서는 성^誠을 익히는 방법으로 박학^{博學}·심문^{審問} ·진사^{愼思}·명변^{明弁}·독행^{篤行}, 이 다섯 가지를 들고 있습니다.

85

간艮은 군자의 형상

역易의 괘에서 간艮은 독실하게 빛난다는 의미로 군자의 형상을 하고 있다. 대개 내용이 충실하면 멀리 있을수록 더욱더 빛나고, 가까워지면 이것에 익숙해져 버려 그 아름다움을 느낄 수가 없게 된다. 비유컨대 달을 정면에서 바라보는 것은 달을 등지고 바라보는 것에 미치지 못하고, 꽃에 가까이 가 보는 것은 멀리서 바라보는 것에 미치지 못한다.

86

봄은 봄대로 겨울은 겨울대로의 맛이 있다

생각대로 되는 순경順境의 때는 흡사 봄과 같아 뜰에 나가 꽃을 보면 알 수 있다. 실의에 빠져 낙담하는 역경逆境의 때는 마치 겨울과 같아 집에 틀어박혀 눈을 지켜보면 알 수 있다. 봄은 물론 즐겁지만 겨울 역시 나쁘지만은 않다.

〔拾遺〕『채근담』에 이런 말이 있습니다.

"어려움에 처해 있을 때는 내 몸 주위를 둘러싸고 있는 모든 것이 자신을 이롭게 하여 약이 되고 침鍼이 되어 나의 행실과 의지를 북돋우며 인격을 기르게 하지만 사람들은 미처 깨닫지 못하고, 일이 순조로울 때는 눈앞에 있는 모든 것이 안일과 사치와 방탕 등 무서운 칼날이 되어 기름을 녹이고 뼈를 깎아 몸을 파멸시키지만 사람들은 이것을 깨닫지 못한다居逆境中, 周身皆鍼 藥石, 砥節礪行而不覺. 處順境內, 眼前盡兵刃戈矛, 銷膏磨骨而不知."

91

훌륭한 말은 마음의 침鍼이다

잠언이라는 것은 마음의 병을 고치기 위해서 찌르는 침과 같다. 마음에 사념이 조금이라도 생기면 곧바로 잠언의 침을 찌르는 것이 좋다. 사념이 점차로 심해지면 침으로 찔러도 효과는 적을 것이다. 나는 침을 좋아해 몸 상태가 조금이라도 좋지 않을 때에는 조속히 가슴 아래에 수십 개의 침을 놓는다. 병이 들기 전에 낫고 만다. 이것으로 잠언이라는 침의 효능을 알 수 있었다.

92

침구를 소중하게 여겨라

사람은 누구라도 아이 때부터 노인이 될 때까지 알지 못한 곳에서 언제나 은택을 받고 있으면서 스스로는 그것을 깨닫지 못하고 있다. 도대체 그것은 무엇일까. 침구나 이불이나 베개 등이다. 어느 선배는 침구를 대단히 소중히 여겨 반드시 스스로 펴거나 정리하거나 하지 결코 하녀나 하인에게 시키지 않는다. 그 선배의 마음의 사용법이야말로 극진한 것이다

94

하늘로부터 얻은 것과 사람으로부터 얻은 것의 차이

하늘의 법칙으로 얻은 것은 견고하지만 사람의 지모로 얻은 인
위적인 것은 취약하여 불안정하다.

〔拾遺〕 사이고 다카모리西鄕隆盛는 이렇게 말했다고 합니다.

"책략은 평시에 쓰는 게 아니다. 평시의 책략은 그 후의 결과가 좋
지 않다는 것을 확실히 알 수 있다. 반드시 후회가 남는다. 단지 전시의
경우에만 책략이 필요하다. 그러나 평시에 책략을 쓰는 자는 전시에는
책략을 쓰지 못하는 자이다. 삼국지의 영웅 제갈공명은 평시에 책략을
쓰지 않는 사람이었기 때문에 그와 같은 기묘한 계책을 성공시킬 수가
있었다."

95

어린아이도 좋고 싫음을 안다

갓 태어난 어린아이라도 물건의 좋고 싫음을 알고 있다. 좋아라고 하는 것은 '사랑'에 속하는데 이것을 즉 인仁이라고 한다. 싫다고 하는 것은 부끄러움에 속하는데 이것을 즉 의義라고 한다. 이와 같이 사람의 마음에는 영묘한 빛이 자연스럽게 발하고 있다.

96

군자와 소인은
스스로 자自 자라고 하는 이 한 글자의 차이다

훌륭한 인격을 지닌 군자는 자신의 행위에 만족하지 않지만 소인은 곧바로 자신의 양심을 속이며 스스로의 행동에 만족하고 만다. 군자는 또 늘 부족하다며 스스로 노력하기를 멈추지 않으나 소인은 찰나에 스스로를 버리고 만다. 향상의 길에 오르는 것이랑 타락의 길로 떨어지는 것은 '스스로 자自', 이 한 글자 차이에 지나지 않는다.

몸의 건강과 더불어 마음의 건강도 유의하라

사람들은 모두 자신의 몸의 안부를 물을 줄 알지만 마음의 안부는 물을 줄을 모른다. 다음처럼 자신의 마음에 안부를 묻는 게 좋다. 어두운 방에서도 양심을 속이는 일은 없었는가? 또 혼자 자거나 혼자서 걸을 때 자신의 이불이나 그림자에 부끄러운 일은 하지 않았는가? 게다가 자신의 마음이 평온하고 온후하여 기분이 유쾌한가, 그렇지 않은가? 늘 이렇게 자기를 성찰하면 마음은 결코 방자해지지 않는다.

〔拾遺〕『채근담』에 이런 말이 있습니다.

"눈으로 서진의 가시밭을 보면서도 오히려 날카로운 칼날을 자랑하고, 몸은 북망산의 여우와 토끼 차지인데도 오히려 황금을 아낀다. 옛날 말에 이르기를, '사나운 짐승은 쉽게 굴복시킬 수 있으되 사람의 마음은 항복받기가 어렵고, 산골짜기는 쉽게 메울 수 있으되 사람의 마음은 채우기가 어렵다'고 하였으니 진실로 그러하도다.眼看西晉之荊榛, 猶矜白刃. 身屬北邙之狐兎, 尙惜黃金. 語云, '猛獸易伏, 人心難降. 谿壑易滿, 人心難滿' 信哉!"

100

일부러 눈에 띄는 덕은 진짜가 아니다

일부러 되라고 생각하지 않아도 자연스럽게 일이 되고 마는 게
성誠이다. 한 일이 흡사 때마침 하지 않은 것 같은 게 경敬이다.

〔拾遺〕『채근담』에 이런 말이 있습니다.

"바람이 성긴 대숲에 불어와도 바람이 지나가고 나면 대숲은 소리를
남기지 않고, 기러기가 차가운 연못 위로 날아 지나가도 기러기가 날
아가고 나면 연못은 그림자를 남겨두지 않는다. 그러므로 참된 사람은
일이 시작되면 비로소 마음에 나타나고, 일이 끝나면 마음도 따라서
빈다 風來疎竹, 風過而竹不留聲. 雁度寒潭, 雁去而潭不留影. 故君子, 事來而心始現, 事去而
心隨空."

"옛 고승이 이르기를, '대나무 그림자가 섬돌을 쓸어도 먼지가 일지
않고, 달빛이 연못을 뚫어도 물에는 흔적이 없다'고 했고, 옛 선비가 이
르기를, '흐르는 물이 급하여도 그 언저리는 늘 조용하고, 꽃이 비록 자
주 떨어져도 마음은 스스로 한가롭다'고 하였으니, 사람이 언제나 이러
한 뜻을 가지고서 사물을 대한다면 몸과 마음이 어찌 자유롭지 않으리
古德云, '竹影掃階塵不動, 月輪穿沼水無痕'. 吾儒云, '水流任急, 境常靜, 花落雖頻, 意自閒'.
人常持此意, 以應事接物, 身心何等自在?"

101

예측력이 실력을 좌우한다

성인은 모든 일이 아직 일어나지 않을 때에 앞날을 보고 일을 처리하며 기선을 잡는다. 사건이 아직 일어나지 않은 사이에 처리하는 것을 선천先天이라고 말하는데 이것이 성誠이다. 징조가 이미 발동한 곳으로부터 하면 후천後天이라고 말하는데, 이것이 경敬이다. 아직 일어나지 않은 중中과 이미 일어난 화和는 하나의 것이므로 따라서 성과 경도 하나다.

102

살아 있는 학문과 죽은 학문

도는 원래 살아 있는 것이고 학문도 또한 살아 있는 것이다. 그런데 유생이 경서를 해석할 때 그 산 학문을 못으로 딱딱하게 박아버린다든지 밧줄로 꽁꽁 묶어 움직일 수 없도록 속박하고 만다. 그래서 살아 있는 도도, 살아 있는 학문도 거의 죽은 거나 다름없게 되어버린다. 그러므로 반드시 그 못을 재빨리 뽑아내고 밧줄을 풀어내 도와 학문을 소생하게 해주어야 한다.

103

마음의 중용을 잃지 않는 게 정치의 시작이다

마음이 중^中과 화^和를 잃지 않으면, 인정^{人情}도 모두 자신 쪽으로 향해 오지만, 마음에 중과 화를 잃어버리면 인정은 모두 자신에게서 멀어지고 만다. 사람이 감응을 하는 계기는 자신 쪽에 있기 마련이다. 때문에 남과 나를 일심동체라고 생각해야 인정과 도리도 서로 통하고 비로써 정치에 관여할 수가 있다.

〔拾遺〕『중용』 제1장은 "기쁨, 화남, 슬픔, 즐거움의 감정이 아직 일어나지 않은 상태를 중^中이라고 한다. 이러한 감정들이 일어나 모두 절도에 맞는 상태에 이른 것을 화^和라고 한다. 중^中과 화^和를 극진하게 실현하면 천지가 제자리에 서고 만물이 번성하게 될 것이다喜怒哀樂之未發, 謂之中; 發而皆中節, 謂之和. 中也者, 天下之大本也; 和也者, 天下之達道也. 致中和, 天地位焉, 万物育焉"라고 합니다.

105

인심人心이란

사람은 스스로 자기 자신에게 몸이 존재하고 있다는 것을 인식하지 않으면 안 된다. 신체란 무엇인가? 귀에는 선천적으로 잘 들리는 예민함이 있고, 눈에는 선천적으로 물건을 보는 명민함이 있고, 코나 입에는 선천적으로 냄새를 맡거나 맛을 잘 아는 기능이 있고 손발에는 선천적으로 운동을 하는 기능을 갖추고 있다. 이러한 기관들은 각각 일부분씩만을 담당하지 몸 전체의 기능을 담당할 수 없기 때문에 바깥 세계의 사물에 감응해서 사물이 밖으로부터 도달하면, 귀나 눈이 온통 그것에만 휩싸이고 코나 입은 오로지 그것에만 뻗어나가거나 하며 바깥 세계의 사물을 위해서 조종되고 만다. 선천적으로 자연스러운 기능이 억눌려 자유롭게 제 역할을 할 수 없게 되는 것이다. 그러므로 사람이 선을 이루는 것은 원래 자연의 본성에 의하는 것이지만, 악을 이루는 것도 또한 바깥 세계의 사물을 억누를 수 있는 천성의 기능에 의한 것이다. 천성의 기능은 신체의 각 부분에 있고 바깥 사물의 나쁜 영향을 받는 위험성이 있기 때문에 이것을 인심이라고 하는 것이다.

106

마음은 두 개이지 않다

도심道心과 인심人心을 나누어 말하곤 하지만 마음은 두 개이지 않다. 도심을 마음의 본체體라고 말한다. 이것이 신체와 관계를 맺으면 인심이라고 하는데, 인간의 정이 밖으로 드러난 것을 뜻한다. 그래서 마음의 본체인 도심이 신체를 잘 제어하면 형체나 안색은 처음부터 있는 그대로의 순수한 모습을 잃지 않는다. 이는 단지 성인만이 순진한 마음의 작용으로 귀와 목 등 각각의 성능을 충분히 완수할 수 있고 보통 사람은 어려운 것이다. 이 순진한 마음의 기능을 지각할 수 있는 것도 도심의 영묘한 작용이니 도심과 인심은 별개의 두 개의 것이 아닌 것이다.

107

늘 목전의 일부터 인에 근거해 처리하라

사람이 세상일을 할 때에는 당장 눈앞의 일에 실수가 많은데도 함부로 장래의 일만을 생각한다. 가령 여행자가 악착같이 앞선 목적지만을 집착해서는 매우 안 좋은 것이다. 사람은 모름지기 우선 눈앞의 일을 잘 처리해야 한다. 즉 평소에 지낼 때는 공손하고, 일을 할 때는 경건하며, 말은 충성스럽고 믿음을 다하며 행동이 도탑고 경건하며, 잠자리에 이르러서는 시체처럼 몸을 함부로 하여 눕지 말고, 집에 있을 때에는 엄숙하지는 말되 몸가짐을 소홀히 말고, 잠을 자거나 밥 먹는 순간에도 인을 어기지 말아야 하고 아무리 급한 때라도 반드시 인에 근거해야 하고, 위태로운 순간일지라도 반드시 인에 근거해야 한다. 이렇게 찰나에라도 인에서 멀어지지 않는 것이 모두 목전의 일이다. 늘 그때그때의 눈앞의 일을 인에 근거해 적절하게 처리하면 과거부터 미래까지 스스로 일을 알맞게 요리할 수 있다.

〔拾遺〕『논어』「자로」편 제19장에서 번지가 인에 대해 여쭙자, 공자가 말하였습니다.

"평소에 지낼 때는 공손하고, 일을 할 때는 경건하며, 남과 어울릴 때는 진심으로 대해야 하는 것이니, 비록 오랑캐의 땅에 가더라도 이를 버려서는 안 된다^{居處恭, 執事敬, 與人忠. 雖之夷狄, 不可棄也.}"

『논어』「위령공」편 제5장에서 자장^{子張}이 어떻게 처세하면 세상에서 뜻을 펼칠 수 있는가에 대하여 여쭙자, 공자가 다음과 같이 말하였는데, 자장은 예복의 띠에 그 말씀을 적어두었다고 합니다.

"말이 충성스럽고, 믿음을 다하며 행동이 도탑고 경건하면 비록 오랑캐의 나라에서도 뜻을 이룬다. 말이 충성스럽지 못하고 신뢰가 없으며 행동이 돈후하지 않고 경건하지 않다면 비록 고향인들 뜻을 이룰 수 있겠는가?^{言忠信, 行篤敬, 雖蠻貊之邦行矣. 言不忠信, 行不篤敬, 雖州里行乎哉? 立, 則見其參于前也. 在輿, 則見其倚于衡也. 夫然后行.}"

『논어』「향당」편 제16장에는 공자의 평소 행동거지를 다음과 같이 전해주고 있습니다.

"잠자리에서는 시체처럼 몸을 함부로 하여 눕지 않으셨고, 집에 계실 때에는 엄숙하지는 않으면서도 몸가짐을 소홀히 하지 않으셨다. 상복 입은 사람을 보시면 친한 사이라 할지라도 반드시 낯빛을 바로잡으셨고 예복을 입은 사람과 장님을 만나시면 비록 가깝게 지내는 사이라 할지라도 반드시 낯빛을 달리하셨다. 상복을 입은 사람에게는 수레 위에서도 예의를 표하셨고, 나라의 지도나 문서를 지고 가는 사람에게도 수레 위에서 예를 갖추셨다. 손님으로서 훌륭한 음식을 대접받으시면 반드시 낯빛을 바로잡고 일어서서 예를 표하셨다. 천둥이 심하게 치고 바람이 거세게 불면, 반드시 낯빛을 달리하셨다寢不尸, 居不容. 見齊衰者, 雖狎, 必變. 見冕者與瞽者, 雖褻, 必以貌. 凶服者式之. 式負版者. 有盛饌, 必變色而作. 迅雷風烈, 必變."

『논어』「이인」편 제5장에서 공자는 또 이렇게 말하였습니다.

"군자는 밥 먹는 순간에도 인을 어기지 말아야 하고 아무리 급한 때라도 반드시 인에 근거해야 하고, 위태로운 순간일지라도 반드시 인에 근거해야 한다君子無終食之間違仁, 造次必於是, 顚沛必於是."

108

노인의 깨달음

노인은 많은 사람이 우러러 바라보며 공경하고 따르기 때문에 그 말과 행동을 더욱 단정하게 해야 하고, 그 기개는 더욱더 장대하지 않으면 안 된다. 그리고 많은 사람들을 포용하는 국량을 지니고 재능이 있는 자를 육성하고자 하는 뜻을 세우는 게 가장 훌륭하다. 그런데 요즈음 노인들은 너무나 많은 나이를 먹었다고 푸념하면서 자기 자신이 남에게 도움을 받는 것에 만족하는 사람이 있는가 하면, 아직껏 소년들이나 하는 유치한 짓을 하는 사람이 있다. 모두 다 삼가야 할 일이다.

109

취생몽사^{醉生夢死}하지 말라

자기 자신이라고 하는 사람은 백년이 지나면 이 세상으로 다시 태어나오는 것이 아니다. 그러므로 하루하루를 가치 있게 보내지 않으면 안 된다.

〔拾遺〕『채근담』에 이런 말이 있습니다.

"하늘과 땅은 만고에 존재하되 이 몸은 다시 얻을 수 없고, 인생은 다만 백년뿐이로되 오늘이 가장 지나가기 쉽도다. 다행히 그 사이에 태어난 사람은 생의 즐거움을 몰라서도 안 되고, 또한 헛된 인생의 근심을 품지 않아서도 안 되리라 天地有萬古, 此身不再得. 人生只百年, 此日最易過. 幸生其間者不可不知有生之樂, 亦不可不懷虛生之憂."

또 『법구경』에는 이런 말이 있습니다.

"사람의 몸을 얻기 어렵다. 세상에 나서 오래 살기 어렵다. 부처님이 세상에 나시기 어렵고 그 부처님 법을 듣기 어렵다 得生人道難, 生壽亦難得. 世間有佛難, 佛法難得聞."

110

양을 끄는 마음으로 마음을 수양하라

양은 군행群行을 하고 성질이 조급하기 때문에 양들의 앞에서
몰지 말고 뒤에서 몰아야지 그들의 조바심을 억제하며 잘 몰고
갈 수가 있다. 양심을 잃지 않으며 착한 성품을 기르는 존양存養도
양을 모는 요령처럼 사람들의 뒤를 따르더라도 마음 수양만은 앞
으로 나아가면 뉘우침이 없다.

강세황 그림, 「난죽」, 18세기

111

화和와 개介

심정이 넉넉하고 느긋하면서도 속세간의 흐름을 거슬리지 않는 게 화和다. 자신의 입장을 올바르게 지키면서도 속세의 정에 타락하지 않는 게 개介다.

112

불구不苟와 불괴不愧

무슨 일을 하는데도 경솔하지 않는 '불구不苟'라는 글자를 유념하며 세상일을 하면 과실을 줄일 수가 있다. 덧붙여 양심에 부끄러워하지 않는다고 하는 '불괴不愧'라는 글자를 지니고 세상일을 한다면 남들로부터 비난을 받는 것에서 멀어질 수가 있다.

113

천지는 정의 세계로 공적인 정과 사적인 정이 있다

예로부터 지금에 이르기까지 이 천지는 인간의 정의 세계였다.
그래서 서로가 서로에게 감응을 하는 인간관계도 이러한 정의 세
계에서 이루어지는 것이지만 여기에는 공적인 정과 사적인 정이
있다. 그래서 위정자는 먼저 공적인 정을 지니고, 사물이나 사람
에 대해 공정성을 발휘해야 한다. 그러나 사적인 감정을 베풀며
관용적이 되더라도 별 지장이 없는 게 있다. 정사를 펼치는 데는
그 일의 경중을 잘 참작해 처리하는 것이 중요한 것이다.

114

『대학』은 정^情을 말하고 있다

『대학』이라고 하는 경서는 성의나 좋고 싫음의 정을 말하는 것
부터 시작해, 가정과 국가, 천하를 다스리는 것이나 자신의 마음
으로 인심을 헤아리는 '서^恕'까지를 말하고 있다. 그 중간에 사람
의 감정에 대해서는 분노^{忿怒} · 공구^{恐懼} · 호악^{好樂} · 우환^{憂患} 등 네
가지, 친애 등에 관해서는 친애^{親愛} · 천악^{賤惡} · 외경^{畏敬} · 애긍^{哀矜} ·
오타^{敖惰} 등 다섯 가지, 그리고 효^孝 · 제^弟 · 자^慈 등을 말하고 있지
만 이것들은 모두 정^{情: 마음의 기능}이라고 하는 것을 바탕으로 두고
말한 것이다.

116

선을 좋아하고 악을 미워하라

사람들은 대체로 자신이 좋아하는 것은 이야기하지만 자신이 싫어하는 것은 말하지 않는다. 군자는 본래 선을 좋아하므로 항상 남들의 선행을 칭찬한다. 또한 군자는 악을 몹시 싫어하므로 남들의 악행을 칭찬하지 않는다. 소인은 도리어 그 반대다.

〔拾遺〕『논어』「안연」편 제16장에서 공자가 말하였습니다.

"군자는 남의 좋은 점을 이룩하도록 해주고 남의 나쁜 점은 이루어 주지 않지만 소인은 이와 반대이다_{君子成人之美, 不成人之惡. 小人反是.}"

「안연」편 제24장은 다음과 같습니다.

자공子貢이 여쭈었다.

"군자도 미워하는 게 있습니까?"

공자께서 말씀하셨다.

"미워하는 게 있지. 남의 나쁜 점을 떠들어대는 것을 미워하고, 낮은 지위에 있으면서 윗사람을 헐뜯는 자를 미워하며, 용기만 있고 예의가 없는 자를 미워하고, 과감하기만 하고 융통성 없는 자를 미워한다."

"사야, 너도 미워하는 게 있느냐?"

"남의 생각을 도둑질해서 유식한 체하는 것을 미워하고, 불손한 것을 용감하다고 여기는 것을 미워하며, 남의 비밀을 들추어내면서 정직하다고 여기는 것을 미워합니다."

子貢曰: "君子亦有惡乎?" 子曰: "有惡: 惡稱人之惡者, 惡居下流而訕上者, 惡勇而無禮者, 惡果敢而窒者." 曰: "賜也亦有惡乎?" "惡徼以爲知者, 惡不孫以爲勇者, 惡訐以爲直者".

「계씨」편 제11장에서 공자는 이렇게 말하였습니다.

"선한 것을 보면 마치 거기에 미치지 못할 듯이 열심히 노력하고, 선하지 않은 것을 보면 마치 끓는 물에 손을 넣은 듯이 재빨리 피해야 한다는데, 나는 그런 사람을 보았고 그런 말도 들었다. 숨어 삶으로써 자신의 뜻을 추구하고 의로움을 실천함으로써 자신의 도를 달성해야 하는데 나는 그런 말을 들었지만 그런 사람은 아직 보지 못하였다見善如不及, 見不善如探湯. 吾見其人矣, 吾聞其語矣. 隱居以求其志, 行義以達其道. 吾聞其語矣, 未見其人也."

288

118

뽐내지 말아야 할 네 가지 것

집 대문의 꾸밈새를 겉치레로 장식하지 말라. 집의 가재도구를 뽐내듯 진열하지 말라. 간판을 거창하게 걸지 말라. 남의 물건을 빌려 자랑하지 말라. 이를 글로 써서 교훈으로 삼아라.

김홍도 그림, 「화조」, 18세기

119

학문은 자기 자신을 위해서 하는 것이다

폐해를 고치려는 말은 반드시 다른 폐해를 낳기 마련이다. 오로지 학문은 자신의 수양을 위해 하는 것임을 꼭 알아야만 한다. 학문은 자신을 위해 하는 것임을 아는 이는 반드시 이를 자신에게서 찾는데 이것이 정신수양의 학문이다. 이 정신수양의 힘을 얻으면 마땅히 스스로 깨달음을 얻는 데 맡기는 게 좋다. 그러면 사소하게 틀린 점이 있어도 특별히 큰 지장을 초래하지 않는다.

〔拾遺〕『논어』「헌문憲問」편 제25장에서 공자가 말하였습니다.

"옛날에 배우고자 하는 사람은 자신의 수양을 위하여 공부하였으나, 요즘 배우는 사람들은 다른 사람에게 인정받기 위해 공부한다古之學者爲己. 今之學者爲人."

121

부단한 노력만이 열매를 맺는다

몸이 허약한 사람은 항상 몸을 건강하게 하기 위해 약을 복용한다. 약을 복용한다고 곧바로 효과를 보는 것은 아니지만, 오랫동안 약을 복용하면 효능을 보기 마련이다. 마음을 수양하는 학문도 이와 같이 끊임없이 노력을 하면 반드시 훌륭한 열매를 맺기 마련이다.

〔拾遺〕『채근담』에 이런 말이 있습니다.

"새끼줄로 톱질하여도 나무를 자르고 물방울도 돌을 뚫으니, 도를 배우는 사람은 모름지기 더욱 힘써 구하여야 한다. 물이 모이면 시냇물을 이루고 참외도 익으면 꼭지가 떨어지니 도를 얻으려는 사람은 온전히 하늘의 작용에 내맡겨야 하느니라 繩鋸木斷, 水滴石穿. 學道者, 須加力索. 水到渠成, 瓜熟蒂落. 得道者, 一任天機."

122

명리^{名利}는 꼭 나쁜 것인가?

명예와 이익은 원래 나쁜 것이 아니다. 단지 이를 자신만을 위해 쓰는 게 문제다. 비록 누구라도 명리를 얻고 싶어 하지만 각자에게 어울리게 얻는 것이 좋다. 그것이 천리에 맞다. 무릇 명리를 좋아함에는 한도가 없는 게 인지상정이다. 그러나 그 사이에도 크고 작음이 있고 무거움과 가벼움이 있으니 여기서 균형을 맞추어 중용을 얻으면 이것이 바로 천리와 어울리는 것이다. 명리는 단지 자기 자신에게 재앙을 초래하기에 두려워하는 사람이 있지만 명리 그 자체가 어떻게 재앙을 불러오겠는가.

〔拾遺〕 맹자는 정말로 돈을 버는 것이 인의도덕을 기초로 하지 않으면 결코 영원할 수가 없다며 다음과 같이 말했습니다.

"양혜왕^{梁惠王}께서는 어째서 이익에 대해서만 말하십니까? 정말로 중요한 것은 인의가 있을 뿐입니다. 만약 한 나라의 왕이 '어떻게 하면 나의 나라를 이롭게 할 수 있을까'라고 생각하면, 그 아래에 있는 대부는 '어떻게 하면 내 집안을 이롭게 할 수 있을까'를 생각하게 됩니다. 이처럼 위아래가 다투어 자신의 이익을 취하려 하면 나라는 위태로워집니다. …… 만약 의리를 뒤로 돌리고 이익을 앞세운다면 더 많은 것을 빼앗지 않고는 만족해하지 않을 것입니다 王何必日利, 亦有仁義而已矣, 王曰 '何以利吾國?' 大夫曰 '何以利吾家?' 士庶人曰 '何以利吾身?' 上下交征利而國危矣. …… 苟ᵣ后 ᵣ而先利, 不奪不饜."

맹자

124

산악과 강

산악은 낮에도 밤에도 쉬지 않고 초목을 낳고 암석을 변화하게 하고, 강의 흐름도 또한 낮에도 밤에도 쉬지 않고 움직이는 것 같지만 사실은 강 자체는 고요히 움직이지 않는다.

〔拾遺〕『논어』「자한子罕」편 제16장에서 공자가 말하였습니다.

"흘러가는 것은 이 물과 같으니 밤낮도 없이 흘러가는구나!逝者如斯夫! 不舍晝夜."

126

만물이 다 나에게 갖추어져 있다

가슴속에 그 어떤 것도 전혀 없을 때는 정말로 그곳에 진리가 충만해 있기에 "허虛로써 실實이다"라고 말할 수 있다. 맹자가 "만물이 다 나에게 갖추어져 있다"라고 말한 것은 "실로써 허다"라는 점을 지적하고 있는 것이다.

〔**拾遺**〕 맹자는 『맹자』「진심상盡心上」편에서 이렇게 말했습니다.

"만물이 다 나에게 갖추어져 있다. 그러므로 자기 내면으로 되돌아가서 내면을 진실되게 하는 것보다 더 큰 즐거움은 없다. 자신의 마음을 미루어 남을 생각하기를 힘써 실천하는 것보다 인을 구하는 가까운 방법은 없다萬物皆備於我矣. 反身而誠, 樂莫大焉. 强恕而行, 求仁莫近焉."

127

지행합일

 앎^知은 실천^行을 주재하기에 하늘의 도다. 실천은 앎으로부터 나오기에 땅의 도^{地道}다. 이 두 가지가 만나 우리들의 몸을 형성하고 있기에 '앎과 실천^{知行}'은 둘이면서도 하나이고 하나이면서도 둘이다.

 〔拾遺〕 중국 남북조 시기 송나라의 범엽이 지은 『후한서^{後漢書}』 「조일전^{趙壹傳}」은 "책이 뱃속에 가득 찼을 만큼 박식할지라도 실천하지 않으면 한 주머니의 돈보다 가치가 없다^{文籍雖滿腹, 不如一囊錢}"라고 하였습니다.

128

구사삼성 九思三省

공자는 정신수양의 방법으로 '구사九思'를 말씀하셨고, 증자曾子
는 자신에 대한 반성을 '삼성三省'으로 들었다. 일이 있을 때에 이
것으로 성찰하고 일이 없을 때에는 양심을 잃지 않고 본성을 수
양할 수 있도록 정좌를 하고 잘 궁리해 보아야 한다.

〔拾遺〕『논어』「계씨季氏」편 제10장에서 공자가 말하였습니다.

"군자에게는 항상 생각하는 것이 아홉 가지가 있다. 볼 때에는 밝게
볼 것을 생각하고, 들을 때에는 똑똑하게 들을 것을 생각하며, 얼굴빛
은 온화하게 할 것을 생각하고, 몸가짐은 공손하게 할 것을 생각하며,
말을 할 때는 진실하게 할 것을 생각하고, 일을 할 때에는 공경스럽게
할 것을 생각하며, 의심이 날 때에는 물어볼 것을 생각하고, 성이 날 때
에는 뒤에 겪을 어려움을 생각하며, 이득 될 것을 보았을 때에는 그것
이 의로운 것인가를 생각한다君子有九思: 視思明, 聽思聰, 色思溫, 貌思恭, 言思
忠, 事思敬, 疑思問, 忿思難, 見得思義."

『논어』「학이」편 제4장에서 증자가 말했습니다.

"나는 날마다 다음 세 가지 점에 대해 나 자신을 반성한다. 남을 위
하여 일을 꾀하면서 진심을 다하지 못한 점은 없는가? 벗과 사귀면서

신의를 지키지 못한 일은 없는가? 배운 것을 제대로 익히지 못한 것은

없는가?吾日三省吾身: 爲人謀而不忠乎? 與朋友交而不信乎? 傳不習乎?"

「공자성적도」 중에서, '관직에서 물러나 『시경』과 『서경』을 편수하다.'

131

덜렁거리지도 말고 겁을 먹지도 말라

고요함靜을 좋아해 움직임動을 싫어하는 이는 겁쟁이라고도 하고 게으름뱅이라고도 한다. 움직임을 좋아하고 고요함을 싫어하는 이는 덜렁이라고도 하고 침착하지 못한 자라고도 한다. 덜렁이는 일을 침착하게 마무리하지 못하고, 겁쟁이는 일을 성취하지 못한다. 오로지 공경스러운 태도로 고요함에도 움직임에도 치우치지 말며 덜렁거리지도 않고 게으르지도 않아야 일을 차분하게 마무리하며 열매를 맺을 수가 있다.

133

인간의 육체는 물의 기질과
불의 기질이 함께 굳어졌다

인간은 물과 불이 굳어져 육체를 형성하고 있다. 그러므로 물과 불이 없으면 생활을 할 수가 없다. 사람은 좋아하는 곳도 물과 불이 있다. 오로지 물과 불이 조화를 이루도록 한쪽으로 치우치지 말아야 한다. 물이 드세면 불이 꺼지고 불이 드세면 물이 마른다. 인간의 육체 역시도 물과 불의 조화를 잃으면 보존할 수가 없다.

134

기호품을 자제하라

술이라는 것은 물과 불이 합해서 완성된 것으로 그 형태는 물이며 그 기는 불과 같다. 그래서 인간의 신체는 술을 좋아하는 것이다. 담배나 차는 근대에 들어와 애용하게 되었지만 사람은 이것들도 대단히 좋아한다. 차는 물의 맛을 잘 우려내고, 담배는 불의 맛과 화합하기 때문이다. 하지만 많이 마시면 인체에 해롭기에 너무 많이 마시면 안 된다. 하물며 술은 더욱더 그 해가 심하다. 나는 평생 담배를 피우고 차를 마시고 있다. 그래서 도가 지나치지 않도록 여기에 적어 자숙하고 있다.

135

독서와 작문

독서를 하는 경우에는 마음을 맑게 하고 정좌를 한 채 느긋한 마음으로 하는 게 좋다. 그러면 얻을 것이 있을 것이다. 세상에는 일시에 다섯 줄을 곧장 읽을 수 있는 사람도 있다고 하는데 그 독서하는 마음이 너무나 성급한 게 아닌가? 또 작문을 하는 경우에는 생각을 잘 가다듬고 문장을 써야 한 자의 소홀함도 없는 완벽한 문장을 지어낼 수가 있다. 천자의 긴 문장도 즉석에서 짓는다고 하는데 어찌 그 말을 쉽게 하는가? 학문을 하는 사람은 공연히 재주꾼의 흉내를 낸다든지 화급하게 독서를 한다든지 하는 폐해에 빠지지 말아야 한다.

136

—

정좌

　정좌의 효능은 기를 진정시키고 정신을 하나에 집중하는 것으로 앉아서 나아감과 물러감을 궁리하는 『소학』의 한 토막을 보충하고 있다. 즉 호흡을 올바르게 정돈해 입가를 '한 일—' 자로 하고 머리를 꼿꼿하게 하며, 손을 흐트러지지 않게 하고 정신을 배 방향으로 두어 엄숙하고 경건한 기분을 가지고 심중의 다양한 잡념이나 망상 그리고 금전이나 명리 등의 숨어 있는 마음의 병 그 뿌리를 찾아 제거하지 않으면 안 된다. 그것을 하지 않고 헛되이 앉아서 눈을 감고 빳빳한 몸으로 망상이나 하는 마음에 치우친다면 기분을 진정하고 마음을 집중하고 있다손 치더라도 그런 경지에서는 결국 아무것도 얻지 못한다.

137

무슨 일을 할 때나
살아 있는 책을 읽고 있다고 생각하라

인의예지라는 명칭은 모두 사람의 마음이 표현된 목록으로서 그중에는 전체를 부르는 것도 있고 부분을 부르는 것도 있으며 곳에 따라서는 한 지점을 가리키기도 하지만 결국은 자기 자신의 마음의 본체를 형용한 것에 지나지 않는다. 즉 인의예지, 이것들은 자신의 마음이 지금 활동하고 있는 모습이다. 지금 이렇게 말하는 것도 역시 자신의 마음에 다름 아니다. 따라서 독서를 할 때는 자신의 마음속에 있는 것이 강의를 하고 있다고 생각해야만 한다. 또한 무슨 일을 하는 경우에라도 살아 있는 책을 읽고 있다고 생각해야만 한다. 이처럼 마음과 책을 함께 고려할 줄 알아야 학문을 할 때도 얻는 게 있다.

〔拾遺〕 일본의 1만 엔권 지폐에 그려져 있는 후쿠자와 유키치福澤諭吉, 1835-1901년가 남긴 명언들 중에 다음과 같은 '후쿠자와 유키치의 7훈七訓'이 있습니다.

(1) 세상에서 가장 즐겁고 멋진 것은 일생을 바쳐 할 일이 있다는 것

이다.

(2) 세상에서 가장 비참한 것은 인간으로서 교양이 없는 것이다.

(3) 세상에서 가장 쓸쓸한 것은 할 일이 없는 것이다.

(4) 세상에서 가장 추한 것은 타인의 생활을 부러워하는 것이다.

(5) 세상에서 가장 존귀한 것은 남을 위해 봉사하고, 결코 보답을 바라지 않는 것이다.

(6) 세상에서 가장 아름다운 것은 모든 사물에 애정을 갖는 것이다.

(7) 세상에서 가장 슬픈 것은 거짓말을 하는 것이다.

138

글자가 없는 책을 마음으로 읽어라

학문은 스스로의 힘으로 깨우치는 '자득^{自得}'이 중요하다. 사람들은 글자로 쓰인 책을 눈으로 읽기 때문에 문자의 제약을 받아 깊이 깨우치기 어렵다. 실로 문자가 없는 책인 세상사를 마음으로 읽을 줄 알아야 한다. 그렇게 하면 깊이 자득할 수 있을 것이다.

〔拾遺〕 주희는 『근사록』에서 "배우는 자는 스스로 터득해야 한다^{學者要自得}"고 했습니다. 또 '독서삼도^{讀書三到}'를 말하였습니다. 삼도란 심도^{心到}, 안도^{眼到}, 구도^{口到}입니다. 즉 독서를 할 때는 마음과 눈과 입을 충분히 활용해 숙독하는 게 중요하고, 특히 '마음으로 읽는 심도'가 가장 중요합니다. 안광지배철$^{眼光紙背撤: 눈빛이 종이를 뚫는다}$이란 말은 자구 해석에 연연해하지 말고 책의 '참뜻을 이해하는 데 철저히 하라.'는 즉 안도^{眼到}를 일컫는 말일 것입니다. 영어로는 'Read between the lines$^{행간을 읽어라}$'라는 말이지 않을까요?

140

달과 꽃을 본다는 것은

달을 보는 것은 청명한 기를 감상하는 것이지 달이 둥글다가 이지러지고, 밝았다가 어두워지는 것을 보는 게 아니다. 활짝 핀 꽃을 보는 것은 그 생기 넘치는 꽃의 마음을 감상하는 것이지 밖으로 드러난 붉은색이라든가 자색이라든가 하는 색깔이나 향기를 보는 게 아니다.

〔拾遺〕 사람을 봄에도 외견상의 겉모습이 아니라 기운과 마음을 보아야 한다는 말이지 않을까요.

143

무위와 무욕

성인은 특별히 작위적으로 하는 일 없이 본디 무위의 덕으로 사람을 감화시킨다. 그러나 해야만 하는 일은 오히려 꼭 한다. 성인은 무욕의 삶을 살며 본디 사심이라곤 결코 없다. 그러나 바라야만 할 일은 분명하게 바란다. 맹자는 『맹자』「진심상盡心上」편에서 "하지 말아야 할 것은 하지 않고, 바라지 말아야 할 것은 바라지 않는다. 이렇게만 하면 된다無爲其所不爲, 無欲其所不欲, 如此而已矣"라고 하였다.

144

독서도 정신수양이다

독서 역시도 마음의 학문 즉 정신수양의 학문이다. 반드시 안정된 마음으로 읽어야만 하지 뒤숭숭한 마음으로 읽어서는 안 된다. 꼭 차분하게 진지한 마음으로 읽어야만 하지 들썽거리는 마음으로 읽어서는 안 된다. 반드시 자세하고 깊게 연구해야지 조잡한 마음으로 읽어서는 안 된다. 반드시 엄숙하고 신중한 마음으로 읽어야지 거만한 체하며 읽어서는 안 된다. 맹자는 독서에 대해 옛사람을 친구로 사귀는 것이라고 말하였다. 따라서 성인의 가르침이 쓰인 경서를 읽는 것은 엄격한 선생과 부형의 교훈을 듣는 것과 같다. 역사서와 제자백가의 책을 읽는 것 또한 옛날의 현명한 군주와 재상 그리고 영웅호걸들과 사귀는 것과 같다. 때문에 독서를 할 때에는 마음을 청명하게 하고 책 중의 인물보다 더 탁월한 기개로 이러한 옛사람들을 사귀어야만 한다.

〔拾遺〕 당송팔대가의 한 사람으로 산문이 유명한 한퇴지^{韓退之, 韓愈,} 768-824년는 독서인들을 격려한 시 「부독서성남^{符讀書城南; 아들 부가 장안성 남쪽에서 독서함에 부침}」을 지은 바 있습니다.

"나무가 둥글게도 모나게도 깎이는 것은 목수에게 달려 있고, 사람이 사람다운 것은 뱃속에 찬 시와 글들에 달린 것이네. 시와 글은 부지 런하면 얻을 수 있고, 게으르면 속이 텅 비는 것이라네. 배움의 힘을 알 고 싶거들랑, 현명한 사람과 어리석은 사람도 처음에 같았다는 걸 알 면 되는 걸세. 배우지 못해 사람됨이 마침내 달라지는 것이라네.

두 집안에서 서로 다른 아들을 낳아도, 두세 살 어린아이는 재주가 서로 비슷하네. 조금 자라 같이 모여 노닐 때도, 같은 무리의 물고기와 엇비슷하다네. 나이가 열두세 살이 되어, 머리 골격이 조금씩 달라지 네. 스무 살이 되면 점점 더 차이가 벌어지고, 맑은 냇물이 구불구불한 도랑에서도 비추어지듯, 서른 살에는 골격이 굳어져 한 명은 용, 다른 한 명은 돼지처럼 되고 만다네. 학문을 이룬 용은 하늘 높이 날건만, 학 문을 못 이룬 두꺼비는 뒤도 돌아볼 재능이 없네. 한 명은 말 앞의 졸개 가 되고 채찍을 맞아 등에서 구더기가 생기나, 다른 한 명은 정승처럼 높은 벼슬을 얻고 고래등같은 기와집에서 산다네.

금이나 구슬이 비록 귀중한 보물이나 지니기 어렵고, 학문은 몸에 만 지니어도 그 몸이 넉넉히 쓰고도 남아돈다네. 군자와 소인은 부모 에 얽매인 신분이 아니라네. 그대는 보지 못하였는가. 삼공과 재상이 농민으로부터 나오는 것을. 아뿔싸, 삼공의 후손들이 헐벗고 굶주리며 나귀도 없이 다니는 것을.

문장이 어찌 귀하지 않을쏜가. 경서의 가르침은 곧 마음속의 땅 같 은 것이라네. 고인 빗물은 근원이 없고, 아침에 찼다가 저녁엔 이미 말 라버린다네. 사람이 고금의 일에 달통하지 않으면, 소나 말에 옷을 입

혀놓은 꼴이라네. 자신의 행동거지가 도리에 맞지 않는데도, 하물며 명예까지 바라는가. 철은 가을이라서 장마도 그치었네. 산뜻한 가을바람 기운이 온 들판 온 마을에 가득하니, 등불 점점 가까이 하여 책을 펼칠 만하네. 어찌 아침저녁으로 떠오르지 않을손가, 그대를 위해 세월을 아껴야 하네. 은혜와 의리는 서로 어긋남이 있고, 시를 망설이는 이들에게 학문을 권하네."

"木之就規矩, 在梓匠輪輿. 人之能爲人, 由腹有詩書. 詩書勤乃有, 不勤腹空虛. 欲知學之力, 賢愚同一初. 由其不能學, 所入遂異閭. 兩家各生子, 提孩巧相如. 少長取嬉戲, 不殊同隊魚. 年至十二三, 頭角稍相疎. 二十漸乖張, 淸溝映汚渠. 三十骨骼成, 乃一龍一豬. 飛黃騰踏去, 不能顧蟾蜍. 一爲馬前卒, 鞭背生蟲蛆. 一爲公與相, 潭潭府中居. 金璧雖重寶, 費用難貯儲. 學問藏之身, 身在則有餘. 君子與小人, 不繫父母且. 不見公與相, 起身自犁鋤. 不見三公後, 寒饑出無驢. 文章豈不貴, 經訓乃菑畬. 潢潦無根源, 朝滿夕已除. 人不通古今, 牛馬而襟裾. 行身陷不義, 況望多名譽. 時秋積雨霽, 新涼入郊墟. 燈火稍可親, 簡編可卷舒. 豈不旦夕念, 爲爾惜居諸. 恩義有相奪, 作詩勸躊躇."

148

수신修身이라는 두 글자

수신修身이라는 두 글자는 위로는 천하와 국가, 아래로는 제 한 몸一身에 이르기까지 일관되게 관통하고 있다. 『대학』의 가르침에 는 마음을 바로잡고正心, 뜻을 성실하게 추구하고誠意, 앎을 밝히고 致知, 사물의 이치를 연구하는格物 등등의 순서가 있지만 그것을 닦고자 하는 것에서는 모두 수신의 세부 항목이지 앞뒤의 구별은 없다. 또한 가정, 국가, 천하 등에는 크고 작은 차이는 있지만 모두 다 수신을 해 덕을 감응시키는 장소이지 이것저것을 구별할 까닭은 없다.

〔拾遺〕『대학』의 8조목은 격물格物 · 치지致知 · 성의誠意 · 정심正心 · 수신修身 · 제가齊家 · 치국治國 · 평천하平天下입니다. 수신의 확대 응용은 제가, 치국, 평천하이고 수신이 도달하고자 하는 세부 항목은 정심, 성의, 치지, 격물입니다. 특히 격물치지는 주자학파朱子學派: 정이천, 주희와 양명학파陽明學派: 육상산, 왕양명가 서로 다르게 해석합니다. 주자는 '격格에 이른다至'는 뜻으로 해석하여 '모든 사물의 이치를 끝까지 파고 들어가면 앎에 이른다致知'고 하는 이른바 성즉리설性卽理說을 확립하였고, 왕양명은 '사람의 참다운 양지良知를 얻기 위해서는 사람의 마음을 어둡

게 하는 물욕을 물리쳐야 한다'고 주장하며 '격을 물리친다'는 뜻으로 풀이하여 심즉리설心即理說을 확립하였습니다. 즉 주자의 격물치지가 지식 위주인 것에 반해 왕양명은 도덕적 실천을 중시하고 있습니다. 그래서 오늘날 주자학을 이학理學이라 하고, 양명학을 심학心學이라고 합니다.

주자

젊어서는 여색, 장년에는 다툼, 노년에는 물욕을 경계하라

사람은 오십이 넘으면 다시 춘심春心이 발동하지만 이는 사실 몸이 쇠하는 징조다. 비유하자면 등불이 꺼지기 전에 반드시 찰나에 마지막 불꽃을 내뿜는 것과 엇비슷하다. 나는 왕년에 '스스로를 삼가 조심하며 경계하는' 자경시自警詩를 쓴 적이 있다. 다음과 같다. "만년의 노인이 되어 젊은이인 척하지 말라. 그런 흉내를 내면 곧바로 몸의 장단이 어긋나 몸고생이 이만저만이 아니라네. 지금은 나뭇잎이 노란 가을을 지나 겨울이지만 잠시나마 화창한 봄날의 기운을 느꼈네. 백발이 섞여 죽음을 앞둔 비칠비칠한 늙은이 따위라고 해서 그 누구도 딱하다고 생각하지 않네. 이제는 내 스스로 '삼계三戒'야말로 평생의 마음의 잡도리임을 알겠네. 고목에 계절을 모르는 꽃이 피었다고 생각하니 이는 찰나에 봄이 찾아온 거라네."

〔拾遺〕공자께서 『논어』 「계씨季氏」편 제7장에서 이렇게 말씀하셨습니다. 이른바 삼계三戒에 관해서입니다.

"군자는 세 가지를 경계해야 한다. 젊은 때는 혈기가 안정되지 않으므로 여색을 경계해야 한다. 장년이 되면 혈기가 바야흐로 왕성해졌으므로 다툼을 경계해야 한다. 노년이 되어서는 혈기가 이미 쇠약해지므로 물욕을 경계해야 한다. 君子有三戒. 少之時, 血氣未定, 戒之在色. 及其壯也, 血氣方剛, 戒之在斗. 及其老也, 血氣既衰, 戒之在得."

「공자성적도」 중에서, '난초를 보고 노래를 짓다.'

기질에는 토기와 습기가 있다

사람의 기질은 토기^{土氣}와 습기^{習氣}가 혼합된 것이므로 모름지기 이를 반드시 잘 식별해야 한다. 토기는 그 토지로부터 모인 것이 므로 결국 주된 기이다. 습기는 습관과 풍속에 의해 스며든 것이 므로 원래 외부로부터 온 객기^{客氣}이다. 이 객기는 내쫓을 수가 있 지만 주된 기인 토기는 내쫓을 수가 없다. 그래서 습기는 변화하 기 쉬우나 토기는 변화하기 어렵다. 사람을 교화함에 있어 토기 는 고분고분하게 이끌어낼 수 있으니 넘치면 덜어내고 미치지 못 하면 채워넣어야만 한다.

153

풍속도 사람의 기질이다

풍속도 사람의 기질이라고 할 수 있다. 그러므로 풍속에는 그 땅의 풍속인 토속과 그 시대의 풍속인 습속이 있다. 습속은 바꿀 수 있지만, 토속은 바꿀 수 없다. 그래서 오로지 이것을 잘 이끌고, 지나친 것은 억제하고 미치지 않은 것은 보충해 도와야 한다. 위정자들은 이를 잘 아는 게 좋다.

154

초목의 기질

초목의 기질은 맑거나淸 탁하거나濁, 가볍거나輕 무겁거나重, 춥거나寒 따스하거나溫, 튼튼하거나堅 약하거나脆, 시거나酸 달거나甘, 맵거나辛 쓰거나苦 한다. 여러 가지 독들이 같지가 않은데 의학서는 이를 초목의 성性이라고 한다. 즉 이것들은 모두 토기다. 사람의 기질에도 이렇게 여러 가지가 있다. 그러나 모두 생겨나고 자라고 변화하는 도리를 갖춘 이치는 같다.

155

산수는 무심하나 배움의 장소다

우러러 산을 보면 두텁고 무거워 움직이지 않는다. 엎드려 물을 보면 맑고 넓어 끝이 없다. 우러러 산을 보면 사계절이 변화하고 엎드려 물을 보면 밤낮이 끊임없이 흐른다. 우러러 산을 보면 구름을 내뿜고 안개를 삼킨다. 엎드려 물을 보면 물결을 일게 하고 파도를 일으킨다. 우러러 산을 보면 그 봉우리가 하늘 높이 솟아 있고 엎드려 물을 보면 머나먼 수원지까지 통해 있다. 산도 물도 무심하지만 보는 사람의 마음에 따라 가지가지다. 엎드려 강물을 보거나 우러러 산을 보는 것이 어찌 배움이지 않겠는가.

159

자식에게 착한 일을 억지로 강요하지도 말라

아이를 교육하는 데 있어서 맹목적으로 귀여워해 막무가내로 자라게 해서는 안 된다. 또한 옳고도 착한 일을 억지로 강요하여 자식이 어버이에게 반감을 갖고 어버이와 자식 간의 애정이 상해선 안 된다.

〔拾遺〕 맹자는 『맹자』 「이루상離婁上」편에서 이렇게 말했습니다.

"부자간에는 선을 행하라고 질책해서는 안 된다. 부자간에 선을 행하라고 질책하게 되면 사이가 멀어지게 되는데, 부자간의 사이가 멀어지는 것보다 더 나쁜 일은 없다父子之間不責善. 責善則離, 離則不祥莫大焉."

160

억지로 곡식의 싹을 뽑아 올려준다고 잘 자라지 않는다

맹자는『맹자』「공손추상」편에서 호연지기를 기르는 방법을 이렇게 말했다. "반드시 의를 실천하는 일을 하되 결과에 집착하지 말아야 하고, 의를 실천해야 한다는 것을 마음에서 잊어서도 안 되지만 억지로 조장해서도 안 된다_{必有事焉而勿正, 心勿忘, 勿助長也.}" 자식을 가르치는 것 역시도 이런 마음을 지니고 있어야 하지, 억지로 자식을 가르치려고 하면 오히려 해가 된다. 엄격하면서도 자애로운 정으로 자식을 가르치는 게 좋다.

〔拾遺〕 맹자는『맹자』「공손추상」편에서 호연지기를 조장해서는 안 되는 예로 다음과 같은 이야기를 들려주었습니다.

"다음의 송나라 사람과 같이 해서는 안 된다. 송나라 사람 중에 곡식의 싹이 자라지 않는 것을 안타깝게 여겨 싹을 뽑아 올려준 자가 있었다. 그가 피로한 기색으로 집으로 돌아와서는 가족들에게 '오늘은 참 힘들었다. 내가 싹이 자라는 것을 도와주었다'고 했다. 그의 아들이 달려가서 보니 싹은 이미 시들어버렸다.

천하에서 곡식이 자라나는 것을 조장하지 않는 사람이 적다. 호연지기를 기르는 것이 무익하다고 해서 내팽개치는 것은 김을 매지 않는 것과 같고, 호연지기를 억지로 조장하는 것은 싹을 뽑아 올려주는 것과 같다. 조장하면 무익할 뿐 아니라 또 해를 끼치게 된다無若宋人然: 宋人有閔其苗之不長而揠之者, 芒芒然歸. 謂其人曰: '今日病矣, 予助苗長矣.' 其子趨而往視之, 苗則槁矣. 天下之不助苗長者寡矣. 以爲無益而舍之者, 不耘苗者也; 助之長者, 揠苗者也. 非徒無益, 而又害之."

「공자성적도」 중에서, '노나라 소공이 공자의 아들이 태어나자, 공자에게 잉어를 선물하다.'

___

161

서로 자식을 맞바꾸어서 가르쳐라

맹자도 『맹자』「이루상」편에서 "옛날에는 서로 자식을 바꾸어
서 가르쳤다"고 하였는데, 정말로 좋은 방법이다. 나는 세 가지를
선택해야 한다고 생각한다. 좋은 선생님을 고르고, 좋은 친구를
고르고, 좋은 장소를 고르는 것이다.

〔拾遺〕 맹자는 『맹자』「이루상」편에서 '군자가 자식을 가르치는 방
법'을 다음과 같이 말합니다.

제자인 공손추가 물었다.
"군자가 자식을 직접 가르치지 않는 것은 무엇 때문입니까?"
맹자가 대답했다.
"현실적인 상황이 그렇게 할 수 없기 때문이다. 가르치는 사람은 반드시
올바른 도리로써 가르치려고 하는데, 올바른 도리로써 가르쳤는데 자식이
그 가르침을 행하지 않으면 이어서 성을 내게 되고 이어서 성을 내게 되면
도리어 자식의 마음을 해치게 된다. 그러면 자식은 '가르치는 분은 나를 올
바른 도리로 가르치려고 하지만, 정작 가르치는 분의 행동은 올바른 도리
에서 나온 것이 아니다'고 생각하게 되고, 그렇게 되면 부모와 자식이 서로

의 마음을 상하게 한다. 부모와 자식이 서로의 마음을 상하게 하는 것은 좋지 않다. 그러므로 옛날에는 서로 자식을 바꾸어서 가르쳤다.

公孫丑曰: "君子之不敎子, 何也?"

孟子曰: "勢不行也. 敎者必以正; 以正不行, 繼之以怒; 繼之以怒, 則反夷矣. 夫子敎我以正, 夫子未出於正也. 則是父子相夷也. 父子相夷, 則惡矣. 古者易子而敎之."

한나라의 유향이 쓴 『열녀전列女傳』에는 맹모삼천孟母三遷이라는 고사가 나옵니다. 맹자는 어릴 적에 아버지를 여의고 홀어머니 손에 자랐습니다. 그의 어머니는 처음에는 묘지 근처에서 살았는데 어린 맹자는 묘를 파는 흉내만 내며 놀았습니다. 그래서 맹자의 어머니는 시장 근처로 이사했지요. 그런데 이번에는 물건을 팔고 사는 장사꾼 흉내만 내는 것이었습니다. 그래서 이번에 맹자 어머니는 서당 근처로 이사했습니다. 그러자 맹자는 제구를 늘어놓고 제사를 지내는 흉내를 냈습니다. 서당에서는 유교에서 가장 중히 여기는 예절禮節을 가르치고 있었기 때문이지요. 맹자의 어머니는 이런 곳이야말로 자식을 기르는 데 더할 나위 없이 좋은 장소라며 기뻐했습니다. 교육은 환경이 중요하다는 것을 가르쳐주는 이야기입니다.

162

인생의 곱셈과 나눗셈

곱셈과 나눗셈은 한 가지의 이치가 있다. 행복은 곱셈과 같은 것이어야 하고, 간난신고는 나눗셈 같은 것이어야 한다는 것이다. 곱하며 나누고, 나누며 곱하면 원래의 수로 돌아가 행복도 없고 간난신고도 없다. 때문에 곱셈과 나눗셈은 인간의 영고성쇠의 발자취 같은 것이다.

164

학문은 실학이 중요하다

우리들이 학문을 하려면 언제나 목전에 긴요한 일에 실제로 활용되는 학문을 하는 것이 중요하다. 『중용』 제20장에서 종일토록 '사변思辨' 즉 "폭넓게 배우고 자세하게 묻고 신중하게 생각하며, 분명하게 변별하고, 돈독하게 행하여야 한다博學之, 審問之, 愼思之, 明辨之, 篤行之"고 한 것과 『중용』 제1장에서 종일토록 '계신공구戒愼恐懼' 즉 "도라고 하는 것은 잠시라도 떨어질 수 없다. 떨어질 수 있다면 도가 아니다. 그러므로 군자는 다른 사람이 보지 않는 곳에서도 삼가고 다른 사람이 듣지 않는 곳에서도 조심한다道也者, 不可須臾離也, 可離非道也. 是故君子戒愼乎其所不睹, 恐懼乎其所不聞"고 한 까닭은 바로 지금 우리의 몸을 독실하고 성실하게 하며 실학을 하라는 말이다. 따라서 학문은 이것 외에는 아무것도 아니다. 만약에 현실에 중요한 일을 궁구하는 걸 피하고, 실제의 생활과 전혀 동떨어진 채 뚜렷한 목표도 없는 공허하고 막연한 것에 목을 매다는 탁상공론을 일삼으면, 이는 우리가 하고자 하는 유학이 아니다.

167

당나라 멸망의 전철을 밟지 말라

중국 당나라 조대에는 세 가지 우환이 있었는데 토번족^{吐藩族}, 회흘족^{回紇族} 등의 외적 침입과 절도사의 발호, 환관의 전횡 등이었다. 군주가 이를 알지 못하는 바가 아니었지만 마침내 이로 인해 멸망하고 말았다. 이리 된 것은 군주를 보좌할 만한 재상을 얻지 못한 탓이었다. 후세 사람들은 이를 거울로 삼아 경계로 삼을 만하다.

〔拾遺〕 번진^{藩鎭}은 절도사를 뜻하는데, 당나라 말기에 절도사는 군대를 모집하는 수장으로 그 지방의 행정권과 동시에 군대 통솔권도 지니고 있었다. 당나라 말기의 혼란기에 그들은 직속 부대를 친위대로 삼아 두각을 나타냈다.

169

인정은 물과 같다

인정은 마치 물과 같으므로, 그 인정의 물을 평온하게 흐르게 하는 게 가장 좋다. 만약 그렇지 않고 인정의 물을 격하고 노하게 한다든지, 막아서 멈추게 한다든지 하면 별안간 성나고 미친 파도가 휘감아 몰아칠 것이다. 그런데도 인정의 물을 두려워할 만하지 않은가.

170

사람의 눈과 귀를 너무 놀라게 하지 말라

무릇 세상사는 되도록 평온하게 처리해야 한다. 사람의 이목을
놀라게 하면 그 일이 선할지라도 경우에 따라서는 작은 잘못을
범할 줄도 모른다.

〔拾遺〕『논어』「자한」편 제4장은 이렇습니다.

"공자께서는 네 가지를 절대로 하지 않으셨다. 사사로운 뜻을 갖는
일이 없으셨고, 기필코 해야 한다는 일이 없으셨으며, 무리하게 고집
부리는 일도 없으셨고, 자신만을 내세우려는 일도 없으셨다子絶四: 母意,
母必, 母固, 母我."

172

학문은 튼튼하게 하겠다는 마음이 있어야 풍아하다

학문은 튼튼하게 하겠다는 각오가 보이지 않으면 설사 자연의 풍물을 시나 노래로 읊더라도 그것은 완전히 속세간의 잡사에 불과하다. 적어도 학문을 튼튼하게 하겠다는 각오가 있으면 설령 금전과 곡물 등과 관계된 일에 종사하더라도 거기에는 지고지상한 풍아한 정취가 느껴진다.

174

자고로 스승은 엄격해야 한다

『예기禮記』「학기學記」편에 "무릇 학문을 하려면 먼저 스승이 엄격해야 하며 이것이 이루어져야 비로소 학문을 한다는 것의 중대함을 알고 그래야만 비로소 사람들이 학문을 존중해야 함을 안다凡學之道, 嚴師爲難, 師嚴然後, 道尊, 道尊然後, 民知敬學"고 하였다. 남의 스승이 된 자로서는 마땅히 스스로 '스승의 존엄은 무엇이고 학문을 숭상함이 무엇인지'를 잘 깨달아야만 한다.

〔拾遺〕 송나라 때 사마온공司馬溫公, 사마광이 쓴 「권학가勸學歌」는 아버지는 좋은 스승을 고르고 스승은 제자를 엄하게 가르치는데 이 두 가지가 모두 완전히 갖추어졌는데도 힘써 배우지 않는 것은 자식의 책임이라고 합니다.

권학가勸學歌

자식을 가르치지 않은 것은 아비의 과실이고 엄격하게 훈도하지 않음은 스승의 태만이다.

아비의 가르침과 스승의 엄격함에 문제가 없는데도 학문을 이루지 못함은 자식의 죄이다.

잘 입고 잘 먹으며 인륜 속에 살면서 자신이 웃고 이야기하는 날 보기는
흙덩이나 마찬가지

높은 데 못 올라 낮은 품위가 흐르고 뛰어난 인물을 만나더라도 감히 상
대를 못한다네.

후생들은 가르침을 애써 구하고 밝은 스승 의지하여 무지몽매를 벗어나라

하루아침에 청운의 길 과연 오르면 선현들과 어울려 선배라 불려지고

집에 만약 결혼을 미처 하지 못한 이가 있으면 배필을 찾는 이가 수두룩
하다네.

힘쓸지니, 힘쓸지니 너희들은 각기 일찍부터 학문을 닦고 늘그막에 이
르러 후회하지 말게나.

養子不敎父之過 訓導不嚴師之惰

父敎師嚴兩無外 學問無成子之罪

煖衣飽食居人倫 視我笑談如土塊

攀高不及下品流 稍遇賢才無與對

勉後生力求誨 投明師莫自昧

一朝雲路果然登 姓名亞等呼先輩

室中若未結親姻 自有佳人求匹配

勉旃汝等各早脩 莫待老來徒自悔

175

선물에는 사람의 마음이 살고 있다

　물건은 무심하지만 사람의 마음이 깃들어 있다. 그러므로 사람이 보내는 선물에는 반드시 그것을 보낸 사람의 마음이 함께 살고 있다. 실의에 빠진 사람이 보낸 선물에는 실의의 마음이 실려 있고, 호사스러운 사람이 보낸 선물에는 호사스러운 마음이 깃들어 있으며, 떳떳이 세상에 나와 살지 못하고 묻혀 지내는 사람이 보낸 선물에는 상심喪心이 있고 아첨하는 사람이 보낸 선물에는 알랑거리는 마음이 묵고 있다. 단지 명분이 확실한 선물만을 부득이하게 받아야만 한다. 선물과 선물을 보낸 사람의 마음은 이렇게 통하여 있기 때문에 달갑게 받을 수 없는 선물이 있기 마련인 것이다. 오로지 군자와 아버지로부터 받은 선물과 마음이 바른 사람, 덕을 갖춘 사람이 보낸 선물이 비록 사소한 것일지라도 몹시도 삼가는 마음으로 받지 않으면 안 된다.

176

노인의 탐욕

『논어』「계씨」편에서 공자는 "노년이 되어서는 혈기가 이미 쇠약해지므로 물욕을 경계해야 한다及其老也, 血氣旣衰, 戒之在得"고 말씀하셨다. 그런데 그 "득得"자가 무엇을 가리키는지는 잘 알 수가 없다. 나는 이미 늙었기에 내 마음으로 이를 입증해 보고자 한다. 옛날에 혈기가 왕성할 때는 욕망도 왕성했다. 지금에 이르러 혈기가 쇠하고 욕망도 조금은 담박해졌다고 생각한다. 다만 오래 살고 싶거나 자손들을 위해 해주고 싶은 마음이 옛날에 비해 조금 강해졌기에 '득'자는 다분히 이런 것들을 가리키지, 반드시 재산이나 물건을 얻고자 하는 마음을 가리키는 게 아닐 것이다. 인간의 생사는 천명이다. 지금 이 나이가 들어 양생을 하며 오래 살기를 바라는 것은 천명을 모르는 삶일 게다. 자손의 행복도 하늘이 준 분수일 것이다. 지금 자손들을 위해 무엇인가를 생각하는 마음도 천명을 모르는 짓일 게다. 결국 이것들은 영감쟁이의 마음이 어지럽고 쇠하여 생긴 일로 모두가 득得 —탐욕—을 경계하라는 조건에 다름 아니다. 이상은 나의 생각일진대 다른 노인네들은 어떻게 생각할지 모르겠다.

179

바탕이 준비된 다음에 무늬를 넣는다

　백색은 여러 가지 색으로부터 나오기에 오색의 근본이다. 예쁘게 꾸미는 것의 궁극은 무색無色으로 이를 백분白賁이라고 한다. 『논어』「팔일」편에 "흰 바탕에 무늬를 더하였네素以爲絢"라는 글귀가 있는데, "그림 그리는 일은 흰 바탕이 있은 다음繪事后素"이라는 말이다. 『중용』에 "군자는 자신의 직위에 바탕을 두고 행동한다君子素其位而行"고 하였는데, 군자는 자신의 처지에 벗어난 일을 바라지 않는다는 뜻으로 이 역시 순백의 의미를 지니고 있다. 『역경』에 "흰 신을 신으니 가면 허물이 없다素履往, 無咎"고 하였는데, 흰 신은 무늬가 없고 자연 그대로 꾸미지 않고 행동하므로 허물이 없다는 뜻으로 이 역시 순백의 의미이다. 나는 이전에 이를 곰곰이 생각해 보았다. 역시나 오색의 근본은 백색이었다. 백색이 응집하면 청색이 되고, 청색이 자라고 넓어지면 황색이 되고, 황색이 짓무르고 잘게 빻아지면 적색이 되고, 적색이 쌓이고 쌓이면 흑색이 되고, 흑색의 궁극은 또한 백색이 된다. 색이 나오고 변하는 게 이와 같다.

　〔拾遺〕 백색이 모든 색의 근본인 것처럼 사람도 무슨 일을 하든지

꾸밈이 없이 청정무구한 본심과 본성 그대로 행동하는 게 최고의 처세라는 것입니다. 그래서 공자와 자하는 『논어』「팔일」편 제8장에서 "바탕이 준비된 다음에 무늬를 넣듯이 마음의 형식적 표현인 예도 바탕이 이루어진 다음의 일"이라고 합니다.

자하가 여쭈었다.

"'고운 웃음에 보조개가 아름답고 아름다운 눈에 눈동자가 또렷하니 흰 바탕에 무늬를 더하였네.'라는 것은 무엇을 말하는 것입니까?"

공자께서 말씀하셨다.

"그림 그리는 일은 흰 바탕이 있은 다음이라는 것이다."

자하가 말하였다.

"예는 나중 일이라는 말씀이십니까?"

공자께서 말씀하셨다. "나를 일으켜 주는 자는 상商: 자하의 이름이로구나! 비로소 자네와 함께 시를 말할 수 있게 되었구나."

子夏問曰: "'巧笑倩兮, 美目盼兮, 素以爲絢兮.' 何謂也?" 子曰: "繪事后素." 曰: "禮后乎?" 子曰: "起予者商也! 始可與言詩已矣."

180

화라고 생각되는 데서 복이 나온다

운명에 작은 성쇠가 있으면 큰 성쇠도 있기 마련이다. 그 사이에 화禍와 복福은 서로 인연이 되어 일어나고 가라앉는 게 흡사 바닷물에 작은 파도가 치다가 큰 파도가 치는 것과 같다. 무릇 천지간의 일은 운명으로부터 벗어날 수가 없다. 이것이 바로 살아 움직이는 '역易'이다.

〔拾遺〕『회남자』18장에 나오는 새옹지마塞翁之馬 고사를 떠오르게 하는 노자의 『도덕경道德經』 제58장은 이렇습니다.

"정치가 맹맹하면 백성이 순박해지고, 정치가 똑똑하면 백성이 못되게 됩니다. 화라고 생각되는 데서 복이 나오고 복이라고 생각되는 데 화가 숨어 있습니다. 누가 그 끝을 알 수 있겠습니까? 절대적으로 옳은 것은 없습니다. 올바름이 변하여 이상스러운 것이 되고, 선한 것이 변하여 사악한 것이 됩니다. 사람이 미혹되어도 실로 한참입니다. 그러므로 성인은 모가 있으나 다치게 하지는 않고 예리하나 잘라내지는 않고 곧으나 너무 뻗지는 않고 빛나나 눈부시게 하지는 않습니다."

182

중국의 흥망성쇠

중국에서는 30년을 한 세대로 하니 150년이 다섯 세대다. 맹자가 『맹자』「이루하」편에서 "군자의 은택도 다섯 세대가 지나면 끝나고, 소인의 영향도 다섯 세대가 지나면 끝이 난다君子之澤五世而斬, 小人之澤五世而斬"고 말했다. 이것이 바로 성쇠의 기한이다. 맹자가 『맹자』「공손추하」편에서 "요순에서 은나라 탕왕, 탕왕에서 주나라 문왕과 무왕에 이르기까지 오백 년마다 반드시 훌륭한 임금이 나타났고, 그 사이에는 반드시 세상에 이름을 떨친 인물들이 있었다五百年必有王者興, 其間必有名世者"고 말했는데, 이 역시 시세의 운명을 말하고 있는 것이다. 무릇 세상을 다스리는 데 관심이 있는 자라면 이를 잘 궁리해 보아야 할 것이다.

183

처벌에도 지智 · 인仁 · 용勇이 있다

하나의 죄와 과실을 처리하는 데도 지智 · 인仁 · 용勇이 필요하다. 공평무사함으로 사적인 애증을 잊고, 지식을 활용해 참과 거짓을 끝까지 확인하고, 냉철한 판단력으로 죄과의 경중을 결정해야만 한다. 앎識은 지智요, 공평무사함은 인仁이요, 판단력은 용勇이다.

몸은 오직 하나, 자중자애自重自愛하라

물건 중에서 유일하게 하나만 있고 두 개는 없는 게 최상의 보물로 친다. 『서경』「고명顧命」편에 나오는 적도赤刀, 대훈大訓, 천구天球, 하도河圖는 단지 한 개뿐이지 둘은 없다. 그래서 이것을 보물이라고 하는 것이다. 생각해 보건대 자신의 몸도 또한 과연 하나이지 두 개가 아니다. 이 하나밖에 없는 자신의 몸을 자중자애하지 않는 것은 생각이 없어도 너무 심하게 없는 것이다.

〔拾遺〕『서경』「고명顧命」편은 주나라 성왕成王이 임종 때 신하들을 모아놓고 강왕康王을 잘 보필하라고 유언하는 내용입니다. 여기서 즉위식에 쓰인 적도는 붉은 옥돌 칼, 대훈은 선왕의 교훈이 새겨진 옥돌, 천구는 옹주雍州에서 바쳤다고 하는 하늘색 옥돌이고 하도는 황하에서 난 무늬가 있는 옥돌입니다.

189

성급한 자에게는 우선 일의 반을 시켜보라

    사람 중에는 성질이 급한데다가 무슨 일이든지 자신 스스로 해야만 직성이 풀리는 이가 있다. 이런 사람을 쓰는 것은 매우 난감한데, 조급한 사람은 대부분 외고집이기에 일을 전부 맡길 수가 없다. 반 정도를 시켜보는 게 좋다.

190

소사^{小事}와 소기^{小器}

세상사에는 큰일과 작은 일이 있다. 늘 큰일을 취급하는 이는 작은 일을 경시하는 경향이 있다. 지금 여기에 한 사람이 늘 작은 일을 구별해 처리한 후 스스로 즐거워하고 남에게 자기 자랑을 늘어놓는다면 그 그릇이 작은 것이다. 또한 이러한 사람은 지금까지 한번도 큰일에 손을 담가본 적이 없다는 것을 보여주고 있는 것에 다름 아니다.

191

—

사이비

명성과 인망을 얻으려고 하는 자가 뜻이 높은 것 같고, 까다로울 만큼 자세히 따져 묻는 자가 도리를 명백하게 밝히는 것 같으며, 노회한 자가 사리에 정통한 것 같고, 경솔한 자가 민첩한 것 같으며, 마음 약한 사람이 관대한 것 같고, 융통성이 없이 얽매이는 자가 인정이 두텁고 성실한 것 같지만, 이는 모두 사이비일 뿐이다.

195

싸우지 않고도 이길 줄 알라

공격을 하는 측은 세력에 여유가 있고 수비를 하는 측에는 세력이 충분하지 않는 게 병법에서는 당연할지 모른다. 그러나 나에게는 수비하는 쪽이 여유가 있고 공격하는 쪽이 세력이 부족하다고 생각한다. 공격하지 않아도 공격을 할 때랑 같은 효과를 내면 이것이 공격하는 측의 최상책이다.

〔拾遺〕『손자병법』「군형軍形」편에서 손자孫武는 "적이 승리하지 못하도록 만드는 조건은 아군 쪽에 달려 있으며, 아군이 적을 이길 수 있는 조건은 적군 쪽에 달려 있는 것이다. ……적이 승리할 수 없게 만드는 것은 아군의 수비이며 아군이 승리를 할 수 있게 하는 것은 공격이다. 병력이 부족하면 수비를 하고 병력이 여유가 있으면 공격을 한다不可勝在己, 可勝在敵. ……不可勝者, 守也; 可勝者, 攻也. 守則不足, 攻則有餘"라고 말하였습니다.

196

위정자의 개혁에도 때가 있다

멈출 수 없는 사정이 있어서 하는 것은 특별히 후회할 게 없다. 『역경』「혁괘革卦」에 "제사 지내는 날을 바꾼다. 정벌하면 길하여 허물이 없다已日乃革之. 征吉無咎"라고 하였는데, 이를 말함이다. 인심이 순순히 따를 만하여 개혁이 적당한 시기에 개혁을 하면 과실이 없다는 말이다. 만약 개혁의 시기도 아닌데 경솔하게 개혁을 해 그때의 쾌감을 얻고 겉으로는 훌륭한 듯 보여도 나중에는 반드시 서제막급噬臍莫及: 배꼽을 물려고 해도 입이 닿지 않는다는 뜻으로, 일이 그릇된 뒤에는 후회하여도 아무 소용이 없음을 비유을 하게 된다. 위정자는 이 점을 교훈으로 삼아 조심해야 한다.

197

벼슬아치의 마음가짐

경충敬忠, 존경과 충실, 관후寬厚, 마음이 넓고 온후함, 신의信義, 공평公平, 겸청廉淸, 청렴결백, 겸양謙抑, 겸손함. 이 스무 자로 된 여섯 가지의 마음가짐은 벼슬아치들이 꼭 지켜야만 하는 금과옥조다.

「공자성적도」 중에서, '가축을 관리하는 벼슬을 얻다.'

198

군주의 삼덕三德

군주라고 하는 자가 배우지 않으면 안 되는 세 가지의 덕은 지智·인仁·용勇이다. 『논어』「자한子罕」편 제28장에서 공자께서는 "지혜로운 사람은 미혹되지 않고, 어진 사람은 근심하지 않으며, 용기 있는 사람은 두려워하지 않는다知者不惑, 仁者不憂, 勇者不懼"라고 말씀하셨다. 또한 『중용』은 "지혜로움과 어짊, 용맹스러움 이 세 가지가 천하에 두루 통하는 보편적인 덕이다知仁勇三者, 天下之達德也"라고 하였다. 이 삼덕을 스스로 잘 터득하면 평생 이 삼덕을 받아들여도 다 바닥이 나지 않는데, 세상이 화들짝 놀랄 정도로 사업에 성공하며 하나의 본보기로 후세에 남고 싶으면 이 삼덕을 실천할 수밖에 없다.

말과 문장은 절실하고 간결하고 정확하면 그만이다

말과 문장은 하나다. 문장은 경서^{四書五經}를 본보기로 삼는 게 좋
다.『서경』「필명^{畢命}」편에서 주공^{周公}은 "말은 절실하고 간결한 게
좋다^{辭尙體要}"고 하였다. 공자께서는『논어』「위령공」편 제40장에서
"말은 뜻을 정확히 표현하면 그만이다"고 말씀하셨다.

〔拾遺〕 두보는 시「이화양류소부^{貽華陽柳少府}」에서 "문장은 하나의
작은 기술에 불과하니, 도에 견주어 더 높지 않다^{文章一小伎, 于道未爲尊}"라
고 하였습니다.

문장 단련법

우선은 원고를 쓰고, 다음에 상세하게 적당함과 부적당함을 검토하고, 그 다음에는 다듬고 마지막으로 문채를 윤색한다. 이것이 정鄭나라에서 외교문서를 작성하는 순서였는데 그 정밀함이 현자 네 명의 장점을 받아들인 것일 뿐만 아니라 문장을 몇 번이고 다듬어 완성한 점에도 정밀하기 그지없었다.

〔**拾遺**〕『논어』「헌문」편 제9장에서 공자가 말하였습니다.

"정나라에서 사신이 지니고 갈 외교문서를 만들 때는 대부大夫 비심裨諶이 초안을 작성하고, 대부 세숙世叔이 검토하며 논의하고, 행인行人: 사신을 관리하는 벼슬아치인 자우가 문장을 다듬고 동리東里에 사는 자산子産이 매끄럽게 손질하였다爲命: 裨諶草創之, 世叔討論之, 行人子羽修飾之, 東里子産潤色之."

208

시는 뜻을 말하는 것이다

시라고 하는 것은 각자의 뜻^{사상}을 표현하는 데 있다. 초나라의 우국시인 굴원^{屈原}의 「이소^{離騷}」와 유유자적한 생활을 노래한 도연명^{陶淵明}의 시는 특별히 그들의 뜻을 썼다고 할 수 있다. 그러나 요즘의 시인은 시와 뜻이 완전히 상반되어 따로따로이다. 이것을 어찌해야 좋을까?

  〔拾遺〕『서경』「순전^{舜典}」에서는 "시는 뜻을 읊는 것이요, 노래는 말을 길게 늘이는 것이다^{詩言志, 歌永言}"라고 하였다. 『시경』「대서^{大序}」는 "시란 뜻이 가는 데 있고, 마음이 뜻이 되고, 말로 나와 시가 된다^{詩者, 志之所之也, 在心爲志, 發言爲詩}"라고 하였다.

209

참된 시인과 문인

　편지 등 남과 주고받는 글을 훌륭하게 써서 남을 가지고 노는 일은 너무나 부끄럽기 짝이 없다. 청조의 학자 고염무顧炎武가 "문장을 교묘하게 만들어도 문인은 되지 않고, 시를 능란하게 써도 시인은 되지 못한다"라고 했는데, 이는 매우 좋은 말이다.

210

식견과 도량 그리고 지식

식량識量, 지혜wisdom과 지식knowledge은 완전히 서로 다르다. 지식은 독서라는 간접 경험 등과 같은 외적 경험에 의해 얻지만 식량은 자신의 내부로부터만 얻을 수가 있다.

「공자성적도」 중에서, '위나라로 가는 도중에 경쇠를 연주하다.'

213

학자는 다른 사람을 경시하지 말아야 한다

오로지 문자와 문장에만 관여하는 학자는 대체로 무사와 벼슬 아치를 경멸하는 경향이 있다. 이는 큰 잘못이다. 어떤 사람이든 오랜 경험을 쌓은 노련한 사람의 이야기는 이따금 나를 흥분하게 한다.

〔**拾遺**〕 주희는 『소학小學』에서 "성인의 도는 귀로 들어가서 마음에 머물러, 쌓여서 덕행이 되고 행하여 사업이 되니 저 문장만을 하는 자는 천하다聖人之道, 入乎耳存乎心, 蘊之爲德行, 行之爲事業, 彼以文辭而已者陋矣"는 주 렴계의 말을 인용하며, 단순히 문장만을 가지고 학문이라고 생각하는 것은 천하다고 합니다.

216

적재적소에 인재를 기용하라

사람은 각자 다른 재능을 갖고 있기 때문에 그 재능에 따라 적재적소에 기용을 하면 쓸데없는 사람은 없다. 하나의 기술에도 하나의 예藝에도 모두 뛰어난 도리가 간직되어 있다. 시와 노래를 짓거나 편지를 쓰는 것도 하나의 예라고 할 수 있다. 생각해보건대 이것도 재능이기에 쓸 만한 것 중 하나임에 틀림없다.

〔拾遺〕『논어』「자로子路」편 제25장에서 공자는 '능력을 고려하지 않고 억지로 일을 맡겨 놓고 능력이 모자란다고 타박하는 게 소인'이라며 이렇게 말하였습니다.

"군자는 섬기기는 쉬워도 기쁘게 하기는 어렵다. 그를 기쁘게 하려 할 때 올바른 도리로써 하지 않으면 기뻐하지 않는다. 그러나 군자가 사람을 부릴 때에는 그 사람의 역량에 따라 맡긴다. 소인은 섬기기는 어려워도 기쁘게 하기는 쉽다. 그를 기쁘게 하려 할 때는 올바른 도리로써 하지 않더라도 기뻐한다. 그러나 소인이 사람을 부릴 경우에는 능력을 다 갖추고 있기를 요구한다君子易事而難說也: 說之不以道, 不說也; 及其使人也, 器之. 小人難事而易說也: 說之雖不以道, 說也; 及其使人也, 求備焉."

218

면학과 취직

학문에 전념하다 여력이 생겨 벼슬을 하는 것은 쉽지만, 벼슬을 하다 여력이 나 학문을 하는 것은 어렵다.

〔拾遺〕『논어』「자장子張」편 제13장에서 자하子夏가 말하였습니다.

"벼슬하면서 여유가 있으면 공부를 하고, 공부를 하면서 여유가 있으면 벼슬을 한다仕而優則學, 學而優則仕."

왕양명의 잠언

　왕양명은「관덕정기^{觀德亭記}」에서 이렇게 말했다. "마음이 동요해 안절부절못하면 동작이 난잡해진다. 마음이 야무지지 않으면 보는 것에 마음이 들떠 차분해지지 않는다. 마음이 성에 차지 않으면 기력이 위축된다. 마음이 경솔하고 소홀하면 그 안색도 야무지지 않다. 마음이 뽐내며 남을 깔보면 안색도 거만해진다." 나는 이 글을 읽고 불현듯 삼가 조심하지 않으면 안 되겠다는 것을 통감했다.

220

지금 얻은 명예를 무리하게 버리려고도 하지 말라

명예는 비록 무리하게 구해야만 하는 것이 아니지만 지금 얻고 있는 명예를 굳이 억지로 버릴 필요도 없다. 만약 이 명예를 버리면 실實을 버리는 것이다. 따라서 착하지 않은 사람과 교제를 해 명예를 엉망진창 우기지 말아야 한다. 신분에 어긋나는 짓을 해 명예를 더럽혀서도 안 된다. 권력자에게 알랑거리며 명예를 떨어뜨려서도 안 된다. 금전과 재물을 더러운 수단으로 벌어 명예를 더럽혀서도 안 된다.

224

신용이 제일이다

사람에게서 신용을 얻으면 재물이 부족한 경우는 없다.

〔拾遺〕 공자는 『논어』 「위정爲政」편 제22장에서 이렇게 말하였습니다.

"사람에게 신의가 없으면 그 쓸모를 알 수가 없다. 만일 큰 수레에 소의 멍에를 맬 데가 없고 작은 수레에 말의 멍에를 걸 데가 없으면 어떻게 그것을 끌고 갈 수 있겠느냐？人而無信, 不知其可也. 大車無輗, 小車無軏, 其何以行之哉."

225

우왕^{禹王}의 행동은 비난할 것이 없다

공자는 『논어』「태백」편 제21장에서 이렇게 말씀하셨다. "우임금에 대해서라면 나는 비난할 것이 없다. 자신의 식사는 형편 없으면서도 귀신에게는 정성을 다하였고 자신의 의복은 검소하게 입으면서도 제사 때의 예복은 아름다움을 지극히 했으며 자신의 집은 허름하게 하면서도 농민들의 관개사업에는 온 힘을 기울였다. 우임금에 대해서라면 나는 비난할 것이 없다." 이렇게 하면 반드시 재물 역시도 부족함이 없다.

226

조급한 자는 일을 마무리하지 못한다

화를 잘 내는 사람은 대체로 조급하고 차분하지 못해 남을 품어주는 도량이 없고, 평생 남과 조화롭게 사는 일도 없다. 그런 까닭으로 설사 좋은 생각이 있더라도 일을 마무리하지 못한다. 어떤 사람은 "조금은 노기가 있는 게 도리어 일을 이룬다"고 하지만, 나는 "성을 잘 내며 조급증에 걸린 이가 어떻게 일을 마무리할까? 단지 방 하나를 청소하는 게 고작일 것이다"고 생각한다.

227

재물은 올빼미처럼 어미를 잡아먹는다

재화를 이롭게 쓰려면 어떻게 생각해야 좋을까. 나는 "재물에 재능이 있기에, 재능이 있는 사람에게 쓰도록 해야 한다"고 생각한다. 무언가의 일을 하는데도 재능이 있고 화를 부르는 것도 재능이므로 신중하지 않을 수 없다.

〔拾遺〕 당나라 시대의 은자인 한산자^{寒山子}가 천태산의 나무와 바위에 써놓은 『한산시^{寒山詩}』에 다음과 같은 시가 있습니다.

재화^{財禍}

많은 사람들 재물 모으길 좋아하는 게
흡사 올빼미 제 자식 사랑하는 것 같네
자식이 자라면 그 어미를 먹듯이
재물이 많아지면 내 몸을 해치네.
뿌리면 복을 낳은 것이요
모으면 재앙이 일어나네.
재물도 없고 재앙도 없으니

푸른 구름 사이로 날개 치며 날아가리.

貪人好聚財

恰如梟愛子

子大而食母

財多還害己

散之卽福生

聚之卽禍起

無財亦無禍

鼓翼靑雲裡

　　후한의 반고가 지은 『한서漢書』「위현전韋賢傳」은 "자식에게 많은 황금
을 남기는 것은 경서 하나를 가르치는 것만 못하다遺子黃金萬籯, 不如一經"
이라고 합니다.

손자병법의 정수

손무가 『손자병법』 「군형軍形」편에서 "먼저 적이 아군을 이기지 못할 태세를 갖추고, 적이 허점을 드러내 아군이 승리할 수 있는 여건을 만들기를 기다렸다"고 말했다. 이것이 가장 먼저 착수해야만 하는 일이다. 「모공謀攻」편에서는 "반드시 적국의 모든 것을 온전히 둔 채 천하의 패권을 손아귀에 넣는다"고 말했다. 이것이 병법에서 특히 주의를 기울여야 할 점이다. 「시계始計」편에서는 "다음의 일곱 가지 계획에 따라 적군과 아군 양쪽을 비교하여야 적의 실제 정세를 파악할 수 있다"고 말했다. "첫째 군주의 정치는 어느 편이 더 나은가. 둘째 장수의 지휘는 어느 편이 더 유능한가. 셋째 기후와 지리 조건은 어느 편에게 더 유리한가. 넷째 법제는 어느 편이 더 엄격하고 공정하게 시행되는가. 다섯째 병력과 무기는 어느 편이 더 강한가. 여섯째 병사의 훈련은 어느 편이 더 잘 되어 있는가. 일곱째 상과 벌은 어느 편이 더 공정하고 분명하게 시행되는가主孰有道? 將孰有能? 天地孰得? 法令孰行? 兵衆孰强? 士卒孰鍊? 賞罰孰明?"등이다. 이것은 병법의 비밀에 속하는 것이다.

237

옛 친구를 잊지 말라

공자께서 "옛 친구를 버리지 말라"고 하였는데 이것은 훌륭한 미덕 즉 인정이다. 내 집의 작은 정원에는 여러 가지 초목은 없지만 단지 석류, 백일홍, 물푸레나무 이 세 나무가 있다. 이 나무들은 사십 년 전에 심어져 아침저녁으로 나와 만나면서 함께 세월을 보냈다. 여름과 가을 무렵에 꽃이 대단히 많이 아름답게 피어 눈과 마음을 너무나 즐겁게 해주는 나의 오랜 벗들이다. 초목에 대한 나의 취미는 담백하지만 이 세 나무만은 특별하게 귀여워해 주고 있다. 대체로 오래 사귀는 이는 잊어버리기가 매우 어려운 게 인정이다. 공자께서 "옛 친구를 버리지 말라"고 한 것도 이러한 인정과 같다.

〔拾遺〕 공자는 『논어』 「태백」편 제2장에서 이렇게 말하였습니다.

"공손하면서도 예가 없으면 수고롭기만 하고, 신중하면서도 예가 없으면 두려움을 갖게 되며, 용감하면서도 예가 없으면 질서를 어지럽히게 되고 정직하면서도 예가 없으면 박절하게 된다. 군자가 친족들을 잘 돌봐주면 백성들 사이에서는 인한 기풍이 일어나며, 옛 친구를 버리지 않으면 백성들이 각박해지지 않는다."

240

나이가 들수록 시視하고, 관觀하고, 찰察하라

『논어』「위정」편 제10장에서 공자는 이렇게 말했다. "그 사람이 하는 것을 곧장 바라보고, 그 동기를 살펴보고, 무슨 일을 하고 나서 편안해하는지를 곰곰이 관찰해 보아라. 어찌 사람 됨됨이를 감추겠는가, 어찌 저라는 사람됨을 숨기겠는가?視其所以, 觀其所由, 察其所安. 人焉廋哉, 人焉廋哉?." 이 '시·관·찰視觀察법'을 나의 일평생에 배치해 보면 서른 살 이전에는 무슨 큰일도 없고 얕고 엉성하게 보기에 시視의 시대와 비슷하고, 서른 살부터 쉰 살까지는 '시'보다 조심해 보기 때문에 관觀의 시대와 비슷하고, 쉰 살부터 일흔 살까지는 전보다도 정통하게 생각하기 때문에 찰察의 시대와 비슷하다고 할 수 있다. 찰의 시대에는 천명을 자각하고 인생을 즐겁게 살도록 해야 한다. 나는 지금 예순여섯 살이나 아직 깊은 도리의 길에 접어들지 못했다. 하물며 천명을 깨닫고 생사와의 이해를 초월하여 마음의 평안한 안심입명安心立命을 하기는 어렵다. 나는 남은 생이 적기 때문에 아주 힘쓰지 않으면 안 된다. [덴보天保 8년1837년, 7월, 사토 잇사이 66세 적는다]

243

의지와 기개에는 젊고 늙음의 차별이 없다

몸에서 발하는 혈기에는 늙음과 젊음에 차별을 두지만, 의지와 기개는 노소老少의 차별이 없다. 노인이 면학을 할 때에는 더욱 사기를 북돋아 나이가 젊고 혈기가 왕성한 젊은이에게 지지 않는다. 젊은이들은 앞날이 창창해서 설령 오늘 공부를 하지 않아도 언젠가 벌충을 할 수 있는 시간이 온다. 그러나 노인에게는 정말로 장래를 보충할 날이 오지 않는다. 주자는 「권학문勸學問」에서 "오늘 배울 것을 내일로 미루지 말고, 올해 배울 것을 내년으로 미루지 말라! 해와 달은 가고 세월은 나를 기다리지 않으니 오호라, 늙어 후회한들 누구의 허물이련가"라고 노래하였다. 『역경』은 「이괘離卦」에서 "해가 기우는데 산짐승을 만나니, 장구를 치고 노래를 부르지 않으면 늙은이가 탄식하니 흉하다日昃之離. 不鼓缶而歌. 則大耋之嗟. 凶. 象曰. 日昃之離. 何可久也"라고 하였다. 즉 '인생은 짧기에 악기라도 연주하고 노래하며 즐겁게 보내지 않으면 헛되이 나이를 먹다 영감이 되어버렸다는 한이 남기에 그 무슨 이익도 없이 흉하다'는 것이다. 문득 마음으로 느끼는 바, 이를 적어 스스로 경계를 하는 바이다. [덴보天保 8년1837년 12월 1일 쓰다. 사토 잇사이 66세]

〔**拾遺**〕 주자朱子의 시 「권학문勸學問」은 이렇습니다.

오늘 배울 것을 내일로 미루지 말고, 올해 배울 것을 내년으로 미루지 말라!

해와 달은 가고 세월은 나를 기다리지 않으니 오호라, 늙어 후회한들 누구의 허물이련가.

소년은 쉽게 늙고 학문은 이루기 어려우니 순간의 세월을 헛되이 보내지 마라.

연못가의 봄풀이 채 꿈도 깨기 전에 계단 앞 오동나무 잎이 가을을 알리네.

勿謂今日不學而有來日, 勿謂今年不學而有來年.

日月逝而歲不我延, 嗚呼老而是誰之愆.

少年易老學難成, 未覺池塘春草夢.

階前梧葉已秋聲, 一寸光陰不可輕.

244

맹자의 삼락三樂에 관해

맹자는 『맹자』 「진심상盡心上」편에서 이렇게 말했다. "군자에게는 세 가지 즐거움이 있는데, 통일된 천하의 임금이 되는 것은 여기에 끼지 못한다. 부모가 살아 계시며 형제들이 아무런 탈이 없는 것이 첫 번째 즐거움이다. 우러러 봐도 하늘에 부끄럽지 않고 굽어봐도 사람들에게 부끄럽지 않은 것이 두 번째 즐거움이다. 천하의 뛰어난 인재들을 얻어서 가르치는 것이 세 번째 즐거움이다. 군자에게는 이 세 가지 즐거움이 있는데, 통일된 천하의 임금이 되는 것은 여기에 끼지 못한다君子有三樂, 而王天下不與存焉. 父母俱存, 兄弟無故, 一樂也. 仰不愧於天, 俯不怍於人, 二樂也. 得天下英才而教育之, 三樂也. 君子有三樂, 而王天下不與存焉."

첫 번째 즐거움은 부모형제와 잘 지내는 것을 말하고 있기에 소년 시절의 일일 것이다. 두 번째 즐거움은 자신의 완성을 말하고 있기에 중년 시절의 일일 것이다. 세 번째 즐거움은 인물 양성을 말하고 있기에 노년 시절의 일일 것이다. 나는 나이를 이미 먹은 탓에 남은 생이 얼마 남지 않고 부모형제도 모두 저 세상을 떠나가 무슨 즐거움이 있겠는가 하는 생각을 버리지 못하고 있다. 하지만 스스로 곰곰이 생각해 보니, 내 몸은 부모가 물려주었고 형제도 마찬가지이므로 내 자신을 아끼고 사랑하며 몸가짐을 바르게 하고 부끄러움이 없으면 비록 부모형제가 이 세상에 존재하지 않더라도 그들을 잘 섬기는 거나 마찬가지이지 않은가. 우수한 인재를 교육하는 일은 본래 자신이 쉽사리 얻을 수 있는 것은 아니지만 전력을 다하지 않으면 안 된다. 올바른 행동을 해 천지간에 부끄럽지 않은 것은 단지 중년 시절의 일만이지 않고 소년 시절부터 노년 시대까지 지켜야 할 한 평생의 일이기 때문에 삼가 이것을 지켜 아침부터 저녁까지 잊지 말아야 한다. 이처럼 맹자의 삼락三樂은 모두 한 평생 내내 지켜야만 하는 일이다.

249

인물평에 대한 깨달음

무릇 고금의 인물을 논할 때에는 좋고 나쁨을 말하지 않을 수가 없는데, 그 인물의 장점을 들고 난 다음에 자연스럽게 단점을 드러내는 게 좋다. 또한 열에서 칠 정도가 장점을 들고, 십 중에 삼 정도의 단점을 드는데, 이 또한 성실하고 친절한 평론이라고 할 수 있다.

251

꿈에 관하여

하나의 좋은 생각이 싹을 틀 때는 그날 밤 전혀 꿈을 꾸는 일이 없다. 꿈을 꾸더라도 올바른 사람을 보거나 주군이나 아버지를 뵙거나, 기쁜 일을 보게 된다. 『주례周禮』에 있는 육몽六夢 중에서 정몽正夢이나 희몽喜夢과 같을 것일 게다. 또한 하나의 난잡한 생각이 들 때는 그날 밤 반드시 깊은 잠을 잘 수가 없고 잠을 자더라도 잡몽雜夢을 보는 경우가 많으며, 어렴풋이 나타났다가 사라지는 소인小人을 보거나 아녀자를 보거나 재난을 만나거나 하는 꿈을 꾼다. 『주례周禮』에 있는 기몽畸夢 혹은 구몽懼夢과 같은 꿈일 게다. 잠에서 깨어난 후 생각해 보면 꿈속에서 본 바른 사람이나 주군, 아버지 등은 내 자신의 마음이고, 기쁜 일도 나의 마음일 것이다. 이것은 모두 좋은 생각들이 묶어져 만난 심리현상이다. 또 꿈에서 만난 소인이나 부인도 역시 내 자신의 마음이고, 재난을 만난 일도 나의 마음이다. 이것은 모두 망념이 실타래처럼 얽힌 심리현상이다. 그래서 좋은 생각이나 나쁜 생각은 꿈으로 엮어지기에 스스로 되돌아보아야 한다. 삶과 죽음은 마치 낮과 밤과 같다. 불교에서 지옥과 천당이라고 가르침을 한 방편으로 삼는 것은 필시 마음속의 참과 거짓을 설명해 주기 위해서일 것이다. 이것은 꿈이라고 하는 감각과 무척이나 닮았다.

〔拾遺〕『주례』「춘관^{春官}」 점몽^{占夢}에서는 육몽^{六夢}을 다음처럼 들고

있습니다. 정몽^{正夢}: 특별한 감동이 없이 자연히 꾸는 꿈, 악몽^{噩夢}: 놀라는 꿈, 사몽^思

^夢: 마음속의 생각을 보는 꿈, 오몽^{寤夢}: 낮에 벌어진 일을 보는 꿈, 희몽^{喜夢}: 기쁜 일을 보는 꿈,

구몽^{懼夢}: 공포스런 꿈 등입니다.

「공자성적도」 중에서, '기린이 옥서를 토하다.'

253

덕이 있는 사람에게는 반드시 할 말이 있다

입덕立德 · 입공立功 · 입언立言 이 세 가지가 영원히 불멸하는 까닭은 반드시 덕에 바탕을 두고 있기 때문이다. 『논어』에서 공자는 "덕이 있는 사람에게는 반드시 할 말이 있다"고 하였는데, 이로써 덕이 있으면 할 말이 있고 선정을 베풀 수 있다는 것을 알수가 있다. 또한 덕이 있으면 공도 세울 수가 있다는 것을 알수가 있다. 나는 이런 사람을 옛사람들에게서 찾았거늘, 이 세 가지를 모두 갖춘 이를 몇 명 보지 못하였다. 만약 그런 이가 있다면나는 그 옛사람을 친구로 삼기 위해 다른 일을 할 짬이 없다고 생각하는데 어찌 사소한 결점 등을 문제로 삼을 것인가? 이것이 내가 바라는 바이다.

〔拾遺〕『논어』「헌문憲問」편 제5장에서 공자는 이렇게 말하였습니다.

"덕이 있는 사람에게는 반드시 할 말이 있지만, 말 잘하는 사람이 반드시 덕이 있는 게 아니다. 어진 사람에게는 반드시 용기가 있지만 용감한 사람이 반드시 어진 게 아니다 有德者必有言，有言者不必有德. 仁者必有勇，勇者不必有仁."

254

공적을 자랑하지 말라

옛 현인 중에는 국가에 큰 공적이 이루고 큰일을 이룬 사람도 있었다. 나 자신은 그것을 마치 가벼운 것도, 약간 뜬구름과 같은 막연한 기분으로 보고 있고 대단히 큰일을 했다고도 생각하지 않는다. 나는 옛날에 그러한 사람이 있던 것을 듣고 있다. 지금은 그러한 사람을 꿈과 같은 이야기로 도저히 볼 수 없다.

〔拾遺〕『채근담』에 이런 말이 있습니다.

"온 세상에 알려질 만큼 큰 공로를 세웠다고 할지라도 스스로 그 일을 자랑한다면 아무런 가치가 없을 것이며, 하늘에 가득 찰 만큼 큰 죄를 지었더라도 진심으로 깊이 뉘우친다면 그 죄는 용서받을 수 있을 것이다蓋世功勞, 當不得一箇矜字. 彌天罪過, 當不得一箇悔字."

옛사람을 친구로 삼을 줄 알라

염계 주무서周茂叙와 낙양의 정명도 · 정이천에 의한 복고의 신유학은 실로 공자나 맹자를 근원으로 하고 있다. 이것을 이은 사람은 남송의 주회암朱晦庵, 紫陽이나 육상산금계金谿, 장남채張南軒 · 여조겸呂祖謙 등이다. 이들은 차이가 있지만 순연한 신유학이며 결코 평범한 학자들이 아니다. 원대에는 유정수劉靜修와 허노재許魯齋, 명대에는 오강재吳康齋 · 설경헌薛敬軒 · 왕양명王陽明 · 담감천湛甘泉 등이 대표적 학자이다. 이들은 각각 다른 곳이 있지만 모두 그 시대의 뛰어난 유학자들이다. 송학의 선조인 주렴계나 두 명의 정자정명도 · 정이천 형제에게 거슬러 올라가면 그 원류는 하나이다. 과거 천년 동안 유학자는 드문드문하고 단지 몇 명의 군자만 있으니 실로 외롭다. 나는 지금 이러한 옛사람들을 벗 삼는 것만으로 마음에 즐거움을 얻고 있다.

제3부

학문·전술·정치·치세·경영 등에 관한 수상을 292장으로 나누어 적었다.

『언지만록』 서序에 "덴포天保 9년1838년 67세 정월부터 가에이嘉永 2년 1849년 78세 2

월까지 썼다"라고 하였다. 대략 12년간 쓴 셈이다. 따로 존재하는 44조는 사토 잇

사이보다 네 살 연장자인 하야시 줏사이林逑齋의 일화와 행적 그리고 사토 잇사이

자신의 이력을 기록하고 있다.

언지만록

言志晚綠

서序

  한 조항씩 적은 원고가 세월과 함께 쌓이니 또 한 권의 책이 되었다. 이것을 편집하기에 즈음하여, 앞서의 두 권과는 다르지만 대체로 같은 것을 모으게 되었다. 이 권에 기술한 조항은 대부분 관직에 오른 이후와 관련이 있다. 이『언지만록』은 덴포天保 9년 1838년, 67세 정월부터 가에이嘉永 2년1849년, 78세 2월까지 쓴 것이다.

1

____

학문은 마음 심心 자, 정치는 마음 정情에 달려 있다

학문을 하는 데 가장 중요한 것은 '마음 심心' 자라는 하나의 글자에 있다. 자신의 마음을 똑똑히 헤아리고 다스리는 것을 '성인聖人의 학'이라고 한다. 나라를 다스림에 가장 주안점을 두어야 할 것은 '마음 정情'이라는 하나의 글자에 달려 있다. 인애의 정으로 사람들을 다스리는 것을 왕도王道라고 일컫는다. 왕도와 성인의 학은 하나이지 서로 다른 두 개가 아니다.

민영익 그림, 「묵란」, 19세기

4

정신수양은 바른 도리가
콸콸 쏟아져 나오는 물과 같다

정신수양에 대한 우리들의 공력은 자기 자신이 스스로의 마음을 찾고, 바라고, 몸소 체험하며 깨닫는 데 있다. 이리하여 바른 도리義理가 마치 콸콸 흘러나오는 물처럼 흐르고, 거기에 무언가가 존재하는 것과 같다. 그렇지만 그 근원이 어디에 있는지를 모르기 때문에 마치 아무것도 없는 것과 같다.

6

기가 안정되면 무슨 일에든 정직하다

바깥 세계가 어떠하든지 간에 마음은 늘 평안한 게 중요하다. 마음이 평정하면 마음의 안정을 자연스레 찾을 수가 있다. 이와 같이 기氣가 평온한 게 중요하다. 기가 안정되면 그 무슨 일이든 정직해진다.

〔拾遺〕『채근담』에 이런 말이 있습니다.

"어진 사람의 마음은 너그럽고 느긋하기 때문에 복이 두텁고 경사가 오래가며, 하는 일마다 너그럽고 느긋한 기상을 이룬다. 천박한 사람은 마음이 항상 급하고 좁기 때문에 복이 엷고 은택이 짧아 하는 일마다 엷고 짧은 모양을 이룬다 仁人心地寬舒, 便福厚而慶長, 事事成個寬舒氣象. 鄙夫念頭迫促, 便祿薄而澤短, 事事得個薄促規模."

7

마음의 진리는 하늘이 준 것임을 알아야 한다

사람들은 모두 우러러 보며 넓고도 푸른 게 하늘이고, 굽어보며 부드럽고 푹신푹신하게 끝없이 이어진 것이 땅임을 안다. 하지만 자신의 몸과 피부, 모발, 뼈 등이 땅에서 나오고 자신의 마음이 진리를 명명백백하게 깨닫는 것은 하늘로부터 온 것임을 모른다.

〔拾遺〕『채근담』에 이런 말이 있습니다.

"마음의 본체는 곧 하늘의 본체와 같다. 하나의 기쁜 생각은 빛나는 별이며 상서로운 구름이요, 하나의 노여운 생각은 진동하는 우레며 쏟아지는 비요, 하나의 자비로운 생각은 따뜻한 바람이며 달콤한 이슬이요, 하나의 엄한 생각은 뜨거운 햇빛이며 가을 서릿발이니, 그 어느 것인들 없어서 되는 것이랴. 다만 모름지기 때에 따라 일어나고 때에 따라 없어져서 훤하게 막힘이 없어야만, 문득 태허와 더불어 동체가 되리라 心體, 便是天體. 一念之喜, 景星慶雲. 一念之怒, 震雷暴雨. 一念之慈, 和風甘露, 一念之嚴, 烈日秋霜. 何者少得? 只要隨起隨滅, 廓然無碍, 便與太虛同體."

8

소극적인 자와 적극적인 자의 정신수양

성질이 침착하여 차분한 자는 정신수양을 할 때 특히 실제의 일에 부딪치며 심신을 단련하려는 노력을 하는 게 좋다. 성질이 쾌활해 침착하지 못한 자는 정좌에 의한 수양을 잊지 않고 하는 게 좋다. 전자는 동적이고 후자는 정적이지만 수양을 하는 데 동적인 면과 정적인 면, 즉 양면이 서로 다른 것은 아니다. 말하자면 병에 맞는 약을 처방하듯이 소극적인 자는 강한 실천력으로 그 결점을 메우고, 적극적인 자는 부드러움으로 그 결점을 고쳐나는 것이다.

〔拾遺〕 왕양명은 『전습록』 권하卷下에서 "사람이란 반드시 실제의 일에 부딪히며 정신수양의 공부를 해야만 이익이 있다. 만약 오직 고요히 앉아 정좌만 하는 것을 좋아한다면 실제의 일을 당하고도 곧 마음이 어지러워져서 끝내 아무런 진보도 없을 것이며 고요히 있을 적의 공부도 그릇되게 될 것이다. 그것은 마음을 거둬들이는 듯 보이지만 실은 제멋대로 놓아두어 타락시키는 것이다人須在事上磨煉做功夫, 乃有益. 若只好靜, 遇事便亂, 終無長進, 那靜時功夫, 亦差似收斂, 而實放溺也"라고 합니다.

왕양명은 주자학파가 정좌에 의한 내면적 수양만을 중시하는 경향을 비판하며 실제의 일들로도 심신을 단련해야 한다고 주장하고 있습니다. 동動: 실제의 일로 수양과 정靜: 정좌으로 내면 수양은 둘이 아니라 하나라는 말입니다.

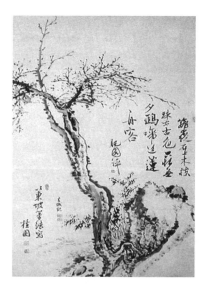

김홍도 그림, 「고목석죽도」, 18세기

9

성인과 일반인은 같기도 하고 다르기도 하다

공자가 자신에 대해서 "무언가에 의욕이 생기면 먹을 것도 잊어버린다"고 한 것은 공자의 뜻과 기운이 그만큼 왕성했다는 것을 말해준다. 또 "도를 즐기느라 근심을 잊어버린다"고 한 것은 공자의 심정이 얼마나 쾌활한지를 알게 해준다. 공자가 "늙음이 곧 다가오는 것도 알지 못한다"고 한 것은 공자가 이와 같이 자신의 천명을 알고 천도를 즐길 줄 알았던 것을 나타내준다. 이렇게 공자는 먹을 것도 잊고, 근심도 잊고, 늙음도 잊을 줄 알았기에 보통 사람들과 같지 않은 것 같지만, 또한 먹고, 걱정하고, 늙었으니 보통 사람들과 따로 다르지도 않았다.

　〔拾遺〕『논어』「술이」편 제18장에서 섭공葉公이 자로에게 공자에 대하여 물었는데, 자로가 대답하지 않았다고 하자, 공자께서는 이렇게 말씀하셨습니다.

　"너는 어째서 '그의 사람됨은 무언가에 의욕이 생기면 먹을 것도 잊고, 도를 즐기느라 근심을 잊고 늙음이 곧 다가오는 것도 알지 못한다'고 말하지 않았느냐?女奚不曰, 其爲人也, 發憤忘食, 樂以忘憂, 不知老之將至云爾."

12

사람 마음의 영묘함이
욕정을 적절하게 이끄는 나침반이다

인간의 마음, 그 영묘한 움직임은 세상사를 알게 하는 능력을 갖추고 있다. 이 지성이야말로 실로 영묘하고 불가사의한 빛이며, 이 마음의 영묘한 빛이 인간의 욕정을 적절하게 이끄는 나침반 역할을 하고 있다.

13

자신만의 등불을 찾아내라

어두운 밤길을 가는 데 초롱불 하나를 켜고 가면 아무리 어둡더라도 두려워하지 말라. 오로지 단 하나의 등불에 의지하더라도 좋다.

〔拾遺〕 사람이 살다 보면 어두운 밤과 같은 때를 만나지만 오로지 자신의 올바른 뜻과 삶의 방법을 하나의 초롱불처럼 굳게 믿는다면 걱정을 할 필요가 없다는 말이 아닐는지요. 일본 센고쿠戰國 시대의 명장, 오다 노부나가織田信長는 이런 말을 남겼다고 합니다.

"사람이 성城에 의지하면 성은 사람을 버리지 않는다人、城を賴らば、城、人を捨てん."

『논어』「자한」편 제29장에서 공자가 말하였습니다.

"함께 공부할 수 있는 사람이라도 함께 도道로 나아갈 수는 없고, 함께 도로 나아갈 수 있는 사람이라도 입장을 같이 할 수는 없으며, 입장을 같이 할 수 있는 사람이라도 상황에 따른 판단을 함께 할 수는 없다可與共學, 未可與適道; 可與適道, 未可與立; 可與立, 未可與權."

14

만물의 도리는 모두 내 안에 갖추어져 있다

『대학』은 "천하의 만물은 하나로서 도리를 갖추고 있지 않은 게 없다"라고 한다. 이 도리가 바로 인간의 마음에 존재하는 영성이다. 학문에 뜻을 둔 자는 우선 자기 자신에게 구비되어 있는 만물의 이치를 구명해야만 한다. 맹자는 『맹자』「진심상」편에서 "만물의 도리는 모두 자신의 본성에 갖추어져 있다. 그래서 자기 자신을 반성해 보고 자신의 본성에 갖추어져 있는 도리가 모두 성실하면 이보다 더 큰 즐거움은 없다"라고 말하였는데, 바로 이를 두고 한 말이다.

[拾遺] 『대학』은 또 "대개 사람의 신령스러운 마음은 모든 것을 알수 있고, 천하의 사물에는 모두 이치가 존재한다蓋人心之靈莫不有知, 而天下之物莫不有理"고 합니다.

15

윤리와 만물의 이치는 동일하다

윤리와 물리物理는 같은 도리이다. 우리의 유학은 인륜에 관한 학문이다. 곧바로 사람이 지켜야 할 질서와 도리를 연구하기 때문에 그 무슨 일일지라도 자신이 몸소 인륜을 실천하지 않으면 안 된다. 즉 이것이 물리이다.

16

인간은 시비선악의 구멍 안에 살고 있다

인간은 모두, 본디 선악의 구멍 안에서 하루하루를 살고 있다. 그런데 대부분은 일상의 세세한 일이며, 이해득실에 관한 일은 몇 가지에 지나지 않는다. 윤리와 도덕상의 문제가 걸린 진짜 시비선악에 관해서는 문제로 삼지 않는다. 그러나 학문에 뜻을 둔 자는 윤리상의 시비와 선악의 문제에 대해서는 반드시 스스로 궁리를 해보아야만 한다.

17

극기복례

탁수濁水 역시 물이다. 한 번 맑아지면 청수淸水가 된다. 객기客氣
도 역시 기다. 한 번 바뀌면 정기精氣가 된다. 이 객기를 물리치고
정기가 되게 하는 것은 극기복례, 즉 자신의 사사로운 욕심을 물
리치고 사람으로서 행해야 할 예법을 실천하는 것이다.

〔拾遺〕『논어』「안연顏淵」제1장에 극기복례克己復禮가 나옵니다.

안연이 인仁에 관하여 여쭙자, 공자께서 말씀하셨다.

"자기를 이겨내고 예禮로 돌아감이 인이다. 하루라도 자기를 이겨내고
예로 돌아가면 천하가 인에 귀의할 것이다. 인을 실천하는 것이야 자신에
게 달린 것이지 다른 사람에게 달린 것이겠느냐?"

안연이 여쭈었다. "그 구체적인 방법을 여쭙고자 합니다."

공자께서 말씀하셨다. "예가 아니면 보지 말고, 예가 아니면 듣지 말며,
예가 아니면 말하지 말고, 예가 아니면 거동하지 말라."

顏淵問仁, 子曰, 克己復禮爲仁. 一日克己復禮, 天下歸仁焉. 爲仁由己, 而
由人乎哉. 顏淵曰, 敢問其目. 子曰, 非禮勿視, 非禮勿聽, 非禮勿言, 非禮勿
動.

19

리理와 기氣

우주의 본체인 리理는 본래 형태가 없기 때문에 이름도 없을 것이다. 형태가 있어야 비로소 거기에 명칭이 붙여지는 것이다. 그러나 이미 '리'라고 하는 이름이 붙어 있기 때문에 '리'를 '기氣'라고 해도 지장이 없다. 그래서 오로지 본체를 가리키는 경우에는 형태가 된 이후 즉 형이하적形而下的, 현상적으로 이것을 '리'라고 이름 붙인다. 오로지 운용 면에서만 말하는 경우에는 형태가 있기 전에 즉 형이상적形而上的으로 이것을 '기'라고 이름 불러도 나쁘지 않다. 예컨대 맹자가 말한 호연지기라고 하는 것은 오로지 운용 면을 가리킨 것이다. 그것은 실은 우주의 근원인 태극이 만물을 창조하고 천지를 생성한 것으로 단지 하나의 성誠이 있을 뿐이다. 성의 본체가 '리'이며 그 운용이 '기'이다. 즉 성을 '기'의 근원이라고 하고, 이것은 또한 '리'이기도 하다.

〔拾遺〕『맹자』「공손추상」편에서 공손추가 맹자에게 "호연지기란 무엇인지요?"라고 묻자 맹자는 이렇게 대답했습니다.

"말하기가 어렵다. 그 기의 됨됨이는 지극히 크고 지극히 강한데, 올 곧음으로써 기르고 해치지 않는다면 하늘과 땅 사이를 가득 채우게 된다. 그 기의 됨됨이는 의義와 도道를 짝으로 삼기에 이것들이 없으면 위축되고 만다.

그것은 의가 쌓여서 생겨나는 것이지 우연히 한번 나의 어떤 행위가 의에 부합되었다고 해서 호연지기를 지니게 되는 것이 아니다. 행동하면서 마음에 흡족하지 않은 데가 있다면 이 호연지기는 위축되고 만다. 내가 고자는 아직 의에 대해서 모른다고 한 것은 그가 의를 사람의 마음 밖에 있다고 했기 때문이다.

반드시 의를 실천하는 일을 하되 결과에 집착하지 말아야 하고, 의를 실천해야 한다는 것을 마음에서 잊어서도 안 되지만 억지로 조장해서도 안 된다. 다음의 송나라 사람과 같이 해서는 안 된다. 송나라 사람 중에 곡식의 싹이 자라지 않는 것을 안타깝게 여겨 싹을 뽑아 올려준 자가 있었다. 그가 피로한 기색으로 집으로 돌아와서는 가족들에게 '오늘은 참 힘들었다. 내가 싹이 자라는 것을 도와주었다'고 했다. 그의 아들이 달려가서 보니 싹은 이미 시들어 버렸다.

천하에서 곡식이 자라나는 것을 조장하지 않는 사람이 적다. 호연지기를 기르는 것이 무익하다고 해서 내팽개치는 것은 김을 매지 않는 것과 같고, 호연지기를 억지로 조장하는 것은 싹을 뽑아 올려주는 것과 같다. 조장하면 무익할 뿐 아니라 또 해를 끼치게 된다."

22

공정함은 정치의 기본 원칙이다

나와 다른 이를 차별하지 않고 하나의 몸으로 똑같이 보는 게 인仁이다. 내가 만인에게 똑같이 공평한 인정을 베풀고 공정한 일 처리를 하면 천하 사람들은 이에 따르지 않을 수 없다. 천하가 잘 다스려지는가 그렇지 않은가는 바로 이 공평과 불공평에 달려 있다. 주자가 말하기를 "자신에게 공평한 사람은 다른 이에게도 공평하다"고 하였다. 정이천程伊川은 또 "공평하게 행해지는 보편적인 진리가 인이다"고 말했다. 여요余姚: 왕양명 역시도 "넓게 사랑하는 박애의 마음이 공평하게 사랑하는 마음이다"라고 말했다. 이들의 말을 종합해 궁리하면 공사公事를 처리하는 게 무엇인지 알 것이다.

〔**拾遺**〕춘추전국시대를 끝내고 진秦나라가 천하를 통일하는 데 큰 공을 세운 진나라의 재상 여불위呂不韋가 편찬한 『여씨춘추呂氏春秋』「귀공貴公」편에 다음과 같은 구절이 나옵니다.

"옛날에 성왕들이 천하를 다스릴 때는 항상 무엇보다도 먼저 공정함을 앞세웠다. 공정해지면 천하가 평화로워지니, 평화는 공정함에서 얻어진다. 천하는 한 사람의 천하가 아니라 천하의 천하이다. 음양의 조화는 한 종류만을 잘 기르기 위한 것이 아니고 때에 맞게 내리는 이슬과 비는 한 생명만을 위한 것이 아니다. 만민의 주인은 한 사람만을 위하지 않는다. 천지는 크다. 만물은 모두 그 은택을 입고 그 이로움을 얻는다 昔, 先聖王之治天下也, 必先公. 公則天下平矣, 平得于公. 天下非一人之天下也, 天下之天下也. 陰陽之和, 不長一類, 甘露時雨, 不私一物, 萬民之主, 不阿一人. 天地大矣. 萬物皆被其澤, 得其利."

「공자성적도」 중에서, '소정요를 처형시키다.'

24

허심탄회하게 각각의 장점을 취하면 그것이 실학이다

"주자周子, 주렴계가 "정靜을 주로 한다"라고 한 것은 사욕을 극복해 망동을 조심하고 마음의 조용한 본체를 지키는 것을 말함이다. 주렴계가 『태극도설太極圖說』에서 "무욕無欲하므로 정靜을 이룰 수 있다"고 하였는데, 이는 마음의 본체를 난삽하게 하는 욕망을 없애고 그 본성을 지키면 자연스럽게 고요함을 얻을 수 있다는 것이다. 정백자程伯子, 정명도는 이를 좇아 사람의 욕망을 없앨 때는 "마음이 곧 천리心卽天理" 즉 '마음心이 이理고 이理가 곧 마음'이라고 하였다. 정숙자程叔子, 정이천는 수양의 방법으로 거경居敬과 궁리窮理를 말했는데, 그 경이란 주일무적主一無適, 마음을 하나로 모으고 다른 것이 들어오지 못하게 함하면 자연적으로 천리가 명확해진다는 것이다. 이 정숙자의 지경持敬의 공부도 또한 여기에 있다. 남송의 주자朱子, 주희나 육상산陸象山 등의 유학자가 각각 독창적인 견해를 가지고 있지만, 결국 주자周子의 학설 범위 내에 머무르고 있다. 그런데 명대의 유학자가 주자파朱子派, 주자학 혹은 성리학와 육자파陸子派, 양명학로 나누어져 원수처럼 논쟁하기에 이른 것은 무엇을 위함인가? 지금의 학자는 허심탄회하게 각각의 장점을 취하면 그것으로 족하다.

25

학문에는 순서가 있다

학문에는 순서가 있다. 흡사 활을 손에 들고 화살을 끼운 후 보름달처럼 당기어 화살을 쏘는 것과 같다. 곧바로 목표에 꽂히기를 바라는 것은 마치 활의 과녁을 걸어놓으면 화살이 반드시 명중하기를 바라는 마음과 같다.

〔拾遺〕『중용』에 다음과 같은 구절이 있습니다.

공자가 다음과 같이 말씀하셨다.
"활쏘기는 군자가 자신의 행동을 되돌아볼 때와 유사하다. 활을 쏘아서 정곡을 맞추지 못하면 돌이켜 그 자신에게서 원인을 찾아야 한다."
射有似乎君子, 失諸正鵠, 反求其身.

31

덕성을 높이는 것과 학문은
같은 길을 왕래하는 것이다

사람이 본래 지닌 덕성을 존중해야만 한다. 이 덕성을 높여 발휘하게 하는 게 학문이다. 학문을 한다는 것은 본래 지닌 덕성을 존중하는 것이다. 우선 중요한 것은 참된 앎을 얻는 것이다. 참된 앎을 얻으면 실제의 효과를 보게 될 것이다. 이래서 학문을 한다는 것과 덕성을 높이는 것은 같은 길을 왕래하고 있는 것에 불과하다.

〔拾遺〕『중용』에 다음과 같은 구절이 있습니다.

군자는 덕성을 높이고 묻고 배우는 것을 계기로 삼으니, 광대함을 지극하게 하고 정미함을 다 드러내며, 높고 밝음을 지극하게 하고 중용을 따른다. 옛 것을 익히고 새로운 것을 알며, 예를 숭상하여 후덕함을 돈독히 한다.

君子尊德性而道問學, 致廣大而盡精微, 極高明而道中庸. 溫故而知新, 敦厚以崇禮

40

스승은 사물의 그림자나 메아리가
되어서는 안 된다

옛날의 학자는 스스로 '덕을 세워立德' 남을 가르치고 세상을 인도하는 스승이었다. 스승은 존엄한 사람이며 스승이 말하는 길도 자연스럽게 존엄한 것이 되었다. 그런데 지금의 학자는 말만 앞세우며 말로만 남을 가르친다. 하물며 그 말이 덕으로부터 나온 것이 아니고 결국 '진짜' 사물의 그림자나 메아리에 지나지 않기 때문에 존엄한 곳이 있을래야 있을 리가 없다. 이를 스스로 반성하지 않으면 안 된다.

〔拾遺〕『좌전左傳』 '양공襄公 24년'에 "가장 좋은 것은 큰 덕을 세움이고 그 다음은 큰 공을 세움이며 그 다음은 훌륭한 말을 남겨두는 것이다大上有立德, 其次有立功, 其次有立言"라고 하였습니다.

『예기』「학기學記」편에서 "무릇 학문을 함에는 먼저 스승을 존엄하게 생각해야 하며 스승이 존엄해진 연후에야 학문을 하는 게 존엄해지고, 학문을 하는 것이 존엄해진 연후에야 사람들이 학문을 존중해야 하는 것임을 알게 된다凡學之道, 嚴師爲難, 師嚴然後, 道尊, 道尊然後, 民知敬學"고 하였습니다.

45

역경은 성^性, 시경은 정^情, 서경은 심^心의 주석이다

『역경』은 하늘로부터 주어진 사람의 본성, 달리 말해 인간에게 내재한 천성 즉 '성^性'이라는 글자의 주석인 것 같다. 『시경』은 "생각함에 사악함이 없는^{思無邪}" 정서를 노래하기에 '정^情'이라는 글자의 주석 같다. 『서경』은 인간의 심리를 추적하고 있기에 '심^心' 자라는 글자의 주석 같다.

목이 멘다고 음식을 먹지 않을 수는 없다

시가와 문장을 짓는 것은 하나의 예藝다. 이것을 선용하면 정신 수양의 학문으로 유익하다. 하지만 이것을 탐닉해 마음의 뜻志을 잃어버리는 병이 들면, "목이 멘다고 음식을 먹지 않는 꼴因噎廢食"에 다름 아니다.

〔拾遺〕『여씨춘추』「탕병蕩兵」편에 다음과 같은 글귀가 있습니다.

"어떤 사람이 음식을 먹다가 목구멍에 걸려 죽었다고 천하의 모든 음식을 없애는 것은 어리석은 짓이다. 어떤 사람이 배를 타다 물에 빠져 죽었다고 천하의 모든 배를 다 없애는 것은 어리석은 짓이다. 어떤 사람이 병사를 일으켰다가 그 나라를 망하게 했다고 천하의 군대를 없애는 것은 어리석은 짓이다. 군대를 없앨 수는 없는데 가령 물과 불처럼 잘 쓰면 복이요, 잘못 다스리면 재앙이 되는 것과 같다. 마치 좋은 약은 사람을 살리고 나쁜 약은 사람을 죽이는 것과 마찬가지다有以噎死者, 欲禁天下之食, 悖. 有以乘舟死者, 欲禁天下之船, 悖; 有以用兵喪其國者, 欲偃天下之兵, 悖. 夫兵不可偃也, 譬之若水火然, 善用之則爲福, 不能用之則爲禍; 若用藥者然, 得良藥則活人, 得惡藥則殺人."

문장은 성실함을 다해야 하니
그 사람됨을 헤아릴 수가 있다

문장에 의해 그 사람됨을 볼 수가 있다. 더구나 후세에까지 남
겨지기에 문장을 쓸 때는 '성실함誠'이 최고의 안목임을 잊지 말
아야 한다.

〔拾遺〕 '수사입성修辭立誠' 즉 "문장을 쓸 때는 성실해야 한다"고 한
말은 다음처럼 『역경』「문언전文言傳」에 보입니다.

"공자가 말하기를, 군자가 덕을 행하고 공업功業을 닦으니, 충실하고
미덥게 함이 덕을 행하는 것이요, 문장을 쓸 때는 그 성실함을 다함이
공업을 이루는 것이다. 지극함을 알아 지극하게 하는지라 사물의 기미
를 파악하며, 끝을 알아서 마치는지라 의로움을 간직한다. 이런 까닭
에 윗자리에 올라도 교만하지 아니하며, 아랫자리에 있어도 근심하지
아니하나니, 그러므로 굳세고 굳세어서 그때에 따라 두려워하면 비록
위태로우나 허물이 없으리라子曰: 君子進德脩業, 忠信, 所以進德也. 脩辭立其誠,
所以居業也. 知至至之, 可與幾也. 知終終之, 可與存義也. 是故居上位而不驕, 在下位而不憂,
故乾乾因其時而惕, 雖危無咎矣."

54

화는 복에 의지해 있고,
복은 화가 엎드려 있는 것이다

이 우주 간에는 하나의 기가 끊임없이 순환하고 있다. 먼저 열린 것은 나중에 반드시 결합하고, 오랫동안 지속된 것은 반드시 변화하고, 억제하면 반드시 올라가고, 막히면 반드시 통 하게 된다. 이처럼 우주 간의 기는 반드시 흥하거나 쇠하는데, 『노자老子』에서 "화는 복에 의지해 있고, 복은 화가 엎드려 있다禍兮福之所倚 福兮禍之所伏"라고 한 것과 마찬가지로 기복을 반복하고 있다. 이것은 마치 한 편의 좋은 문장과 같다.

57

마음이 나^我라는 배의 키이다

옛사람이 각자 스스로 깨닫고 얻은 점을 세상에 남긴 것은 좋은 일이다. 단지 자득의 방법이 따로따로 차이가 나므로 후세의 사람이 이것을 잘 체득할 수 없다. 그래서 각자가 영향을 받은 것에 치우치고 그 하나를 취해 무슨, 무슨 '주의主義'화를 하는 탓에 결국 여러 가지 폐해를 일으키게 된다. 나는 그것을 체득해 하나의 종파로 세우거나 혹은 하나의 명목을 세우거나 하고 싶지 않다. 생각건대 명목을 세우지 않은 것이 바로 나의 종파이다. 사람들이 혹시 이를 비평하며, "그러면 마치 키가 없는 배와 같으므로 다다라야 하는 항구를 모른다"고 할지 모른다. 나는 "나의 마음이 키이므로 그 힘을 쓰는 것은 각자가 자득하는 데 따라 다르고 결코 같을 필요도 없다"고 생각한다. 하나의 일에 집착해 다른 백가지의 일이 막혀버렸다면, 오히려 이거야말로 배가 다다라야 할 목적지를 잃어버린 꼴이다.

58

공자 제자들은 실천궁행의 명사들이었다

공자의 제자 중에서 안회와 중궁은 덕행이 제일이라서 공자의
가르침을 평생 동안 지키며 실천하였다고 한다. 자장은 스승의
가르침을 예복의 띠에 적어 두었다. 자로는 스승이 말씀하신 『시
경』의 말을 평생 동안 잊지 않고 암송하였다고 한다. 이와 같이
공자의 제자들은 하나든 둘이든 중요한 말은 꼭 마음에 새기고
잊어버리지 않도록 노력했다. 이는 정말로 빈틈없고 정성스럽고
두터운 정이라고 할 수 있다. 후세에 학문에 뜻을 둔 자들이 보여
주는 것과는 완전히 다른 정취이다.

〔**拾遺**〕『논어』「안연」편 제1장에서 안연이 인仁과 인을 실천하는 방
법을 관하여 여쭙자, 공자는 "자기를 이겨내고 예禮로 돌아감이 인"이
니 "예가 아니면 보지 말고, 예가 아니면 듣지 말며, 예가 아니면 말하
지 말고, 예가 아니면 거동하지 말라"고 하자 안연이 이렇게 말하였습
니다.

"제가 비록 총명하지는 못하오나, 이 말씀을 명심하고 실천하겠습니
다回雖不敏, 請事斯語矣."

『논어』「안연」편 제2장에서 중궁이 인에 대하여 여쭙자, 공자는 "집 밖에 나가서는 큰 손님을 뵌 듯이 하고, 백성을 부릴 때는 큰 제사를 모시듯 하며, 자신이 원하지 않는 바를 남에게 시키지 말라. 이렇게 하면 나라에서도 원망을 하는 이가 없고, 집안에서도 원망하는 이가 없을 것이다"라고 말씀하셨습니다. 그러자 중궁이 "제가 비록 총명하지는 못하오나, 이 말씀을 명심하고 실천하겠습니다"라고 말했습니다.

『논어』「위령공」편 제5장에서 자장子張이 어떻게 처세하면 세상에서 뜻을 펼칠 수 있는가에 대하여 여쭙자 공자는 "말이 충성스럽고, 믿음을 다하며 행동이 도탑고 경건하면 비록 오랑캐의 나라에서도 뜻을 이룬다. 말이 충성스럽지 못하고 신뢰가 없으며 행동이 돈후하지 않고 경건하지 않다면 비록 고향인들 뜻을 이룰 수 있겠는가?"라고 말씀하셨습니다. 자장은 예복의 띠에 이 말씀을 적어 두었다고 합니다.

『논어』「자한」편 제26장에서 공자가 "해진 솜옷을 입고서 여우나 담비 털가죽 옷을 입은 사람과 같이 서 있어도 부끄러워하지 않을 사람이 바로 유로다!"라고 말하자, 자로는 '남을 해치지도 않고 남의 것을 탐내지도 않으니 어찌 훌륭하지 않은가?' 라는 시의 한 구절을 자로가 평생 외우고 다니겠다고 하였습니다.

59

의심은 깨달음의 어머니이다

나는 소년 시절에 학문에 대해 많은 의문을 품고 있었다. 중년
이 되어도 마찬가지였다. 하나의 의문이 꼬리를 물 때마다 내 자
신의 학문에 대한 견해나 생각이 조금씩 바뀌어 왔다. 그것은 학
문이 조금씩 앞으로 나아감을 스스로 깨달아 온 것이다. 그런데
근년 대략 70세에 이르니, 조금이라도 의심하는 마음이 생기지
않고 게다가 학문도 진보함을 스스로 깨닫지 못하고 있는 실정
이 되어버렸다. 이에 비로소 백사선생^{白沙先生}, 명나라의 성명^{性命} 학자
진헌장^{陳獻章}이 말한 "사물을 의심하는 것은 깨달음을 얻을 기회
다^{疑者, 覺悟之機也}"라는 명언을 신봉하게 되었다. 성인의 도는 무궁
무진하고, 배움도 또한 무궁무진하다. 지금 나는 비록 늙어가고
있지만 한층 더 분발하고 노력해야만 하지 않은가.

60

삼학계 三學成

소년 시절에 배워두면 장년에 도움이 되어 무언가를 이룰 수 있다. 장년에 배워두면 늙어서도 기력이 쇠하지 않는다. 노년에 배워두면 죽어서도 그 이름이 스러지지 않는다.

〔拾遺〕이 조항은 2001년 5월 고이즈미 전 총리가 교육 관련 법안을 중의원에서 심의하면서 인용한 걸로 유명합니다. 또 2001년 12월 27일 고이즈미 내각이 발행하던 〈메일매거진〉 28호에서 고이즈미 전 총리가 「1년을 되돌아보며」라는 글에서 이 조항을 인용하기도 했습니다.

『순자』「권학」편은 "나무는 먹줄을 그어야 바르고, 쇠는 숫돌에 갈아야 예리해진다木受繩則直, 金就礪則利"라고 하였습니다. 배워야 훌륭한 사람으로 자란다는 것입니다. 또 주자의 『근사록近思錄』「위학爲學」편은 "배우지 않으면 곧 늙고 쇠약해진다不學, 便老而衰"라고 했습니다.

미국 시인 사무엘 울만Samuel Ullman, 1840-1924년의 「청춘Youth」이란 시도 염두해 둘 만합니다.

청춘

청춘은 인생의 한 시기가 아니다.

청춘이란 마음가짐에 있다.

청춘은 장밋빛 볼에 붉은 입술, 그리고 부드러운 무릎에 있지 않으니

씩씩한 의지와 풍부한 상상력, 뜨거운 열정 이것이야말로 바로 청춘이다.

청춘이란 인생의 깊은 샘에서 쉼 없이 솟구치는 신선함.

청춘이란

두려움을 물리치는 용기,

안일한 삶을 거부하는 모험심.

이런 마음에 든 60세 노인이야말로 20세 청년보다 더욱 청춘에 살고 있
으니

사람은 나이로 늙지 않고 꿈과 희망을 잃을 때 비로소 늙어진다.

세월이 흘러 피부에 하나 둘 주름살이 패일지라도 열정으로 가득 찬 영
혼은 결코 주름지지 않는다.

걱정, 의심, 좌절, 두려움 그리고 절망 이것들이야말로 기력을 쇠하게 하
고 정신을 썩어지게 하는 것.

60세든 16세든 인간의 가슴 속에는

경이에 이끌리는 마음

미지에 대한 아이 같은 왕성한 호기심

인생에 대한 흥미로움과 기쁨이 내재한다.

당신과 나의 심장 깊숙이 자리한 마음의 눈에는

보이지 않는 영혼의 무선국無線國이 굳게 자리하니

타인과 조물주로부터 아름다움, 소망, 환희, 용기, 영감을 받는 한 당신은 언제나 청춘이다.

영혼의 교감이 끊기고

당신의 정신에 냉소의 폭설이 내리고 비관의 차가운 얼음으로 뒤덮일 때,

바로 그때는 20대일지라도 인간은 늙어지며

고개를 들어 긍정의 전파를 수신하는 순간엔 비록 80세일지라도 청춘으로 남으리.

청춘은 인생의 한 시기가 아니다.

청춘은 마음가짐이다.

청춘, 청춘이란 왕성한 호기심, 풍부한 상상력, 넘치는 감수성.

63

수양의 가로축만으로는 얄팍해질 수가 있다

내면적으로 마음의 본성을 닦는 것은 수양의 세로축이며, 외면적으로 책을 읽는 것은 수양의 가로축이다. 수양의 세로축으로는 깊은 도리를 깨닫는 경지에 이를 수 있지만, 수양의 가로축으로는 얄팍하거나 지나치게 넘쳐흘러 참된 자신을 찾을 수가 없다.

66

큰 인물의 도구로만 쓰인다면 부끄러운 일이다

대략 사람이 학문을 할 때를 즈음하여 높고 큰 곳을 따르면 큰
인물이 되고, 세세하고 시시하고 작은 곳만을 따르면 작은 인물
이 된다. 요즈음 독서인은 까다롭고 번거로운 자구의 고증이나
자질구레한 것을 해 자신이 평생 이루어야 할 일을 멈추고 만다.
한탄스러운 일이다. 여기에 한 명의 큰 인물이 작은 인물에게 이
렇게 말하고 있다. "사람은 제각기 특유의 재능을 갖추고 있기에
마치 도구나 기계가 각각 특수한 용도에 따라 쓰이듯이, 사람도
그 능력에 따라 쓸 수가 있다. 그래서 한 사람으로 하여금 장점을
충분히 살리도록 하여 그 결과를 자신이 이용하면 자신은 고생을
하지 않고 그 사람도 자신의 능력을 십분 발휘할 수가 있다. 그러
면 둘 다 얻는 게 있지 않은가?" 다른 큰 인물로부터 자신이 일종
의 도구나 기계로서 쓰이는 한 명의 동료로서 다루어진다고 한다
면, 학문에 뜻을 둔 자로서 어찌 부끄럽지 않겠는가?

뜻은 높게, 몸은 낮게 하라

뜻이 남보다 높은 것은 결코 우쭐대는 오만함이 아니다. 또한 자신의 몸을 처신함에 남의 뒤에 있는 것을 불평하지 않는 게 보기 흉한 것은 아니다.

강세황 그림, 「벽오청옥도」, 18세기

공자의 마음과 언동은 어떠했을까를 추측해 보라

성인의 마음은 평생의 말씨나 용모·태도 등에 나타나고 게다가 장소나 만나는 사람에 따라 각각 다르다. 공자가 젊을 무렵 '창고를 관리하는 회계관委吏'이나 '왕의 동산을 관리하는 목축관乘田'이었을 때, 그가 속한 상관에게 어떤 태도를 하셨는가는 아직 모른다. 공자의 평생의 행동거지와 언어와 의복과 음식을 기록한 『논어』「향당鄕黨」편에도 실려 있지 않다. 학자들은 이 점을 잘 헤아려보아야 한다. 혹은 '평생 온화하고 싱글벙글하셨지만 막상 상관을 향해서는 엄격하게 충고해 바로잡았을 것'이라고도 추측되지 않은가?

〔拾遺〕『맹자』「만장하萬章下」편에 공자의 행동에 대한 이야기가 나옵니다.

"공자께서 일찍이 '창고를 관리하는 회계관委吏'을 맡아서는 '회계를 정당하게 할 뿐이다'고 하셨고, '왕의 동산을 관리하는 목축관乘田'을 맡아서는 '소와 양을 무럭무럭 자라게 할 뿐이다'고 하셨다孔子嘗爲委吏矣, 曰'會計當而已矣'. 嘗爲乘田矣, 曰'牛羊茁壯, 長而已矣'."

73

깨달음이란 상대의 마음을 헤아리는 것이다

눈으로 본 것은 입으로 잘 설명할 수 있고, 귀로 들은 것도 입으로 잘 설명할 수 있다. 하지만 스스로의 마음으로 깨달은 것은 입으로 설명하기가 매우 어렵다. 설령 설명할 수 있다손 치더라도 그것은 아주 일부분에 멈추고 만다. 그래서 학문에 뜻을 둔 사람은 자신의 마음으로 상대의 마음을 헤아리며 깨달아야 한다.

74

독서와 정좌

나는 독서와 정좌를 동시에 하려는 시도를 해보았다. 경서를 읽을 때에는 조용하고 편안하게 정좌를 한 채 책을 열고 쭉 훑어보며 하나의 세상사, 하나의 도리를 반드시 마음속으로 궁리하고자 하면 무언중에 마음과 책이 서로 통함을 자주 터득할 수 있다. 이런 경우가 완전한 무욕이다. 즉 사념을 떠난 채 오로지 마음이 조용해지는 '주정主靜'의 상태인 것이다. 그래서 주자朱子처럼 반나절 정좌, 반나절 독서라고 하는 노력을 반드시 할 필요는 없는 것 같다.

76

경서는 자신의 일처럼 여기며 마음으로 읽어라

경서를 읽을 때는 자신의 마음으로 경서의 참뜻을 읽어야 한다. 또 경서의 참뜻을 자신의 마음으로 해석하는 게 좋다. 그렇지 않고 제멋대로 문자의 뜻과 해석만을 하면 평생을 거쳐도 경서를 읽지 않는 것과 같다.

〔拾遺〕 주희는 『소학小學』에서 정이천이 말한 다음 말을 인용하며 『논어』에 기록되어 있는 일을 자신의 일인 것처럼 생각하고 마음으로 읽어야 자연스레 깨달음이 있을 거라 합니다.

"『논어』를 읽는 자는 다만 『논어』 안에서 제자가 질문한 것을 자기의 질문으로 삼으며, 성인^{공자}이 대답한 것을 자신이 지금 귀로 들은 것으로 삼으면 자연히 깨달음이 있을 것이다讀論語者, 但將弟子問處, 便作己問, 將聖人答處, 便昨今日耳聞, 自然有得."

79

배꼽 밑 단전丹田에 힘을 주어라

사람의 몸에서 배꼽은 기운과 활동의 근원인 기를 받는 꼭짓점이다. 생기가 넘치는 양기는 이 배꼽으로부터 발동한다. 따라서 기를 배꼽 밑에 모으고 배꼽 위는 힘을 빼는 게 좋다. 호흡은 배꼽 위와 서로 통하고 근육의 힘은 배꼽 아래의 단전丹田, 배꼽에서 6센티미터 떨어진 곳로부터 나오게 하며 몸을 움직이는 게 좋다. 세상사를 생각하거나 이루거나 하는 일도 모두 여기에 근원을 두고 있다. 모든 기능 역시도 모두 배꼽 아래, 즉 단전에 바탕을 두고 있다.

참된 자신을 알기 위해서는
망아의 경지에 서봐야 한다

어두운 밤에 정좌를 하고 있는 자는 망아의 경지가 되고, 참된
자신을 알 수가 있다. 밝은 낮에 보행을 하는 자는 자신의 모습이
나 그림자를 분명히 판별할 수 있지만 한밤중에 정좌 하는 사람
과 달리 자신의 본심과 본성을 잊고 살 수가 있다.

83

양지와 양능

천의에 의해서 느끼는 것은 특별히 생각하지 않아도 자연스럽게 아는 능력인 양지良知다. 천의에 의해서 움직이는 것은 특별히 배우지 않아도 자연스럽게 잘 하는 능력인 양능良能이다.

〔拾遺〕『맹자』「진심상」편에서 맹자가 말했습니다.

"사람이 배우지 않아도 저절로 잘하는 것은 타고난 능력 즉 양능良能이고, 배우지 않아도 저절로 아는 것은 타고난 양지良知이다. 두세 살 난 어린아이라도 어버이를 사랑할 줄 모르는 사람이 없고, 성장해서는 형을 공경할 줄 모르는 사람이 없다. 어버이를 친애하는 것이 인이고, 윗사람을 공경하는 것은 의이다. 그렇게 할 수 있는 것은 다른 이유 때문이 아니라 모든 사람들이 인과 의를 보편적으로 지니고 있기 때문이다 人之所不學而能者，其良能也；所不慮而知者，其良知也．孩提之童，無不知愛其親者；及其長也，無不知敬其兄也．親親，仁也；敬長，義也．無他，達之天下也."

420

85

——

수양은 저잣거리에서도 이룰 수 있다

지극한 고요함靜을 지극한 움직임動 속에서도 얻을 수 있다는 것을 알아야 하는 게 마음을 다스리는 방법이다. 명대의 학자 여경야呂涇野는 "수양은 반드시 고요한 산림이 아니어도, 소란스러운 저잣거리에서도 이룰 수 있다"고 했는데 정말로 이 말 그대로이다.

난세에는 나라를 위하는 것이 쉽지만
치세에는 어렵다

난세에 나라를 위해서 몸을 바치는 것은 어려운 일이 아니지만, 태평성대의 치세에 나라를 위해 멸사봉공하는 것은 어려운 일이다.

「공자성적도」 중에서, '진나라에서 환란을 겪다.'

92

___

모난 돌이 정을 맞는다

옛사람이 말하기를 '영기英氣는 일을 망칠 수가 있다'라고 하였다. 그러나 나는 '뛰어난 기상은 없으면 안 되는 것'이라고 생각한다. 단지 모난 언동은 정을 맞는다.

〔拾遺〕『맹자집주』「맹자서설」에서 정자程子는 "맹자에게는 얼마만큼의 영기가 있어 그 바탕에 영기가 있으면 모가 나기 마련이므로 영기는 일을 심하게 망칠 수가 있다孟子有些英氣, 纔有英氣, 便有圭角, 英氣甚害事"고 말했습니다.

93

검술의 도와 학문의 도는 서로 통한다

검술과 창술 시합에서는 비겁한 마음에 기대는 자도 패하고, 용기에 기대는 자도 패한다. 용기와 비겁함이라고 하는 생각을 하나의 고요함 속에서 융합하고 승패를 하나의 움직임 속에서 잊어버려야, 거치적거리는 것이 없는 공空의 마음으로 움직임을 자연스러운 하늘의 뜻에 맡겨야 한다. 이러한 고요한 속의 움직임靜中動은 흡사 땅의 적막함과 같이 사물이 오면 자연스레 그것에 순응을 하는 것이다. 그러면 반드시 승리를 한다. 마음을 수양하는 학문도 이것에 다름 아니다.

〔拾遺〕 검성劍聖 미야모토 무사시宮本武藏는『오륜서五輪書』에서 다음과 같이 말하였습니다.

"이치를 얻고 나서 그 이치를 버리는 것이 병법의 도이다. 저절로 그러함에는 자유가 있으니, 저절로 그러하면 신묘한 기술을 얻는다. 적의 동작을 알아채고 자연스럽게 치면 자연스럽게 명중한다. 이것이 모두 공空의 도이다."

94

부드러움과 강함이 자신을 지키는 견고한 성이다

부드러움 속에 강함을 지니고 강함 속에 부드러움을 숨겨라.
이렇게 부드러움과 강함을 겸비하는 것이 자신을 지키는 견고한
성이다.

이정 그림, 「묵란도」, 17세기

98

사리사욕이 없으면 정의와 용기를 지닌 사람이 된다

사람은 무아의 경지일 때 자신의 몸을 잊어버리기 때문에 정의감이 존재한다. 또한 사람에게 물욕이 없으면 안중에 자신이라는 사람이 없으므로 용기가 생긴다.

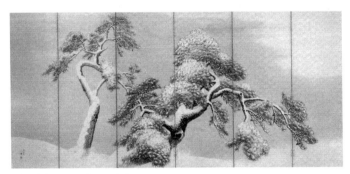

마루야마 오쿄 그림, 18세기

99

욕심이 없으면 용기가 생긴다

스스로의 양심에 아무런 거리낌이 없으면 무아의 경지다. 설령 천만인의 상대가 있다손 쳐도, 자신은 혼자서라도 가는 때는 용기가 있는 때로 그 어떤 부귀도 위세도 안중에 없기에 무욕의 경지이다.

〔拾遺〕『맹자』「공손추상」편에 이런 대목이 나옵니다.

옛날에 증자가 제자인 자양에게 말했다.

"그대는 용기를 좋아하는가? 나는 용기에 대해서 선생님께 들은 적이 있다. 스스로를 돌이켜보아서 옳지 않다면 누더기를 걸친 비천한 사람에 대해서도 두려움을 느끼게 될 것이고, 스스로를 돌이켜보아서 옳다면 천군만마가 쳐들어와도 나아가 용감하게 대적할 수 있다."

昔者曾子謂子襄曰, 子好勇乎? 吾嘗聞大勇於夫子矣: 自反而不縮, 雖褐寬博, 吾不惴焉; 自反而縮, 雖千萬人, 吾往矣.

103

적을 알기는 쉬워도 나를 알기는 어렵다

『손자병법』「모공謀攻」편에서 손자는 적을 알고 나를 알면 백전 백승이라고 하였다. 적을 아는 것은 어려운 듯하지만 쉽고, 나를 아는 것은 쉬운 듯하나 어렵다.

〔**拾遺**〕 왕양명은 "산 속의 도적은 깨트리기 쉬우나 마음속의 도적은 깨트리기 어렵다破山中賊易, 破心中賊難"라고 하였지요.

105

전쟁에서는 인심과 군율에 주의하라

전쟁에서 무기에 의존하지 말라. 인심人心의 화합에 의지해야만 한다. 또 군세의 많고 적음에 연연해하지 말고 군율의 강함에 주의하라.

〔拾遺〕『역경』「사괘師卦」는 "군대가 출동할 때는 규율에 맞게 해야 하니 그렇지 않으면 승리하더라도 흉할 것이다師出以律, 否藏凶" 라고 합니다.

맹자는 『맹자』「공손추하」편에서 이렇게 말했습니다.

"천시天時: 하늘의 때는 땅의 이로움보다 못하고 땅의 이로움은 사람 사이의 화합보다 못하다. …… 어진 정치의 도를 얻은 사람에게는 도와주는 자가 많고 어진 정치의 도를 잃은 사람에게는 도와주는 자가 적은 법이다. …… 고로 군자는 잘 싸우지 않지만 이기게 마련이다天時不如地利, 地利不如人和 …… 得道者多助, 失道者寡助. ……故君子有不戰, 戰必勝矣."

111

땅의 도와 하늘의 도를 말하는 게 가능하다

땅의 도를 은밀히 알고 있는 자는 무력으로 나라를 다스리는 게 바른 길이라고 말하는 게 가능하고, 하늘의 도 그 깊은 뜻을 끝까지 알고자 하는 이는 덕을 근본으로 하는 게 바른 길이라는 걸 말할 수 있다.

「공자성적도」 중에서, '공자가 태어난 날, 두 마리의 용과 다섯 신선이 내려오다.'

112

사물은 반드시 상대적이다

천지간의 일은 단순하지 않고 반드시 상대적이다. 각각 서로 상대적으로 서로를 견고하게 받쳐주고 있다. 좋은 상대도 나쁜 상대도 서로 각각의 도움을 주고 있다. 이 이치를 잘 궁리해 보아야만 한다.

〔拾遺〕『장자』의 「제물론」에 나오는 다음 글을 읽어보면 미와 추, 선과 악, 참과 거짓 등에 대한 사람의 인식은 절대적으로 신뢰할 만한 것이 아니라, 단지 '상대적인 견해'에 불과함을 알 수가 있습니다.

"암원숭이는 긴팔원숭이가 짝으로 삼고, 순록은 사슴과 교배하며, 미꾸라지는 물고기와 논다. 여희는 사람마다 미인이라고 하지만, 물고기는 그를 보면 물속 깊이 숨고, 새는 그를 보면 하늘 높이 날아오르며, 순록은 그를 보면 기운껏 달아난다. 이 넷 중 어느 쪽이 이 세상의 진짜 아름다움을 알고 있을까."

중국 고대의 절세미인 여희는 사람이라면 누구나 호감을 갖게 마련이지만 동물 처지에서는 피해야 할 대상인 것이지요. 그래서 장자는 또 「제물론」에서 "오리의 다리가 짧다고 늘리지 말고, 학의 다리가 길다고 자르지 마라鳧脛雖短, 續之則憂, 鶴脛雖長, 斷之則悲"고 합니다.

113

지도자는 유비무환의 정신을 잊지 말아야 한다

영웅호걸은 비범한 인물로 원래 좀처럼 세상에 나타나지 않는 법이다. 그렇지만 비범한 인물이어도 낮은 위치에 파묻히게 되어 그 뜻을 좀처럼 펼칠 기회를 얻지 못하다면 재능을 충분히 발휘할 수가 없다. 다행히도 훌륭한 지위를 얻어 원대한 계획을 세워 큰일을 이룰 수가 있었던 예가 고금을 통해서 때때로 있지 않은가. 지금 여러 나라의 지도자들은 과연 어떤 인물일지 모른다. 아마도 그들이 어떠한 인물이든지 간에 평소 만사에 준비가 완벽하면 나중에 걱정을 할 필요가 없을 것이다. 우리나라에 있어서도 오로지 태평무사할 때에 유비무환의 경계심을 놓치지 말아야 할 것이다.

〔**拾遺**〕『역경』「곤괘」에서 "서리를 밟으면 단단한 얼음이 언다履霜, 堅冰至"라고 했는데, 미리 일찍부터 만사를 주의하라는 것입니다.

115

최고지도자의 솔선수범이 왕도다

국민의 사기를 북돋지 않으면 국방은 견고하지 않다. 국방이 튼튼하지 않으면 곧바로 국민의 단결심도 견고할 수 없다. 이러한 사기를 북돋기 위해서는 남들보다 지위가 높은 임금이 스스로 발분하여 만인의 솔선수범이 되어야만 한다. 이 외에 특별히 강구할 만한 좋은 방도가 없다.

〔拾遺〕『사기』「오기전吳起傳」은 "나라의 안전은 위에 있는 자들의 덕에 있지 험난한 요새에 있는 것이 아니다在德不在險"라고 하였습니다.

정치의 곱셈과 나눗셈

현명하고 재능이 있는 자를 등용하면 수많은 벼슬아치들이 분발하게 되고, 재능이 없는 자의 수고도 애틋하게 여겨주면 사람들은 스스로 선행을 하게 된다. 이는 세상을 좋게 하기에 정치의 곱셈이라고 말할 수 있다. 이에 반해 대신을 의심하고 시기하면 남을 터무니없이 비방하는 자가 나오고, 친척을 싫어하거나 멀리하면 세상 사람들이 스스로 등을 돌리게 된다. 이는 세상을 나쁘게 하므로 뺄셈이라고 말할 수 있다. 따라서 리더는 일이 벌어지기 전에 충분히 신중한 태도로 다가올 장래의 일을 대비하지 않으면 안 된다.

〔拾遺〕『역경』「태괘泰卦」는 "엉켜 있는 띠풀의 뿌리를 뽑는 것과 같으니, 그 무리와 하나가 된다拔茅茹, 以其彙"고 합니다. 현명한 사람이 등용되면 같은 부류의 인재가 등용되고 소인이 등용되면 붕당이나 맺는다는 말입니다.

123

전쟁은 '화和'라는 글자 하나에 달려 있다

삼군이 화합하지 않으면 전쟁을 입에 담기 어렵고 백관이 화합하지 않으면 치세를 장담하기 어렵다. 『서경』에 이르기를, "동료들이 서로 마음을 합치고 서로 공경하고 서로 화합하고 충심으로 성의를 갖고 대해야 하지 않은가寅協恭和衷哉"라고 하였다. 나라를 다스리고 난세를 돌파하는 데는 오직 화和라는 글자 한 자에 달려 있다.

〔**拾遺**〕『논어』「자로」편에 "군자는 화합하되 같지 아니하고 소인은 어울리되 화합하지 않는다君子, 和而不同. 小人, 同而不和"고 하였지요.

124

왕안석의 실패를 거울로 삼아라

송나라의 왕형공王荊公, 왕안석의 본심은 군주를 요임금과 순임금과 같이 훌륭한 성군으로 만들려는 데 있었다. 그러나 그가 하는 바는 모두 사람들의 공리심을 부추기는 데 있었기 때문에 수많은 소인들이 그의 취지를 좇아 오로지 이익만을 탐하였다. 결국 왕안석의 개혁은 실패로 끝나고 그 역시 책임을 지고 지위에서 물러나 버렸다. 왕안석 스스로 이러한 결말에 이르게 한 것은 정말로 안타까운 일이다. 후세의 재상이나 대신들은 이 실패를 거울로 삼아라.

125

재능보다는 포용력을 갖추어라

사람은 재능이 있어도 도량이 없으면, 사람을 관대하게 받아들일 수 없다. 이와는 반대로 도량이 있어도 재능이 없으면, 일을 성취할 수 없다. 재능과 도량, 이 양자를 겸비할 수 없으면, 차라리 재능을 버리고 도량이 있는 인물이 되고 싶다.

〔拾遺〕『채근담』에 이런 말이 있습니다.

"처음부터 사람을 의심하고 대하는 인간은 남이 자신을 속이기 전에 먼저 스스로 자기 자신을 속이는 사람이다. 마음이 너그러운 자는 춘풍이 부드러운 입김으로 수목을 키우는 것과 같으며 만물이 이로 인해 생장한다 疑人者, 人未必皆詐, 己則先詐矣. 念頭寬厚的, 如春風煦育, 萬物遭之而生."

127

변혁기에는 뛰어난 현인도 큰 죄인도
나오기 마련이다

기운에는 상常과 변變이 있다. 상은 서서히 변화하기 때문에 그 흔적이 보이지 않는다. 그래서 이것을 상이라고 한다. 변은 서서히 변화해 극極에 이르므로 흔적이 있다. 그래서 이것을 변이라고 한다. 봄과 가을은 서서히 변화하므로 상이며, 여름과 겨울은 서서히 변화하며 극에 이르므로 변이다. 사람의 일도 상과 변이 있는데 기운의 상변과 관련이 있다. 그래서 변혁기에는 하늘도 사람도 같이 변화를 해 뛰어난 현인이 세상에 나오고 큰 죄인도 반드시 나오기 마련이다. 반면에 서서히 변화를 하는 시기에는 뛰어난 현인이나 큰 죄인도 나오지 않는다.

128

창업 안에 수성이 있고, 수성 안에 창업이 있다

창업과 수성이란 일반적으로는 나라를 열어 대를 이어나가는 것을 말한다. 그 실정을 보면 창업 안에 수성이 있고, 수성 안에 창업이 있다. 단지 수성을 잘하는 자가 창업을 하거나, 또는 창업을 잘하는 자가 수성을 하는 것이다. 가령 은나라의 탕왕이 하나라의 폭군 걸왕을 주벌하여 은나라를 열고 하나라를 연 우왕이 옛 제도를 계속 지켜나가고, 또 주나라 무왕이 은나라의 정치를 선정으로 되돌리고 폭군 주왕紂王 이전의 정치를 따른 것은 '창업 안에서의 수성'이라고 할 수 있다. 무왕이 죽고 어린 성왕이 군주의 자리에 오르니 숙부 주공 단이 보좌를 하고 예악·제도를 개혁했다. 또 제3대 강왕康王은 필강畢康에게 명하여 낙동洛東을 다스리게 한 것에도 성쇠가 있었지만, 결국에는 민속에 따라서 정치를 개혁한 것은 '수성 안에 창업'이라고 할 수 있다. 기운에는 상과 변이 있으므로 자고로 사람과 사물은 이를 따르는 것이다.

129

치세에는 버려져 숨을 죽이는 사람이 없다

세상의 것이 모두 있어야만 할 곳에 있으면 '치세'라고 한다. 무슨 일이 좋지 않은 쪽으로 흐르면 '난세'라고 한다. 이것은 마치 정원을 가꾸는 것과 같다. 수목이나 돌의 배치가 좋으면 썩은 나무의 그루터기나 깨진 기와에도 정취가 더해지는 법이다. 그래서 성인의 치세에는 버려져 쓰이지 않는 사람이 없다.

130

정무가 견결해야 태평성대다

나라를 연 개국 초기에는 사람들이 모두 자연스럽고 안정되어 있고 정치상의 사무도 몹시 한산한 상태이다. 태평한 세상이 오랫동안 계속되면 위로는 내각에서부터 아래로는 모든 관청에 이르기까지 모든 원칙이 완비되어 있고, 서류 등이 높고도 겹겹이 쌓여 날이 갈수록 그것이 점차 많아진다. 그래서 시시하고 소소한 규칙이 더욱더 무성해져 번거롭고 그 난잡함에 견딜 수 없게 되는 것도 또한 자연스럽고 당연한 일이다. 이러한 때에는 우선 시시하고 세세한 일을 없애고 정무를 간단명료하고 시원시원하게 처리하는 게 중요하다. 태평성대에 눈을 둬야 할 곳은 결국 여기에 있다.

131

이익을 더하는 것보다 해를 없애는 게 치세다

인민의 생활을 아무런 부자유스러움도 없이 풍요롭게 하기 위해서는 조세를 면제해 주는 것보다 더 좋은 것은 없다. 이익이 되는 일을 시작하는 것보다 해를 끼치지 않는 일을 하는 게 더 좋다.

132

높은 소나무와 뿌리 깊은 회나무처럼
바람과 비에 흔들리지 말라

관직에 올라 벼슬아치가 된 자는 공무를 집안일처럼 생각하며 공손하고 신중하게 처리해야 한다. 공공의 규칙을 지키는 것을 마치 거북점을 치는 것처럼 엄숙하고 경건하게 하고 동료를 형제와 같이 여기며 사이좋게 지내야 직분을 잘 해낼 수가 있다. 오로지 대신이 되면 마음속에는 늘 공명정대함이 넘쳐나야 좀스럽지 않고, 마치 높은 소나무와 뿌리 깊은 회나무가 바람과 비에 흔들리지 않는 것처럼 될 것이다. 그러면 정치상의 책무가 결코 남보다 뒤떨어지지 않는다.

133

대신은 산중의 은자,
장군은 음악가와 마음을 지녀라

산중의 암굴에 숨어 은둔하는 것처럼 초탈하는 마음을 가진 자이어야만 내각에 참석해 천하의 정치를 훌륭하게 할 수 있다. 또한 몸을 삼가 조심하는 예의와 마음을 완화시키는 음악의 실제를 알고 있는 사람이어야만 대군을 통솔하는 대장감에 적임이다.

「공자성적도」 중에서, '협곡에서 제나라와 노나라 군주가 만나다.'

134

———

공명과 이익을 좇는 자들의 언로를 경계하라

나라에 바른 도가 행해질 때에 신하로서 직언을 하는 언로가 열려 있는 것은 정말로 기쁜 일이다. 단지 우려해야 할 점은 공명과 이익을 목적으로 일을 하는 자들은 언로가 열린 점을 악용해 이곳저곳에 나타나 여러 가지 상주를 올리지만 사실 그 바라는 바가 크게 다른 점이 있으므로 이를 주의 깊게 살펴보아야 한다.

물이 너무 깨끗하면 고기가 살지 못한다

물이 너무 맑으면 물고기가 살지 않고, 나무가 너무 곧으면 그늘이 지지 않는다. 정사가 지나치게 까다로우면 인재가 모이지 않는다는 걸 위정자는 깊이 명심해야 한다. "저기에 버린 볏단이 있으며, 여기에 버린 벼이삭이 있으니 이는 과부의 이득"이라고 하는데, 이는 이러한 일들까지 정치가 너무 간여하지 말라는 뜻이다.

〔拾遺〕"저기에 버린 볏단이 있으며 여기에 버린 벼이삭이 있으니 이는 과부의 이득이로다彼有遺秉. 此有滯穗. 伊寡婦之利"는 구절은 『시경』 「소아小雅·대전大田」에 나오는 구절입니다.

『공자가어孔子家語』「팔관八官」편에 "물이 지나치게 맑으면 물고기가 살지 못하고 사람이 너무 살피고 따지면 따르는 무리가 없다水至淸則無魚, 人至察則無徒"라고 하였습니다. 또 양梁나라 악부樂府 「자소마가紫騮馬歌」는 "나뭇가지 하나는 재목이 되지 못하고 홀로 선 나무는 숲을 이루지 못한다獨柯不成材, 獨木不成林"고 하였습니다. 『후한서後漢書』「최인전崔駰傳」에는 "높은 나무들만 가득하면 그늘이 지지 않고 홀로 선 나무는 숲을 이루지 못한다蓋高樹靡陰, 獨木不林"고 하고, 「반초전班超傳」에는 이런 이야기가 나옵니다.

반초는 무예가 뛰어나 명제明帝 때 오랑캐 50여 나라를 복속시켰습니다. 그 공으로 서역 도호총독가 되어 정원후定遠侯에 봉해졌는데, 반초가 소임을 다하고 귀국하자 후임 도호로 임명된 임상이 부임 인사차 찾아와서 서역을 다스리는 데 유의할 점을 물었습니다. 그러자 반초는 이렇게 말했지요.

"물이 너무 맑으면 물고기가 살지 않고, 사람이 너무 살피면 따르는 이가 없다水至淸卽無魚, 人至察卽無徒."

반초는 이 말로 임상의 급한 성격을 지적하고, 정치도 너무 엄하면 아무도 따라오지 않으므로 사소한 일은 덮어두고 대범하게 다스릴 것을 충고했던 것입니다. 그러나 임상은 이 충고를 따르지 않고 자기 소신대로 다스렸습니다. 그 결과 반초가 복속시켰던 50여 나라는 임상이 다스린 지 5년 만에 모반을 일으켜 한나라를 떠났으며, 서역도호부도 폐지되고 말았지요.

위정자가 지나치게 청렴결백하여 작은 허울까지 지나치게 살피고 따지면 인재가 모여들지 않으니, 경우에 따라서는 눈을 감고 귀를 덮을 필요가 있나 봅니다.

나랏님의 집안일은 관공서의 일에 영향을 미친다

군주의 집안일은 다른 사람들에게 파악되지 않지만 그것이 자연스럽게 관공서의 정사에 감응해 나타나는 것은 확실하다. 『시경』을 여는 「관저關雎」는 바로 이러한 의미다.

〔拾遺〕 주 문왕과 후비后妃 사씨姒氏의 정을 노래한 「관저關雎」는 다음과 같습니다.

꾸욱 꾸욱 물수리 강가에서 우는데

아리따운 요조숙녀 군자에게 좋은 짝이라네

들쑥날쑥 연꽃을 이리저리 찾아 헤매

아리따운 요조숙녀 자나 깨나 만나고파

찾아도 못 찾으니 자나 깨나 생각 나

그리움 가이 없어 이리 뒤척 저리 뒤척

들쑥날쑥 연꽃을 이리저리 찾아 헤매

아리따운 요조숙녀 자나 깨나 즐기고파

들쑥날쑥 연꽃을 이리저리 데치면서

아리따운 요조숙녀 풍악 울리며 놀고파

關關雎鳩, 在河之洲. 窈窕淑女, 君子好逑.

參差荇菜, 左右流之. 窈窕淑女, 寤寐求之.

求之不得, 寤寐思服. 悠哉悠哉, 輾轉反側.

參差荇菜, 左右采之. 窈窕淑女, 琴瑟友之.

參差荇菜, 左右芼之. 窈窕淑女, 鍾鼓樂之.

한나라의 광형匡衡은 "배필은 인류의 시작이요 만복의 근원이니, 혼인의 예가 바른 후에야 만물이 이루어져 자연의 섭리가 온전할 수 있다. 공자는 시에 대한 의론을 「관저」에서 시작하였다. 임금은 백성의 부모이므로 후부인后夫人의 덕이 천지와 같지 않으면 신령스런 실마리로 만물의 마땅함을 다스릴 수 없을 것이니, 상대上代로부터 삼대三代에 이르기까지 흥망이 여기서 말미암지 않는 것이 없다"고 하였습니다.

공자께서는 『논어』「팔일八佾」 제20장에서 "「관저」는 즐거우면서도 음란하지 않고, 슬프면서도 마음을 상하게 하지 않는다關雎, 樂而不淫, 哀而不傷"라고 말씀하셨습니다.

146

참된 선악과 가짜 선악이 있다

모든 세상사는 진짜 선악과 가짜 선악이 있다. 가짜 선악이란 세간의 일반 사람들이 좋다든가 나쁘다든가 하는 것이다. 나이가 젊고 배움이 아직 충분하지 않을 때에 가짜 선악이 머릿속으로 들어와 버리면 나중에 진짜 선악을 알고 싶더라도 쉽지가 않다. 이른바 "먼저 귀에 들어온 일이 주가 된다"라고 하니, 이 선입관은 어찌할 도리가 없을 뿐이다.

151

은혜와 원망은 어떤 작은 일로부터 온다

　인정이 자신을 향해 오는가 아니면 등을 돌리는가는 공경 혹은 교만에 달려 있다. 공경하면 사람이 자신을 향해 다가오고, 교만하면 사람은 등을 돌리게 마련이다. 사람에게 은혜를 입으면 보답하는 일 역시도 소홀히 해서는 안 된다. 은혜와 원망은 어떤 작은 일로부터 오므로 신중해야 한다.

　〔拾遺〕『채근담』에 이런 말이 있습니다.

　"천금으로 일시적인 환심조차 사기 어려울 수 있고, 한 사발의 밥도 평생토록 고맙게 여겨지는 수가 있다千金難結一時之歡, 一飯竟致終身之感."

　『논어』「헌문憲問」편 제36장에서 공자는, "그러면 덕은 무엇으로 갚겠는가? 원한은 그릇된 것을 바로잡는 마음으로 갚고, 은덕은 은덕으로 갚는 것이다"라고 말하였습니다.

　사마천의 『사기』「자객열전」에 이런 명언이 나옵니다.

　"선비는 자신을 알아주는 사람을 위해 목숨을 바치고, 여자는 자신을 예뻐해 주는 사람을 위해 몸을 가꾼다士爲知己者死, 女爲說己者容."

159

정의와 지혜가 만나야 최고의 과감성이다

과단성은 정의에서 오는 것이기도 하고 지혜로부터 오는 것이기도 하고 용기에서 오는 것이기도 하는데 정의와 지혜가 합쳐져 오는 게 최상의 과단성이다. 단순하게 용기로부터만 오는 과단성은 위험하다.

〔拾遺〕 니토베 이나조는 『무사도』에서 "용기는 정의를 위해 실천하지 않으면 사람의 덕으로서 가치가 없다"라고 하였습니다.

공자는 『논어』 「양화陽貨」편 제23장에서 자로子路가 "군자는 용기를 숭상합니까?君子尚勇乎?"라고 여쭙자 이렇게 말하였습니다.

"군자는 의로움을 최상으로 여긴다. 군자가 용기만 있고 의로움이 없으면 난을 일으키고, 소인이 용기만 있고 의로움이 없으면 도적질을 하게 된다子曰: 君子義以爲上. 君子有勇而無義爲亂, 小人有勇而無義爲盜."

160

___

대신은 '소심익익'을,
하급 관리는 '천망회회'를 잊지 말라

대신이라는 자는 『시경』「대아^{大雅} · 대명^{大明}」편에 나오는 대로 '소심익익^{小心翼翼}' 즉 세심하고 꼼꼼하며 삼가 조심할 줄 알아야 함을 잊지 말라. 하급 관리라는 자는 노자의 『도덕경』 제73장에 나오는 대로 '천망회회^{天網恢恢}' 즉 하늘의 그물은 광대하여 엉성한 것 같지만 놓치는 일이 없다는 것을 잊지 말라.

161

공무원은 자신의 마음이
가장 중요한 공문서라는 잊지 말라

무릇 관청에서 일을 하는 공무원은 우선 자기 자신의 마음을 공문서로 삼을 줄 알고, 또한 공문서를 자신의 마음에 비추어 볼 줄 알아야 한다. 오로지 공문서에만 의지해 공문서 그 자체를 마음으로 삼지 말라.

〔拾遺〕 『역경』 「이괘履卦」는 "호랑이의 꼬리를 밟더라도 사람을 물지 않으니 형통하다履虎尾, 不咥人, 亨"고 합니다. 호랑이의 꼬리를 밟듯이 위험한 지위에 있어도 '마음'이 바르면 호랑이에게 잡아먹히지 않고 지위를 보존할 수 있다는 말입니다.

165

사람에게는 각자의 취향이 있으니 그 취향에 맡겨라

사람은 각자의 기호와 취향이 있기 마련이다. 자신의 취향이 제일이라며 남과 다툰다든지, 선악의 기준으로 삼을 수는 없는 노릇이다. 무릇 세상일은 정말로 선악이나 시시비비와 전혀 관계가 없는 것이 있으니, 그런 거라면 상대의 취향에 따라 맡겨도 아무런 문제가 없다. 즉 자신의 취향만이 가장 정확한 저울눈이라며 오로지 그것에만 맞추어 조그마한 일에도 떠들썩하게 싸움질이나 하면 단지 자신의 도량만 작다는 것을 내비치는 꼴이다.

166

방탕한 자식이 뉘우치면 옛일을 추궁하지 말라

설령 방탕하고 불량스러운 자제일지라도 마냥 내버려둬서는 절대 안 된다. 그들에게 배움을 권하는 것은 뉘우쳐 깨닫게 하는 하나의 방법이다. 일단 그들이 뉘우치고 깨달으면 이전의 악한 모습을 추궁해서는 절대로 안 된다. 설령 그가 무례한 일을 저질렀다손 치더라도 재능이 있으면 새사람이 되기 마련이다. 그러한 재능은 반드시 무언가를 이루어내고 만다. 『역경』「승괘升卦」에 이르기를 "어두워도 오름이니, 쉬지 않고 바르게 함이 이로우니라冥升, 利于不息之貞"라고 했는데 바로 이를 말함이다.

167

배움을 권하는 방법은 여러 가지다

학문을 권하는 방법은 하나로 한정되어 있지 않다. 각자의 상황에 맞추어 학문을 권해야만 하는데, 상대를 칭찬하며 배움을 권할 수도 있고 격려하며 권할 수도 있고, 또한 칭찬도 격려도 하지 않으며 자기 자신이 스스로 배움의 소중함을 깨닫도록 할 수도 있다. 이는 의사가 약 처방을 할 때 어떤 사람에게는 보양약을 주고 어떤 사람에게는 설사약을 주는 것과 마찬가지로 결코 한 가지이지만은 않다. 의사는 반드시 병에 맞는 약을 처방해야 하듯이 배움을 권하는 방법도 배우는 자의 상황에 따라 알맞게 달라야 한다.

[拾遺] 『논어』「술이」편 제7장과 제8장에는 공자의 다음과 같은 교육 방법이 각각 나옵니다.

"열 가닥 육포 한 묶음 이상의 작은 예물을 가지고 오는 사람에게 나는 가르침을 주지 않은 적이 없다."

"배우려는 열의가 없으면 이끌어 주지 않고, 표현하려고 애쓰지 않으면 일깨워 주지 않으며, 한 모퉁이를 들어보였을 때 나머지 세 모퉁이를 미루어 알지 못하면 반복해서 가르쳐 주지 않는다."

174

경은 불과 같고 불경은 물과 같다

항상 경敬의 마음을 잃지 않는 사람은 마치 불과 같다. 남들은 이런 사람을 두려워하면서도 친근해질 수 있는 사람으로 존경한다. 경의 태도를 지니지 못한 '불경不敬한' 사람은 물과 같다. 남들이 익숙해지고 친해지기는 쉽지만 업신여김을 당한다.

175

현재의 일각에 마음을 집중하라

시간은 일각일각 변해 가지만 우리는 언제라도 마음을 현재의 일각에 집중해 두지 않으면 안 된다. 일이 아직 출현하지 않았는데 이것을 맞이할 수 없고, 또 지나가 버린 일을 뒤쫓아도 따라붙을 수도 없다. 조금이라도 과거를 쫓거나 오지 않는 장래를 맞이하는 것은 모두 자신의 본심을 잃고 있는 상태이다.

자기 자신의 마음에 늘 절을 하며 안부를 물어라

사람은 항상 스스로의 마음에 예절을 지키며 절을 하고 건강하게 잘 지내는지 안부를 물을 줄 알아야 한다. 자신의 마음은 곧 하늘이 물려준 마음이고 자신의 몸은 곧 부모가 물려준 몸이기 때문이다. 그래서 자신의 마음에 항상 안부를 묻는 것은 하늘을 섬기는 것이자 평생 동안 효도를 하는 것이다.

〔拾遺〕『법구경』에 이런 구절이 있습니다.

"마음은 모든 일의 근본이 된다. 마음은 주±가 되어 모든 일을 시키나니, 마음속에 악한 일을 생각하면 그 말과 행동 또한 그러하리라. 그 때문에 괴로움은 그를 따르리. 마치 수레를 따르는 수레바퀴 자국처럼. …… 마음속에 착한 일을 생각하면 그 말과 행동 또한 그러하리라. 그 때문에 즐거움이 그를 따르리. 마치 형체를 따르는 그림자처럼."

178

음식욕과 색욕을 능가하는 더 큰 욕망은 없다

학자들은 모두 '욕망을 버려라'고 말하지만 이를 실행하기란 매우 어렵다. 나는 "우선 큰 욕망부터 없애라"고 말한 적이 있다. 인간의 큰 욕망 중에서 음식욕과 색욕을 능가하는 것은 없다. 때문에 이 두 가지의 큰 욕망을 삼가 절제할 줄 아는 게 중요하다. 나는 중년이 지난 후 이 두 가지 욕망이 점차 엷어졌고 지금은 아주 말끔하게 없어졌다. 정신 상태는 장년과 비교해 전혀 다른 점이 없는데, 이거야말로 행복이라 말할 수 있다.

〔拾遺〕『예기』「예운禮運」편에서 "음식남녀는 인간의 큰 욕망이다飮食男女, 人大欲存"라고 하였습니다.

지나친 행위는 지나친 잘못이 되기 십상이다

과월過越은 '지나친 행위'이고 과건過愆은 '지나친 잘못'이다. 똑같이 '지날 과過' 자를 쓰지만 뜻은 다르다. 나는 세상 사람들 중에서 '지나친 행위'를 하는 자는 반드시 '지나친 잘못'을 범하기 일쑤라고 생각한다. 과過 자를 똑같이 쓰고 있는 탓인 줄도 모른다. 때문에 사람 일이란 설령 미치지 못할지라도 지나치면 안 되는 것이다.

〔拾遺〕『논어』「선진先進」편 제15장에서 자공이 물었습니다.

"자장과 자하 중에서 누가 더 현명합니까?"

공자께서 말씀하셨습니다.

"자장이라면 재주가 넘치고 자하라면 재주가 모자란다." 이에 자공이 되물었습니다. "그렇다면 자장이 더 현명한 것입니까?" 이에 공자께서 말해 주었습니다. "지나친 것은 모자란 것과 같다師也過, 商也不及. 曰, 然則師愈與? 子曰, 過猶不及."

184

순경 안에 역경이 있고 역경 안에 순경이 있다

사람이 한평생을 살아가면서 순경이 있으면 역경도 있기 마련이다. 이것은 영고성쇠의 자연스러운 법칙으로 조금도 이상스럽지 않다. 나는 또 스스로 고찰해 보았는데, 순경 안에 역경이 있고 역경 안에 순경이 있다. 고로 역경에 처했을 때는 자포자기를 하지 말고 순경에 처했을 때는 나태해지지 말라. 오로지 경敬이라는 글자 하나를 마음속에 지닌 채 순경과 역경을 시종일관 똑같이 대하는 게 좋다.

'사랑 애愛' 자와 '공경할 경敬' 자로
사람을 사귀어라

사랑 애愛 자와 공경할 경敬 자, 이 두 자는 사람과 교제하는 데
가장 중요한 도이다. 오만한 태도로 그 무엇이든 자기 자신보다
낮추어봐서는 안 된다. 거만한 웃음을 지으며 남을 조롱해서도
안 된다. 『서경』「여오旅獒」편에서 "남을 능멸하거나 조롱을 하는
것은 결국 자신의 덕을 잃고 만다"고 하였다. 이거야말로 참으로
훌륭한 교훈이다.

201

너의 영험한 거북이를 두고
내가 먹는 것을 보고 있으니 보기 흉하다

『역경』「이괘頤卦」에서 "너의 영험한 거북이를 두고 내가 먹는 것을 보고 있으니 보기 흉하다舍爾靈龜, 觀我朶頤, 凶"고 하였다. 즉 자신이 지닌 덕을 버리고 물욕에 사로잡히는 상태는 보기 흉하다는 말이다. 자신이 지닌 덕을 버려서는 안 되는 것이다. 덕을 남에게서 구하는 것은 모두 아래턱을 축 늘어뜨리고 무엇을 구걸하는 상태임을 보여준다.

202

안분지족은 끝이 있으나 배움은 끝이 없다

사람에게는 각자 하늘로부터 물려받은 분수가 있다는 것을 알아야만 한다. 하지만 배움은 그 어디까지 진보를 하더라도 부족하다는 것을 알아야만 한다.

〔拾遺〕 송나라의 문인 소식은, "글을 배우는 것은 급류를 거슬러 올라가는 것과 같다學書如泝急流"라고 하였습니다. 학문은 흡사 급류를 거슬러 오르듯 진보가 느리고 조금만 게으르면 오히려 떠내려가기 마련이란 말입니다.

205

고난과 조강지처의 공통점

고난이라는 것은 사람의 마음을 다잡아 매 튼튼하게 한다. 따라서 간난신고를 거쳐 온 사람은 사람도 견고하게 사귀어 언제까지나 서로 잊을 수 없도록 한다. 조강지처糟糠之妻를 버리지 못하는 것도 그러한 까닭이다.

〔拾遺〕『후한서』「송홍전宋弘傳」을 보면 다음과 같은 이야기가 나옵니다.

후한 광무제光武帝의 누이동생 호양공주湖陽公主가 청상과부 신세로 적막하게 지내자, 광무제는 마땅한 사람이 있으면 다시 시집을 보낼 생각으로 그녀의 의향을 떠보았습니다. 그러자 그녀는 대사공大司空: 어사대부御史大夫 송홍이라면 시집을 가겠다고 하였지요. 마침 송홍이 공무로 편전에 들어오자, 광무제는 누이를 병풍 뒤에 숨기고 그에게 넌지시 물었습니다.

"속담에 말하기를, 신분이 높아지면 친구를 바꾸고 집이 부유해지면 아내를 바꾼다 하였는데, 그럴 수 있는가?諺曰, 貴易交, 富易妻, 人情乎"

송홍은 서슴지 않고 대답하였지요.

"신은 가난할 때 사귀었던 친구를 잊어서는 안 되고, 지게미와 쌀겨를

먹으며 고생한 아내는 집에서 내보내지 않는다고 들었습니다^{臣聞, 貧賤之交不}
^{可忘, 糟糠之妻不下堂. "}

이 말을 들은 광무제는 누이가 있는 쪽을 돌아보며 조용한 말로 "일이
틀린 것 같다"라고 말하였답니다.

207

늙은 농부의 말은 진지하게 들을 줄 알라

참선을 하는 노승과 착실한 늙은 농부의 말은 종종 사람을 감동시킨다. 우리는 오로지 그들에게 말을 하게 하고 듣는 것만으로도 족하다. 반드시 질문을 할 필요는 없다.

김홍도 그림, 「노매도」, 18세기

211

스스로를 속이지 않으면 남도 속이지 못한다

자신을 속이지 않는 사람은 남들도 기만을 할 수가 없다. 스스로를 속이지 않는 것은 그 사람 마음의 성誠이기 때문이다. 남들이 속일 수가 없는 것도 속일 틈이 없기 때문이다. 가령 생생한 기가 자신의 털구멍으로부터 나오는 것 같기 때문에 그 기가 왕성하면 바깥으로부터 사악한 기가 급습을 할 수가 없다.

〔拾遺〕『채근담』에 이런 말이 있습니다.

"속이는 사람을 만나면 정성스러운 마음으로 그를 감동시켜야 하고, 난폭한 사람을 만나면 온화한 기운으로 그를 감화시켜야 하며, 사악함에 기울어져 사욕만 탐하는 사람을 만나면 명분과 의리와 기개와 절조로 그를 격려해 주어야 한다. 그러고도 천하에 나의 가르침 속으로 들어오지 않을 자는 없으리라 遇欺詐的人，以誠心感動之，遇暴戾的人，以和氣薰蒸之，遇傾邪私曲的人，以名義氣節激勵之，天下無不入我陶冶中矣."

212

처세의 달인과 공자

공자가 『논어』에서 통달한 사람은 "남의 말을 잘 헤아리고 안색을 잘 살피며, 자신을 남보다 낮추어 생각한다"고 했는데, 처세법으로 이 두 구절만 한 것은 없다.

〔拾遺〕 『논어』 「안연」편 제20장은 이렇습니다.

자장이 여쭈었다. "선비는 어떻게 하면 통달했다고 할 수 있습니까?"

공자께서 말씀하셨다. "네가 말하는 통달이란 것이 무엇이냐?"

자장이 대답하였다. "나라 안에서도 반드시 명성이 있고 집안에서도 반드시 명성이 있는 것입니다."

공자께서 말씀하셨다. "이는 명성이 있는 것이지 통달한 것이 아니다. 통달한다는 것은 본바탕이 곧고 의로움을 좋아하며 남의 말을 잘 헤아리고 안색을 잘 살피며, 자신을 남보다 낮추어 생각하여 나라 안에서도 반드시 통달하고 집안에서도 반드시 통달하는 것이다. 명성이 있다는 것은 겉모습은 인을 취하면서도 행실은 인에 어긋나고 그렇게 살면서도 의심조차 없어서 나라 안에서도 명성이 있고 집안에서도 명성이 있는 것이다."

213

원망을 듣지 않은 길은 서恕 자 하나에 달려 있다

남들로부터 원망을 듣지 않는 길은 '서恕' 자 하나, 즉 '남의 심정과 입장에서 생각하는 배려'에 달려 있고, 싸움을 멈추는 길은 '양讓' 자 하나, 즉 '상대를 높이고 자기를 낮추는 양보심'에 달려 있다.

215

득의의 때에 말수가 많고,
실의의 때에 안색이 변하지 말라

일반적으로 사람은 득의의 때에 말수가 많고, 실의의 때에는
음색과 안색이 동요를 해 차분해지지 못한다. 이는 모두 수양의
부족 탓이다.

〔拾遺〕 명나라의 석학 최후거崔後渠는 이런 말을 남겼습니다.

"자신을 대할 때는 초연하고, 사람을 대할 때는 부드럽고 온화하고,
득의를 할 때는 조용하게 만족하고, 실의를 할 때는 태연하고, 유사시
에는 결단을 명확하게 하고, 무사無事 시에는 맑고 차분해야 한다自處超
然, 人處藹然, 得意澹然, 失意泰然, 有事斬然, 無事然."

『채근담』에는 또 이런 구절이 있습니다.

"힘들 때 오히려 마음을 기쁘게 하는 뜻을 얻고, 일을 이룬 때에 문
득 실의의 슬픔이 생겨난다苦心中, 常得悅心之趣. 得意時, 便生失意之悲."

219

뜻은 스승에게도 양보하지 말라

세상의 여러 가지 일은 모두 겸손한 자세로 양보할 필요가 있다. 그러나 오로지 뜻만은 스승에게라도 양보하지 않아도 좋다. 또 옛사람에게 양보하지 않아도 좋다.

〔拾遺〕 공자는 『논어』 「위령공」편 제35장에서 이렇게 말하였습니다.

"인을 행함에는 스승께도 양보하지 않는다當仁不讓于師."

220

배움에는 졸업장이 없다

사람은 배움을 한시라도 잊으면 안 된다. 밤이나 낮이나, 젊은 때나 늙을 때나, 배움에 졸업이 없으니 결코 잊지 말아야 한다. 질장구를 두드리며 노래를 부르는 것도 역시 배움이다. 밤이 와 어두워지면 집 안에 들어가 편히 쉬는 것 역시도 배움이다.

〔拾遺〕 장자는 『장자』 「양생주養生主」에서 "우리 인간의 삶은 끝이 있지만 앎에는 끝이 없다吾生也有涯, 而知也無涯"고 했습니다.

222

돌과 뿌리 깊은 나무는 자중의 스승이다

돌은 무겁기에 움직이지 않고, 큰 나무는 뿌리가 깊기에 뽑히지 않는다. 사람도 마땅히 스스로를 무겁게 해 남들에 의해 쉽사리 움직임을 당하지 않도록 해야 한다.

〔拾遺〕『법구경』81조가 생각납니다.

"아무리 바람이 불어도 반석은 흔들리지 않는 것처럼 어진 사람은 뜻이 굳세어 비방과 칭찬에 움직이지 않는다譬如厚石, 風不能移, 智者意重, 毀譽不傾."

225

깨달음은 종교를 초월한다

'각오覺悟: 깨달음'라는 말은 불교도들이 늘 입에 달고 다닌다. 유학자는 불교도랑 닮는 게 싫어 이 말을 쓰지 않는데, 이는 좋지 않다. 그 무슨 일이든 간에 마음으로부터 느껴 계발된 곳이 있다면 모두가 깨달음이다. 『논어』「자한」편 제16장에서, 공자가 냇가에서 "흘러가는 것은 이 물과 같으니 밤낮도 없이 흘러가는구나! 逝者如斯夫!不舍晝夜"라고 말씀한 것은 도덕의 본체에 대한 깨달음이다. 안연이 「자한」편 제10장에서 "우러러볼수록 더욱 높고, 파고 들어갈수록 더욱 견고하며, 바라보면 앞에 계신 듯하다가 어느새 뒤에 와 계신다. 선생님께서는 차근차근 사람들을 잘 이끌어 주시어서, 학문으로 우리를 넓혀주시고 예의로써 우리를 단속해 주신다. 그만두고 싶어도 그만둘 수 없으니, 이미 나의 재주를 다하여도 선생님께서 세워놓으신 가르침은 우뚝 서 있는 듯하다. 비록 그것을 따르고자 해도 따라갈 수가 없구나仰之彌高, 鑽之彌堅. 瞻之在前, 忽焉在后. 夫子循循然善誘人, 博我以文, 約我以禮. 欲罷不能, 旣竭吾才, 如有所立卓爾. 雖欲從之, 末由也已"라고 탄식한 것은 스승 공자의 인격과 절조에 대한 깨달음이다. 증자가 「이인」편 제15장에서 "선생님공자의 도는 하나로 관통되어 충과 서일 뿐입니다"라고 말한 것도 깨달음이 아닌가? 주자가 『대학』에서 "오래도록 온힘을 쏟다가 하루아침에 확 트여서 모든 것의 이치를 관통하게 된다면 모든 사물의 겉과 속 그리고 미세한 부분과 대략적인 부분 모두에 도달할 것이다^{至於用}力之久, 而一旦豁然貫通焉, 則衆物之表裏精粗無不到"라고 한 것도 깨달음의 경지이 다. 오로지 '무엇을 깨달았는가'만을 문제로 삼으면 된다.

「공자성적도」 중에서, '흘러가는 강물을 바라보며 도를 말하다.'

226

부자는 스스로 부자인 줄 모른다

부자가 되면 스스로 부자임을 모른다. 귀해지면 스스로 귀한 신분임을 모른다. 이처럼 도덕에서도 공적에서도 정말로 이를 위대하게 이룬 사람은 스스로 그것을 모르는구나!

〔拾遺〕『채근담』에 이런 말이 있습니다.

"부귀와 명예가 도덕으로부터 온 것이면 마치 숲 속의 꽃과 같아서 저절로 무럭무럭 잘 자라나 번성하고, 스스로가 공을 들여 이룬 그 대가로 온 것이라면 화분이나 화단 속에서 자란 꽃과 같아서 이리저리 옮겨지기도 하고 뽑히거나 피어나기도 한다. 그러나 그것이 만일 권력으로부터 얻어진 것이라면 마치 꽃병 속의 꽃과 같아서 뿌리가 없으므로, 그 시들어 가는 것을 기다려 지켜볼 수 있을 것이다^{富貴名譽, 自道德來}者, 如山林中花, 自是舒徐繁衍. 自功業來者, 如盆檻中花, 便有遷徙廢興. 若以權力得者, 如瓶鉢中花, 其根不植, 其萎可立而待矣."

235

바른 도리를 벗어나 입은 재앙은
'성誠' 자라는 망치만이 부술 수 있다

무언가 흔적이 있는 의심을 받을 때는 입으로 변명해도 소용이 없다. 바른 도리를 벗어나 입은 재앙은 지혜나 술수로 벗어날 수가 없다. 오로지 '진심과 성실'을 뜻하는 '성誠' 자라는 망치만이 그 재앙을 두들겨 부술 수가 있다.

236

박수 칠 때 떠나는 자의 뒷모습은 그 얼마나 보기 어렵던가

쏜살같이 앞으로 나아가는 일은 원래 쉽지가 않다. 그러나 그보다 더 어려운 것은 적절한 시기에 뒤로 물러나는 일이다. 오로지 식견이 있는 자만이 적당함을 알고 뒤로 물러서 은퇴할 줄 안다.

〔拾遺〕『도덕경』 제9장은 '적당할 때 멈추라'고 합니다.

"넘치도록 가득 채우는 것보다 적당할 때 멈추는 것이 좋다. 너무 날카롭게 벼리고 갈면 쉬 무디어진다. 금과 옥이 집에 가득하면 이를 지킬 수가 없다. 재산과 명예로 자고해짐은 재앙을 자초한다. 일이 이루어졌으면 물러나는 것, 하늘의 길이다持而盈之, 不如其已. 而銳之, 不可長保. 金玉滿堂, 莫之能守. 富貴而驕, 自遺其咎. 功遂身退, 天之道."

또 『채근담』에는 이런 말이 있습니다.

"일에서 물러서려거든 마땅히 그 전성기에 물러서야 하고, 몸을 두려거든 마땅히 홀로 뒤떨어진 곳에 두어야 하느니라謝事, 當謝於正盛之時.居身, 宜居於獨後之地."

241

가난해도 즐길 줄 알라

옷을 얇게 껴입었을망정 추운 척을 하지 말고 먹을거리가 부족할망정 굶주린 척을 하지 말라. 오로지 이는 기상이 강한 사람만이 가능하다. 하지만 이는 성인과 현인이 가난해도 즐길 줄 아는 것과는 다르다.

〔**拾遺**〕『논어』「학이」편 제15장에서 자공이, "가난해도 아첨하지 않고, 부유해도 교만하지 않으면 어떻겠습니까?"라고 여쭙자 공자가 말하였습니다.

"괜찮겠지. 허나 가난하지만 삶을 즐거워하고, 부유하면서 예를 좋아하는 이만 못하지可也. 未若貧而樂 富而好禮者也."

242

소인처럼 고통과 즐거움
그것에 너무 얽매이지 말라

사람은 누구에게나 고통과 즐거움이 함께 한다. 오로지 군자의 마음만이 고락에 만족하며 고락에 얽매이지 않은데 설령 고통일지라도 고통임을 모른다. 소인의 마음은 고락에 얽매이기에 즐거움도 즐거움인지를 모른다.

247

은혜를 팔지 말라

은혜를 팔지 말라. 도리어 원망을 사고 만다. 스스로 명예를 추구하려고 하지 말라. 실질이 없는 명예는 사람들의 비방을 사고 만다.

〔**拾遺**〕『역경』「중부中孚」편은 "닭이 하늘에 올라갔으니 어찌 오래 머무를 수 있겠는가翰音登于天, 何可長也"라고 했습니다. 실력이 없는 자가 높은 명예직에 오르면 오래 지속되지 못한다는 것입니다.

또 『채근담』에는 이런 말이 있습니다. "원망은 덕으로 인해 나타나니 남들로 하여금 나를 덕 있다고 여기게 하기보다는 덕과 원망 양쪽을 다 잊게 하는 것이 나으며, 원수는 은혜로 인해 생기니 남들로 하여금 나의 은혜를 알게 하기보다는 은혜와 원수를 모두 없애는 것이 낫다怨因德彰. 故使人德我, 不若德怨之兩忘. 仇因恩立. 故使人知恩, 不若恩仇之俱泯."

248

입지의 큰 뜻은 세속에 반해도 좋다

일상의 작은 일은 세간의 풍속에 어긋나지 않도록 하는 게 좋다. 그러나 자신의 뜻을 세워 마음을 견고하게 먹고 노력을 하는 경우에는 세속에 반해도 좋다.

윤제홍 그림, 「학선도」, 18세기

249

큰 지혜는 후세까지 남을 계획을 분명하게 세운다

잔재주를 부리는 사람은 남을 수용하지 않으며 남의 의견을 막지만, 큰 재주를 가진 사람은 남의 의견을 잘 들으며 포용할 줄 안다. 작은 지혜는 한때 빛나는 일이 있지만, 큰 지혜는 후세까지 남을 계획을 분명하게 세운다.

250

지혜도 지나치면 화를 부른다

남이 자신에게 상담하러 올 때는 차분하고 편안하게 자신의 생각을 얘기해야지 싸움의 빌미가 되는 것을 남겨서는 안 된다. 만약 지나치게 세세한 데까지 후벼 파고 들어가면, 다시 말해 자신의 지혜를 지나치게 발휘하면 도리어 다른 화를 불러올 수도 있다. 이것은 지혜가 없는 것이나 마찬가지다.

251

사람의 재주는 어느 것 하나 버리지 말라

사람의 재능에는 크고 작음, 민첩함과 둔함 등등 여러 가지가 있다. 물론 민첩하면서 큰 재능을 가진 이가 쉽게 쓰여질 수가 있다. 하지만 일상의 소소한 일은 둔중하고 작은 재주를 가진 이가 도리어 잘 쓰여질 수가 있다. 민첩하고 큰 재주를 가진 자는 일상의 잡사에는 도리어 서툴러 진면목을 발휘할 수가 없다. 이렇게 생각해 보면 사람의 재주는 각기 그 쓰임새가 나누어져 있기 때문에 어느 것 하나 버릴 수가 없다.

〔拾遺〕 후한後漢의 사상가 왕충王充이 쓴 『논형論衡』은 "여름철의 화로는 습기를 없애고 겨울철의 부채는 불을 피운다夏時鑪以炙濕, 冬時扇以翣火"라고 했는데, 사물과 사람은 각기 그 쓰임새가 있다는 말입니다.

252

길함과 흉함은 내 마음 속에 꿈틀대고 있다

사람의 마음이란 본디 '길吉'을 좇고 '흉凶'은 피하고 싶다. 특히 사람의 길흉은 그 사람 행동의 선악이 드러나는 그림자인 줄 모른다. 나는 해가 바뀔 때마다, 다음의 네 구절을 달력에 써놓고 가족의 교훈으로 삼고 있다. "365일은 하루로서 길일이 아닌 날은 없다. 일념발기一念發起하여 선을 행하면 이것으로 길일이다. 365일은 하루로서 흉일이 아닌 날이 없다. 일념발기하여 악을 행하면 이것으로 흉일이다." 즉 마음을 달력으로 삼아야 한다는 것이다.

255

시작이 반이라지만 끝을 맺기란 정말로 어렵다

무릇 무슨 일이든지 시작은 의외로 간단하지만 계속 끝까지 하는 것은 어렵다. 학문을 시작하거나, 하나의 기능이나 예능 등을 배우는 것도 마찬가지다.

〔拾遺〕『채근담』에 이런 말이 있습니다.

"책을 읽어도 그 속에서 성현을 보지 못한다면 그는 글이나 베끼는 사람이 될 것이고, 벼슬자리에 있으면서도 백성을 자식같이 사랑하지 않는다면 그는 관복을 입은 도둑에 지나지 않는다. 학문을 가르치면서도 몸소 실천하지 않는다면 구두선口頭禪이 될 것이고, 사업을 하면서도 덕을 베풀 생각을 하지 않는다면 그 사업은 한때 눈앞에 피었다가 지는 꽃같이 되고 말 것이다讀書, 不見聖賢, 爲鉛槧傭. 居官, 不愛子民, 爲衣冠盜. 講學, 不尙躬行, 爲口頭禪. 立業, 不思種德, 爲眼前花."

257

산 중턱까지 가는 것은 쉽지만, 산 중턱에서 꼭대기까지 오르는 것은 어렵다

나는 젊을 적에 원기도 왕성하고 두뇌도 예민했다. 그래서 이 학문이라고 하는 것을 쉽게 배울 수 있을 것이라고 생각했다. 그런데 만년에 이르러서는 매사에 좌절하며 생각처럼 되지 않는다. 가령 등산과 같은데, 산기슭에서 산 중턱까지 가는 것은 용이하지만 산 중턱에서 꼭대기까지 오르는 것은 힘들다. 만년이 되고 나서 하는 것은 모두 인생의 결말이다. 옛사람이 말하기를, "백 리를 가는 사람은 구십 리를 반으로 한다"고 하였다. 정말로 그러하다.

소소한 일은 가을 낙엽처럼 후딱후딱 해치워라

사람의 일이란 무더기로 쌓이기에 마치 가을의 낙엽과 같아 쓸고 쓸어도 다시 쌓이기 마련이다. 때문에 극히 중요한 일이 아닌 한 후딱후딱 해치우며 꾸물꾸물하지 않아야 한다. 그러면 마음이 넉넉해지는 여유가 생긴다.

268

효제孝悌는 평생 동안 노력해야 한다

부모에게 효도하고 형제를 공경하는 효제孝悌는 평생 동안 노력해야 할 덕목이다. 늙어서도 부모가 물려준 몸을 소중하게 보호하는 게 바로 효孝다. 늙어서 남에게 양보하는 것도 역시 제悌다.

〔拾遺〕 공자는 『논어』「학이」편 제2장에서 "부모님께 효도하고 형제를 공경하는 것이 바로 인의 근본이다孝悌也者, 其爲仁之本與"라고 말하였습니다.

또한 『효경孝經』은 "자신의 몸과 피부, 머리카락조차 부모로부터 받은 것이니 감히 상하게 하지 않는 것이 효도의 시작이요, 뜻을 세우고 배움을 행하여 이름을 후세에까지 떨침으로써 부모를 드러내게 하는 것이 효도의 마침이다身體髮膚, 受之父母, 不敢毁傷, 孝之始也. 立身行道, 揚名於後世, 以顯父母, 孝之終也"라고 하였습니다.

270

___

사람은 반드시 항심이 있어야
사람 노릇을 할 수가 있다

『논어』「자로」편 제22장에 "사람이 항심恒心, 일정한 마음이 없으면, 무당이나 의사처럼 천한 노릇도 할 수가 없다"는 말이 나온다. 그런데 나는 옛날에 이 말을 의심하여 의사는 항심이 있어도 의술이 없으면 여하튼 의사로서의 자격이 없다고 생각했다. 그런데 그 후에는 "항심이 있어야만 자신의 맡은 바 일에 열심이고 기술도 반드시 정통하기 마련이다. 고로 의사도 항심이 없으면 안 된다"라는 생각이 들었다.

274

부모님의 연세를 아는 것은
기쁘기도 하고 두렵기도 하다

사람의 수명은 하늘이 정한다. 그러나 또 생각해 보면, 자신의 몸은 부모로부터 받은 것이기에 부모의 몸과 같다. 자신이 늙으신 부모를 모시면 한편으로는 기쁘고 한편으로는 걱정스럽다. 즉 자신이 늙더라도 장수하였기에 스스로 기쁘기도 하고 스스로 두렵기도 한 것이다. 여기에서 바로 양생의 마음이 시작된다.

〔**拾遺**〕공자는 『논어』「이인」편 제21장에서 이렇게 말하였습니다.

"부모님의 연세는 모를 수가 없다. 한편으로는 장수하시므로 기쁘고 한편으로는 노쇠하심으로 인해 두렵기 때문이다 父母之年, 不可不知也. 一則以喜, 一則以懼."

275

땅을 따르며 하늘을 섬기는 게 양생이다

무릇 생생하게 살아 있는 생물은 모두 '기를 양養' 자에 의지하지 않을 수 없다. 하늘이 만물을 낳고 땅이 이것들을 기르는 것은 말할 필요도 없이 당연한 일이다. 사람은 바로 땅의 기를 받는 정수라고 할 수 있다. 이렇게 만물의 영장인 나는 정좌를 하며 하늘로부터 받은 이 기氣를 기르느라 정신수양을 하고, 운동을 하며 몸을 기르고 마음과 몸이 서로 도와가며 나라는 생명을 기르도록 하고 있다. 때문에 만물을 기르는 땅을 따르며 만물을 낳은 하늘을 섬기는 것이다.

양생은 절제다

양생의 방법은 '절제할 절節' 자 하나에 달려 있다.

〔拾遺〕노벨의학상 후보에 올랐던 도쿄대 의학부 전 명예교수인 후타키 겐조二木謙三, 1873-1966년는 아주 유명한 「건강십훈健康十訓」이라는 글을 남겼습니다.

(1) 적게 먹고 많이 씹는다.

(2) 차에 적게 타고 많이 걸어라.

(3) 적게 입고 자주 씻어라.

(4) 마음의 번민을 적게 하고 많이 움직여라.

(5) 게으른 짓을 적게 하고 배우는 일을 많이 하라.

(6) 말을 적게 하고 듣는 것을 많이 하라.

(7) 성을 적게 내고 많이 웃어라.

(8) 말은 적게 하고 실천을 많이 하라.

(9) 적게 얻고 많이 주어라.

(10) 꾸짖는 짓을 적게 하고 칭찬을 많이 하라.

당나라 시대의 유명한 명의였던 손사막孫思邈은 치료술이 신비하기로 유명합니다. 그는 수나라 시대 때부터 작위와 봉록을 고사하고 육조六朝 시대의 일도 소상히 기억하였는데, 그 누구도 그의 나이를 모를 만큼 장수하였다고 합니다. 그러나 그는 불로불사不老不死 같은 신선담은 말하지 않고 사람이 장수하는 비결을 「십이소비결十二少秘訣」이라는 다음 글로만 남겼습니다. 허균의 『동의보감』에도 십이소十二少가 나옵니다.

"적게 생각하고, 적게 염려하고, 적게 욕심 부리고, 적게 일하고, 적게 말하고, 적게 웃고, 적게 근심하고, 적게 즐기고, 적게 기뻐하고, 적게 성내고, 적게 좋아하고, 적게 미워하라少思, 少念, 少欲, 少事, 少語, 少笑, 少愁, 少樂, 少喜, 少怒, 少好, 少惡."

여기서 소사少思는 바로 "사색을 너무 많이 하게 되면 정신이 권태로워진다多思則神怠"는 말의 반어反語인 것이고, 소념少念은 "염려가 지나치면 정기가 흩어진다多念則志散"는 것이고, 소욕少欲은 "욕심을 많이 부리면 지혜가 덜어진다多欲則志昏"는 것이고, 소사少事는 "일을 많이 하면 몸이 축난다多事則形疲"는 것이고, 소어少語는 "말을 많이 을 많이 하면 기가 다급해져 기가 빠져나가버린다多語則氣促, 氣走"는 것이고, 소소少笑는 "많이 웃으면 콩팥이 상한다多笑則傷腎"는 말이고, 소추少愁는 "근심이 많으면 마음이 놀란다多愁則心慴"는 말이고, 소락少樂은 "너무 많이 즐기면 뜻이 흘러넘친다多樂則意溢"는 말의 반어이고, 소희少喜는 "너무 많이 기뻐하면 잘못을 얼버무리며 혼란해진다多喜則忘錯昏亂"는 것이고, 소노少怒는 "성질을 많이 내면 전신의 맥이 안정을 잃게 된다多怒則百脈不調"는 것이고, 소호少好는 "어떤 것을 지나치게 좋아하면 그것에 미혹되어 어지럽게 된다多好則心神迷失"는 것이고, 소오少惡는 "지나치게 미워하면 마음이 불타 초췌해지면서 편안함을 잃게 된다多惡行則憔悴无歡"는 것입니다.

중국장수협회도 장수의 비결을 공표한 바 있습니다.

(1) 과도한 육체적 쾌락을 삼갈 것.

(2) 흥분하지 말고 노하지 말 것.

(3) 폭음, 폭식하지 말 것.

(4) 과일을 많이 먹고 물을 많이 마실 것.

(5) 영양이 풍부한 식물을 먹을 것.

(6) 나이를 신경 쓰지 말고 많이 운동할 것.

(7) 문밖에서 신선한 공기를 마실 것.

(8) 생활환경을 깨끗하게 할 것.

(9) 크게 웃고 남을 즐겁게 도울 것.

282

늙는다는 것은 밀물과 썰물과 같다

사람은 마흔이 넘으면 점차 나이가 들어감을 느끼고 칠십, 팔십이 되면 정말로 완전히 늙게 된다. 이렇게 늙는다는 것은 마치 바닷물과 같다. 썰물은 한꺼번에 물러나는 게 아니라 반드시 물러났다 되돌아왔다 하며 천천히 빙빙 돌며 물러난다. 밀물도 이와 마찬가지다. 사람들은 자신이 늙어감을 스스로 시험 삼아 볼 줄 알아야 한다.

283

―――

장수는 우주적 관점에서 보면 찰나의 한 호흡에 지나지 않는다

내가 태어나기 전에도 천고만고의 세월이 흘렀고 내가 태어난 후에도 천세만세의 세월이 흐를 것이다. 가령 내가 백 년을 살더라도 우주적 관점에서 보면 찰나의 한 호흡에 지나지 않는다. 지금 다행히도 한 사람으로서 살아가면서 사람의 본분을 다한 후에 일생을 마치고 싶다. 내가 마음으로부터 바라는 나의 본령은 여기에 있다.

〔拾遺〕『채근담』에 이런 말이 있습니다.

"봄이 와서 계절이 화창하면 꽃은 한층 더 아름답게 피어나고 새들도 고운 노래를 지저귄다. 군자가 다행히 세상에 알려져서 따뜻하고 배부르게 살면서도 좋은 말과 좋은 일을 하지 않으면 비록 백 년을 살았더라도 하루도 살지 않은 것과 같다 春至時和, 花尙鋪一段好色, 鳥且囀幾句好音. 士君子, 幸列頭角, 復遇溫飽, 不思立好言行好事, 雖是在世百年, 恰似未生一日."

284

지극히 성실하면 미리 앞날을 알 수가 있다

마음의 기가 깨끗하고 밝을 때에야 일이 터지기 전에 그 중요한 기틀을 알고 일의 사정을 미리 느낀다. 극히 성실한 사람이 길흉화복을 미리 아는 것도 이에 가까운 도리이다.

〔拾遺〕『중용』제24장에 다음과 같은 구절이 있습니다.

"지극히 성실한 지성至誠의 도는 앞일을 미리 알 수가 있다. 국가가 흥성하려고 하면 반드시 좋은 조짐이 있고 국가가 망하려고 하면 반드시 불길한 조짐이 있다. 이는 시초와 거북껍질에서 나타나고 온몸의 움직임에 나타난다. 화와 복이 장차 이르려고 할 때 좋을 것을 반드시 먼저 알게 되며 좋지 못할 것도 반드시 먼저 알게 된다. 그러므로 지극한 성실함은 신과 같다至誠之道, 可以前知. 國家將興, 必有禎祥. 國家將亡, 必有妖孽. 見乎蓍龜, 動乎四體. 禍福將至. 善, 必先知之; 不善, 必先知之. 故至誠如神."

삶은 죽음의 시작이요, 죽음은 삶의 끝이다

삶은 죽음의 시작이요, 죽음은 삶의 끝이다. 태어나지 않았다면 죽을 까닭도 없고, 죽지 않으면 태어날 리도 없다. 삶은 물론 삶이요, 죽음 역시도 죽음이다. 『역경』「계사전」에서 "끊임없이 생하는 것을 역이라고 한다"가 바로 이를 말함이다.

강희맹 그림, 「독조도」, 15세기

한 순간의 들숨과 날숨에도
사생^{死生}의 도리가 나타난다

사후의 일을 알고 싶거든 당연히 태어나기 전의 일을 보는 게 좋다. 이는 가령 낮과 밤과 같은 것인데 깨어 있을 때와 자고 있을 때랑 같다. 이뿐만 아니라 날숨이 생^生이라면 들숨은 사^死이다. 한 순간의 들숨과 날숨에도 사생^{死生}의 도리가 나타나는 것이다.

288

유무有無와 생사生死의 관계

무릇 무無는 무에서 태어나지 않고 유有에서 무가 태어난다. 사死
는 사로부터 나오지 않고 생生으로부터 나온다.

「공자성적도」 중에서, '제자들이 공자의 장례를 치르다.'

289

고통과 즐거움이 서로 기대어 사는 까닭을 알라

힘겨움과 편안함은 형이상학이요, 죽음과 삶은 생명체의 흔적이다. 힘겹게 일하기에 즐겁다. 이를 깨달으면 인생에서 고통과 즐거움이 서로 기대어 사는 까닭을 알 수 있다. 또한 삶과 죽음도 서로에게 의지한다. 이를 깨달으면 천지 만물의 이치를 터득하게 된다.

292

참된 나는 영원불멸하다

꿈속의 나도 나고, 깨었을 때의 나 역시도 나이다. 그 꿈속의 나와 깨었을 때의 나를 아는 것은 마음의 영묘한 작용이다. 이 영묘한 마음의 작용이야말로 '진짜 나'이다. 이 진짜 나는 깰 때이든 잘 때이든 조금도 차이가 없는 것을 스스로 알아야만 한다. 진짜 나는 항상 내 안에 살고 있는 영혼이요, 항상 내 안에 살고 있는 지각으로 만고가 흘러가도 죽지 않는 불후의 진짜 나이다.

제4부

우주 · 생사 · 수양 · 교육 등에 관한 수상을 340조로 나누어 기록하였다. 서[序]

에서 "나는 올해로 80세가 되었지만 귀와 눈도 아직 심하게 쇠하질 않았다. 어

찌 행복한 일이 아니겠는가. 단 한 숨일지라도 학문을 멈출 수가 없다. 한 구절

씩 쓴 게 한 권이 되니 이를 『질록』이라고 부른다. 가에이[嘉永] 4년[1851년], 사토 잇

사이 80세 5월 5일에 쓰기 시작하다"라고 하였다. 저자는 여든이 넘은 나이에

도 불구하고 총명하고 필력이 쇠하지 않았으며, 학구열이 왕성했다는 것을 알

수가 있다. 덧붙여 말하면 『언지질록』에서 '늙은이 질' 자는 '늙은이'라는 의미

로 여든 살이나 혹은 일흔 살을 가리킨다. 1853년에 간행되었으니, 대략 2년 채

못 되어서 탈고를 한 셈이다. 가에이 6년 음력 8월 16일이라는 날짜가 새겨진

가와다 고우[河田興]의 발문이 붙어 있다.

서序

나는 올해로 여든 살이 되었지만 아직도 귀와 눈이 심하게 쇠하질 않았다. 어찌 행복한 일이 아니겠는가. 단 하나의 찰나의 숨결일지라도 배움을 멈출 수가 없다. 한 구절씩 쓴 게 한 권이 되니 이를 『질록耋錄』이라고 부른다. [가에이嘉永 4년1851년, 사토 잇사이 80세, 5월 5일에 쓰기 시작하다]

〔拾遺〕『예기禮記』「곡례曲禮」상편은 다음처럼 인생을 구분합니다.

"사람이 태어나 열 살이 되면 유幼라고 하니 이때는 배운다. 스무 살이 되면 약관弱冠이라 하니 이때 관례를 치른다. 서른 살이 되면 장壯이라 하니 이때 실室: 아내를 맞이하여 분가을 갖게 된다. 마흔 살이 되면 뜻이 더욱 굳세어지기에 강強이라 하며 이때 사仕: 본격적으로 일함한다. 쉰 살이 되면 터럭이 쑥처럼 창백해지기에 애艾라고 하며 이때 중요한 관직을 맡는다. 예순 살이 되면 기耆라 하며 이때에는 지사指使: 직접 일하지 않고 부하를 부림를 한다. 일흔 살이 되면 노老라고 하며 이때에는 맡은 일을 양보하고 은퇴를 한다. 여든 살이나 아흔 살을 모耄라고 하며 일곱 살 어린이는 도悼라고 하는데 모와 도는 죄를 짓더라도 처벌을 하지 않는다. 백 살이 되면 기期라고 하며 이때에는 부양을 받는다 人生十年曰幼, 學, 二十年曰弱冠, 三十日壯有室, 四十日强而仕, 五十日艾服官政, 六十日耆指使, 七十日老 而傳, 八十九十日耄, 七年日悼, 悼與耄, 雖有罪, 不加刑焉. 百年日期頤."

1

문^文, 행^行, 심^心은 학문을 하는 세 가지 단계이다

배움의 도는 하나다. 그러나 학문을 하는 단계는 세 가지이다. 처음에는 옛사람의 '문장^文'을 배우고, 그 다음에는 옛사람의 '행실^行'을 배우면서 자신의 행동을 반성하고, 마지막에는 옛사람의 '참된 정신^心'을 배운다. 그런데 곰곰이 생각해 보면 처음에 옛사람의 문장을 배워야겠다는 뜻을 세운 것은 자신의 마음에서 일어난 일이다. 그리고 마지막에 옛사람의 참된 정신을 배우겠다고 한 것은 자신이 뜻한 학문을 성숙시키겠다는 증거이다. 때문에 학문에는 세 가지의 단계가 있으나, 본래 각자가 따로따로인 게 아니라 시종일관 마음으로 마음의 학문을 하기에 세 가지 단계는 있으면서도 없다.

〔拾遺〕『논어』「술이」제24장에 이런 구절이 있습니다.

"공자께서는 네 가지를 가르치셨으니, 학문과 행실과 성실과 신의이다_{子以四敎: 文, 行, 忠, 信.}"

2

스승의 마음으로 자연스럽게 교화를 시키는 게
최고의 가르침이다

가르침에는 세 가지의 단계가 있다. 첫 번째 심교心敎는 특별한 방법과 수단을 거치지 않고 스승의 마음으로 자연스럽게 교화를 시키는 것이다. 두 번째 궁교躬敎는 스승의 행위 그 발자취를 모방하게 하는 것이다. 세 번째 언교言敎는 스승이 말로 설득하며 이끄는 가르침이다. 공자께서는 "나는 말하지 않으려 한다予欲無言"고 하셨다. 생각해 보건대 첫 번째 심교를 가장 고귀한 가르침으로 삼고 있다.

〔拾遺〕『논어』「양화」편 제19장에서 공자가 "나는 말하지 않으려 한다予欲無言"고 하자, 자공이 "선생님께서 만약 말씀하시지 않는다면, 저희들은 무엇을 배워서 전해야 합니까?"라고 되물어 공자가 이렇게 말하였습니다.

"하늘이 무슨 말을 하더냐? 사계절이 제대로 돌아가고, 삼라만상이 생겨나지만, 하늘이 무슨 말을 하더냐?天何言哉? 四時行焉, 百物生焉, 天何言哉?"

3

경서를 읽는 것은 내 자신의 본심을 읽는 것이다

성현이 쓴 경서經書를 읽는 것은 사실 자신의 본심을 읽는 거나 마찬가지다. 결코 자신의 본심 이외의 것을 읽는다고 생각하지 말라. 자신의 마음을 읽는다는 것은 천지 우주의 진리를 읽는 것이다. 결코 타인의 마음을 읽는다고 생각하지 말라.

덴쇼 슈분 그림, 「죽재독서도」, 15세기

9

사서^{四書}와 사계절의 묘미

사서^{四書}의 순서에는 자연의 사계절 그 오묘함이 담겨 있다.『대학』은 흡사 봄에 만물이 성장하는 것처럼 차츰차츰 수신^{修身}, 제가^{齊家}, 치국^{治國}, 평천하^{平天下}로 자라나간다.『논어』는 여름에 만물이 번성하는 것처럼 공자의 제자들과 수많은 세상 사람에게 여러 가지 문제들을 가르쳐주고 있다.『맹자』는 마치 가을에 열매를 맺는 것처럼 유교의 중요한 덕목인 인의^{仁義}를 밖으로 명징하게 드러내 보이고 있다.『중용』은 흡사 겨울이 만물의 생기를 은밀히 품안에 품고 있듯 유교의 철리를 설파하고 있다.

〔拾遺〕『논어』『맹자』『대학』『중용』을 사서^{四書}라는 이름으로 묶어 주석을 달고 편찬한 주희는『주자어류^{朱子語類}』에서 사서에 관해 이렇게 말했습니다.

"먼저『대학』을 읽고 배움의 규모를 정하고, 다음으로『논어』를 읽고 근본을 세우고, 다음으로『맹자』를 읽고 그 발전을 터득한 후, 다음으로『중용』을 읽고 옛사람의 오묘한 사상을 구하라^{先讀《大學》, 以定其規模, 次讀《論語》, 以立其根本. 次讀《孟子》, 以觀其發越. 次讀《中庸》, 以求古人之微妙處.}"

514

10

사람은 하늘의 도와 땅의 도의 합이다

맹자는 "가르쳐 주지 않아도 저절로 아는 것은 타고난 양지良知"라고 했는데, 이는 별다르게 생각하지 않아도 아는 것으로 이른바 천도天道이다. 또한 "배우지 않아도 저절로 아는 것은 양지良知"라고 했는데, 이는 이른바 지도地道이다. 이 천도와 지도가 합쳐져 인간이 태어났기 때문에 사람은 여하튼 이것으로부터 도망을 칠 수가 없다. 맹자의 가르침은 여기서부터 출발하니, 『맹자』일곱 편의 근본은 여기에 있다.

〔拾遺〕『맹자』는 원래 양혜왕梁惠王, 공손추公孫丑, 등문공藤文公, 이루離婁, 만장萬章, 고자告子, 진심盡心 등 일곱 편이었으나 한나라 때부터 각 편이 상하로 나뉘어 지금의 열네 편이 되었습니다.

14

동기와 목적 그리고 뜻을 높게 하라

무릇 배움을 시작할 때 반드시 훌륭한 사람이 되고자 하는 뜻을 세운 연후에 책을 읽어야만 한다. 그렇지 않으면 단지 쓸데없이 견문을 넓히고 지식을 쌓아 오만해지거나 나쁜 일을 숨기는 재주에만 뛰어날 우려가 있다. 이른바 "도적에게 무기를 빌려주고 도둑에게 식량을 대주는" 꼴이 되니 실로 걱정을 아니 할 수 없다.

　　〔拾遺〕 사마천 『사기』 「이사열전」에 진시황이 외국의 빈객들을 내쫓으려고 하자 초나라 출신인 이사가 이에 반대하는 상소인 「간축객서諫逐客書」를 올립니다. 바로 그 글에 "도적에게 군사를 빌려주고 도둑에게 식량을 대주는 것借寇兵而齎盜糧"이란 말이 나옵니다. 유능한 선비를 단지 외국인이라고 해서 등용하지 않고 내쫓는 것은 "다른 나라"를 이롭게 하는 짓일 뿐이라는 것이지요.

15

문자가 없는 책을 읽어라

학문을 시작함에는 마땅히 문자로 된 책을 읽어야만 하고, 학문이 성숙해지면 문자가 없는 책 즉 천지자연의 이치, 사회의 실태, 인정의 기미 등을 읽어야만 한다.

17

학문을 하려는 자는 스스로 부싯돌을 치고
스스로 우물을 파라

학문에 뜻을 두고 인격을 연마하려고 하는 자는 오로지 자기 자신만을 의지해야 한다는 각오를 하지 않으면 안 된다. 타인의 열에 의지해 따뜻해지려고 하지 말라. 『회남자^{淮南子}』에 "불을 남에게 구걸하는 것보다 스스로 부싯돌을 치고 불을 내는 것이 더 좋다. 남의 우물에서 물을 긷는 것보다 스스로 우물을 파는 것이 더 좋다"라고 쓰여 있다. 이것은 자기 자신에게 의지하라는 말이다.

19

시집을 갈 때 입을 옷이나 짜는 것처럼
학문을 하지 말라

이 학문이라 하는 것은 자신의 덕을 기르기 위해서 하는 것이
므로 마땅히 자신의 깨달음을 숭상해야 한다. 잡다한 학문을 하
며 외면을 꾸미기 위해 학문을 하면 안 된다. 요즘 학문을 하는
자는 위태롭게도 학문을 하는 진짜 정신을 잊어버리고 남을 위해
서 '혼수 옷^{嫁衣裳}'이나 짜는 것처럼 하고 있을 뿐이다.

〔拾遺〕『논어』「헌문」편에서 공자는 이렇게 말하였습니다.

"옛날에 배우고자 하는 사람은 자신의 수양을 위하여 공부하였으나,
요즘 배우는 사람들은 다른 사람에게 인정받기 위해 공부한다^{古之學者爲}
^{己, 今之學者爲人}."

당나라 시인 진도옥^{秦韜玉}의 「빈녀시^{貧女詩}」에서 '혼수 옷^{嫁衣裳}'은 '자
신의 노력이 자신을 위한 게 아니라 남의 영화를 위한 희생되었다'라는
의미입니다.

"가난한 집에서 비단옷 감미로움도 모르고 중매를 부탁하려니 더욱

마음만 상하네.

누가 풍류의 고상함을 좋아하지 않을까, 누가 와서 그녀의 검소한 머리카락을 보아주리오.

감히 열 손가락 고운 바느질 자랑하지만 길게 그린 두 눈썹은 자랑하지 않는다네.

마음 아프고 한스러워라, 해마다 금실로 수를 놓으며 남을 위한 혼수 옷을 짰다오.

蓬門未識綺羅香, 擬託良媒益自傷.

誰愛風流高格調, 共憐時世儉梳妝.

敢將十指誇鍼巧, 不把雙眉鬪畵長.

苦恨年年壓金線, 爲他人作嫁衣裳.

20

뉘우침, 격렬함, 두려움은 죄다 좋지 않은 글자인가

회悔: 뉘우침 자, 격激: 격렬함 자, 구懼: 두려움 자는 죄다 좋지 않은 글자다. 즉 '회' 자는 과거에 일어난 일을 후회하는 것이요, '격' 자는 마음의 조화를 잃어버린 것이요, '구' 자는 마음이 꽉 차지 못해 두려움에 부들부들 떠는 것이다. 그러나 한번 뜻을 세우고 이것들을 보면 '회' 자는 과거를 다시 좋게 바라보는 첫 발걸음이고, '격' 자는 발분해 스스로를 격려한 것이며, '구' 자는 스스로 몸을 삼가며 조심하는 것이므로 선을 이루는 계기가 될 수 있다. 이처럼 활용할 수 있으니 스스로 반성하고 성찰해야 한다.

21

'후회할 회悔' 자는 선과 악의 분기점이다

'후회할 회悔' 자는 선과 악의 분기점에 있는 글자이다. 군자는 후회하고 선으로 옮겨가나, 소인은 후회하고 악한 쪽으로 붙어 가고 만다. 때문에 여러분은 확고하게 뜻을 세우고, 이 '회' 자를 정복하여 우물쭈물 여러분 곁에서 맴도는 악폐로부터 벗어나야 한다.

22

'입立' 자의 세 가지 함의

입지立志의 '입立' 자는 수립堅立: 곧게 섬, 표치標置: 기품을 높이 가짐, 부동不動: 견고하게 움직이지 않음, 이 세 가지의 의미를 함께 품고 있다. 즉 입지란 뜻을 곧게 세워 그 뜻으로 기품을 높이 세우고 흔들리지 않는 부동의 마음으로 뜻을 펼치는 것이다.

김홍도 그림, 「고사소요도」, 18세기

23

수오지심羞惡之心으로부터 입지를 시작하라

입지를 궁리함에는 반드시 우선은 자신의 불선을 부끄럽게 생각하고 남의 불선을 미워하는 마음에서 출발하지 않으면 안 된다. 부끄럽지 않은 것을 부끄럽게 생각하지 말라. 또한 부끄러운 것을 부끄럽지 않다고도 생각하지 말라. 맹자는 『맹자』「진심상」편에서 "사람은 부끄러워하는 마음이 없어서는 안 된다. 부끄러워하는 마음이 없음을 부끄럽게 생각한다면 진정 부끄러워할 것이 없게 될 것이다人不可以無恥. 無恥之恥. 無恥矣"라고 말하였다. 입지는 이렇게 출발하여야 한다.

24

───

홍로점설 紅爐點雪

사람이 사욕을 억제하기 어려운 까닭은 뜻이 아직 서지 않은 탓이다. 뜻을 세우면 욕망은 정말로 빨갛게 달아오른 화로 위의 한 점 눈처럼 찰나에 사라지고 마는 홍로점설紅爐點雪이다. 고로 입지란 위로는 도리를 구명하고 아래로는 일상다반사까지 그 모두 방면에서 철두철미하게 수양하는 것이다.

27

뜻은 크게 세우고 노력은 세밀하게 하라

배움에 뜻을 둔 자는, 뜻은 크게 세우고 노력은 죄다 세밀해야 한다. 작은 일도 여하튼 큰일의 시작이 되거나 계기가 되지 않은 가. 『역경』「계사전繫辭傳」에서 "복復은 작되 사물을 변별한다"라고 한 것, 다시 말해 "복復은 뉘우쳐 바른 길로 되돌아가는 것이요, 과실이 적을 때 사물의 도리를 알아채는 것이다"라는 말이다.

28

기질을 좋게 변화시키려면 배움을 멀리하지 말라

배움의 효과는 기질을 좋게 변화시키는 데 있고, 그것을 실행하는 원점은 입지^{立志}에 있다.

〔拾遺〕송나라 왕응린^{王應麟, 1223-1296년}이 지은 중국 최고의 어린이 한자 교과서인 『삼자경^{三字經}』에는 이런 구절이 있습니다.

"사람이 처음 태어나서는 본디 착하여서 성품은 서로 비슷하나 습성은 환경에 따라 서로 다르다네. 진실로 가르치지 않으면 착한 본성이 변하게 되어 가르침의 도는 귀하면서 한결같아야 하네. 자식을 가르치지 않음은 아버지의 허물이요, 엄하게 가르치지 않음은 스승의 게으름이라네. 옥은 쪼아 갈고 다듬지 않으면 그릇이 되지 못하며, 사람이 배우지 않으면 의로운 도리를 알지 못하네^{人之初, 性本善. 性相近, 習相遠. 苟不敎, 性乃遷. 敎之道, 貴以專. 養不敎, 父之過. 敎不嚴, 師之惰. 玉不琢, 不成器. 人不學, 不知義.}"

『공자가어』에서 공자는 "습관은 자연과 같다^{習慣若自然也}"라고 했는데 습관은 결국 타고난 천성처럼 되어버린다는 말입니다.

31

번민은 지혜의 어머니다

마음이 고통스러워 이리저리 사리분별을 해보고서야 자신의 참된 지혜가 나온다. 반대로 옷을 따뜻이 입고 음식을 배부르게 먹으며 아무런 걱정이 없는 편한 생활을 하면 사리분별의 힘이 묻히고 만다. 마치 쓴 게 약이 되고, 단 게 독이 되는 것과 같다.

〔拾遺〕『맹자』「고자상」편에서 맹자는 "하늘이 장차 어떤 사람에게 큰일을 시키려 할 때는 마음을 괴롭게 하고 몸을 곤궁하게 한다"며 이렇게 말했습니다.

"순은 농사를 짓다가 떨쳐 일어났고, 부열은 성벽 쌓는 일을 하다가 기용되었고, 교력은 어물과 소금을 팔다가 기용되었고, 관중은 옥리에게 잡혀 있다가 기용되었고, 손숙오는 바닷가에 살다가 기용되었고, 백리해는 시장에서 살다가 기용되었다.

그러므로 하늘이 장차 어떤 사람에게 큰일을 시키려고 할 때는 반드시 먼저 그의 마음을 괴롭게 하고 그의 근골을 힘들게 하며, 그의 몸을 굶주리게 하고, 그의 몸을 곤궁하게 하며, 어떤 일을 할 때 그가 바라는 대로 되지 않게 어지럽힌다. 이것은 그의 마음을 분발시키고 성질을 참을성 있게 해 그가 할 수 없었던 일을 해낼 수 있게 도와주기 위한 것이다.

사람은 언제나 잘못을 저지른 후에야 고칠 수 있다. 마음으로 번민을 느끼고 이리저리 생각을 해보고서야 분발하며, 낯빛으로 분명하게 나타나고 음성으로 터져 나온 후에야 깨닫게 된다.

안으로 임금을 분발시킬 법도 있는 가문과 보필하는 선비가 없고 밖으로 적국과 외환이 없는 나라는 늘 멸망한다. 이로써 근심과 걱정은 사람을 살아나게 하고 안일한 쾌락은 사람을 죽게 한다는 것을 알 수가 있다."

舜發於畎畝之中, 傅說擧於版築之間, 膠鬲擧於魚鹽之中, 管夷吾擧於士, 孫叔敖擧於海, 百里奚擧於市. 故天將降大任於是人也, 必先苦其心志, 勞其筋骨, 餓其體膚, 空乏其身, 行拂亂其所爲, 所以動心忍性, 曾益其所不能. 人恒過, 然後能改; 困於心, 衡於慮, 而後作; 徵於色, 發於聲, 而後喩. 入則無法家拂士, 出則無敵國外患者, 國恒亡. 然後知生於憂患而死於安樂也.

32

일이 뜻대로 되지 않는다고 해서
무작정 손을 놓지 말라

자신의 뜻대로 일이 되는 득의는 사실 두려워해야지 기뻐할 게
아니다. 자신의 뜻대로 일이 되지 않는 실의의 때는 도리어 신중
해야지 결코 놀라지 말아야 한다.

〔**拾遺**〕『채근담』에 이런 말이 있습니다.

"은혜를 받고 있는 그 속에서 재앙이 싹트는 것이니 그러므로 만족
스러울 때에는 주위를 되돌아보라. 또한 실패한 뒤에 오히려 성공
이 따르는 수도 있는 것이니 일이 뜻대로 되지 않는다고 해서 무작
정 손을 놓지 말라 恩裡, 由來生害. 故 快意時, 須早回頭. 敗後, 或反成功. 故 拂心處,
莫便放手."

33

득의와 실의의 역설

평상시에 바라는 대로 되는 일이 많고 실망스러운 일이 적으면 그 사람은 진지하게 생각하는 일이 없기 때문에 사리분별이 감소해 간다. 실로 불행이라고 하지 않을 수 없다. 이에 반해 득의의 일이 적고 실의의 일이 많으면 그 사람은 난처한 일을 제거하려고 여러 가지 궁리를 하므로 지혜나 사리분별이 증가한다. 역설적으로 행복이라 할 만하다.

39

자신을 이기는 극기는 대충대충 하지 말라

자신의 타고난 기질을 파악하는 일은 자신을 이기는 법을 궁리하는 것이다. 말하는 것도 침묵하는 것도 움직이는 것도 멈추는 것도, 모두가 극진하고 화평하고 온화하고 느긋해야 한다. 대충대충 얼버무려서도, 극렬해서도, 성급해서도 안 된다.

〔**拾遺**〕『여씨춘추呂氏春秋』「선기先己」는 "남을 이기고자 하는 자는 반드시 우선 스스로의 욕망을 이겨야 한다欲勝人者, 必先自勝"고 합니다.

42

사람의 욕망 중에서 음식욕이 가장 심하다

사람의 욕망 중에서 음식욕이 가장 심하다. 내가 천한 노역에 종사하는 사람들을 관찰한 바에 따르면, 좁고 옹색한 누항에 살고 몸에는 남루한 옷을 걸쳐 입었지만 오로지 음식만은 전부 과분하게 먹는다. 그리고 날마다 버는 노임을 전부 음식 값에 지불한다. 또한 늘 번번이 자신의 옷을 저당 잡히며 술과 안주를 탐낸다. 신분이 높은 이들의 음식은 풍부하고 게다가 신선하다. 그래서 공자는 "한 그릇의 밥과 한 표주박의 물을 가지고 즐겁게 사는單食瓢飮" 안회를 칭찬했고, 또한 자신은 "형편없는 식사"를 하면서도 신을 공경한 대우大禹를 칭찬했다. 이로 보아 음식에 대한 욕망을 억제하는 것은 쉽지 않다는 것을 추론할 수 있다.

[拾遺] 『논어』 「옹야」편 제9장에서 공자가 말하였습니다.

"어질도다, 회여! 한 그릇의 밥과 한 표주박의 물을 가지고 누추한 거리에 살고 있으니, 보통 사람들이라면 그런 근심을 견뎌내지 못하겠지만, 회는 그 즐거움이 변치 않는구나. 어질도다. 회여!子曰: "賢哉, 回也! 一簞食, 一瓢飮, 在陋巷. 人不堪其憂, 回也不改其樂. 賢哉, 回也!."

「태백」편 제21장에서는 이렇게 말하였습니다.

"우임금에 대해서라면 나는 비난할 것이 없다. 자신의 식사는 형편 없으면서도 귀신에게는 정성을 다하였고, 자신의 의복은 검소하게 입으면서도 제사 때의 예복은 아름다움을 지극히 했으며, 자신의 집은 허름하게 하면서도 농민들의 관개사업에는 온 힘을 기울였다. 우임금에 대해서라면 나는 비난할 것이 없다.禹, 吾無間然矣. 非飲食, 而致孝乎鬼神; 惡衣服, 而致美乎黻冕; 卑宮室, 而盡力乎溝洫. 禹, 吾無間然矣."

47

마음은 내 안에 살아 있는 생명체이다

무릇 살아 있는 생명체는 영양을 취하지 않으면 곧바로 죽어버린다. 마음은 곧 내 안에 존재하며 살아 움직이는 하나의 크나큰 생명체이다. 특히나 마음이라는 생명체도 기르고 북돋아주지 않으면 곧장 죽기 마련이다. 마음을 어찌 기르란 말인가. 의리로 마음을 길러주는 것 외에는 다른 방법이 없다.

심사정 그림, 「매화와 새」, 18세기

49
기쁨은 봄, 노여움은 여름,
슬픔은 가을, 즐거움은 겨울과 같다

기쁨喜은 봄과 같아 마음의 본령이고, 노여움怒은 여름과 같아 마음의 변동이요, 슬픔哀은 가을과 같아 마음이 긴장한 모양새이며, 즐거움樂은 겨울과 같아 마음이 그 스스로 언음이다. 마음이 그 스스로 얻은 이 모양새가 또 기쁨의 봄으로 돌아가는 것이다.

〔拾遺〕 북송 시대의 유학자 정명도程明道의 시 「추일우성秋日偶成」이 생각납니다.

한가히 지냄에도 일이 조용치 아니함이 없고 잠을 깨니 동녘 창가에 해가 이미 붉더라.

만물을 고요히 보니 다 스스로 얻었으니, 사시절 아름다운 흥을 사람과 더불어 같이 하도다.

도는 천지 무형한 밖에까지 통하고 생각은 풍운 변태 가운데 들도다.

부귀에 음란하지 않고 빈천에 즐기니 남아 대장부가 이에 이르면 이것이 영웅호걸이로다.

閑來無事不從容 睡覺東窓日已紅

萬物靜觀皆自得 四時佳興與人同

道通天地無形外 思入風雲變態中

富貴不淫貧賤樂 男兒到此是豪雄

또 『주자어류』에는 이런 말이 나옵니다.

"천지는 그 마음이 만물에 두루 미치기 때문에, 사람이 그것을 얻으면 사람의 마음이 되고, 사물이 그것을 얻으면 사물의 마음이 되고, 초목과 짐승이 그것을 얻으면 초목과 짐승의 마음이 되니, 오직 천지의 마음 하나일 뿐이다."

배움에는 어린아이의 진심으로 되돌아가는 게
가장 중요하다

사람은 어릴 때는 완전하게 진심을 갖고 있다. 얼마간 성장하면 사심이 조금씩 생겨난다. 그리고 제 몫을 하게 되면, 게다가 한층 더 세속의 습관에 익숙해지면 진심을 거의 잃어버린다. 고로 성인의 학문을 이루고자 하는 이는 늘 단호하게 세속의 습관을 뿌리치고, 어린아이의 진심으로 되돌아가야 한다. 이것이 가장 중요하다.

〔拾遺〕『도덕경』제10장에서 노자는 "정기를 오로지 하고 유연함을 달성하여 어린아이처럼 되어야 한다專氣致柔, 能 兒乎"며, 갓난아기처럼 사물에 열중하여 만사에 유연해지고 싶다고 합니다.

55

마음 수양과 마음의 본체

마음의 본체는 없는 것처럼 생각되지만 존재한다는 것을 구명하는 게 수양이다. 이에 반해 마음의 본체를 구명하면 존재하지 않는 것처럼 되는 게 마음의 실상이다.

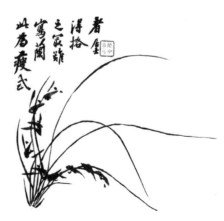

김정희 그림, 『난맹첩』 중 「수식득격」, 19세기

56

도심과 인심

모를 듯하나 아는 게 도심道心이요. 안 듯하지만 모르는 게 인심
人心이다.

〔拾遺〕 여기서 도심道心은 왕양명의 양지良知이고, 인심은 사욕私欲입
니다. 그래서 순자는 『순자』「해폐解蔽」편에서 "인심은 위태롭고 도심은
희미하다人心之危, 道心之微"고 하였고, 또한 『서경』「대우모大禹謨」편은
"인심은 위태롭기만 하고 도심은 극히 미미하다人心惟危, 道心惟微"라고
합니다.

57

청천백일한 본성은 내 맘 속에 있다

마음이 고요하면 능히 빛나는 태양의 은혜를 알 수가 있고 눈이 밝을 때에는 푸른 창공의 장쾌함을 알 수가 있다. 이는 북송의 대유 정백씨^{程伯氏} 정명도의 말이다. 이 말처럼 착한 본성은 푸른 하늘과 밝은 대낮과 같이 항상 자기 자신에게 있지 자신의 밖에 있지 않다. 이를 좌우명으로 삼고 교훈을 얻어라.

58

정직을 마음의 각주로 삼아라

사람이 이 세상에서 산다는 것은 곧바로 정직해야 한다는 말이다. 이 말을 잘 곱씹어 마음의 각주로 삼아라.

〔**拾遺**〕『논어』「옹야」편 제17장에서 공자가 이렇게 말하였습니다.

"사람의 삶은 정직해야 한다. 정직하지 않은 삶은 요행히 화나 면하는 것이다 人之生也直, 罔之生也, 幸而免."

59

유사시에 고요한 마음을 먹기가 쉽다

어떤 사건이 터질 때는 마음을 고요하고 평안하게 먹는 게 어려울 것 같지만 오히려 쉽다. 이와 반대로 아무런 일이 터지지 않을 때는 이 마음의 움직임이 활발해지는 게 쉬울 것 같으나 사실은 어렵다.

셋손 슈케 그림, 「풍도도」, 16세기

62

감정 중에서 가장 빠른 것은 노여움과 정욕이다

인간이 감정을 일으키는 경우를 생각해 보면 느림과 빠름이 있다. 그중에서 가장 급한 것은 분노와 정욕情欲이다. 분노는 마치 불과 같기에 이것을 누르지 않으면 자신이 타버리고 만다. 정욕은 흡사 홍수와 같기에 이것을 막지 않으면 스스로 익사하고 만다. 『역경』「손괘損卦」에서 "산 아래 못이 있는 것이 손損이니 군자가 이를 본받아서 성냄을 징계하고 욕심을 막느니라山下有澤. 損君子以懲忿窒欲"라고 하였는바, 분노와 정욕을 덜어내는 노력이 긴요하다는 것을 말함이다.

〔拾遺〕 주희의 『근사록』은 "사람의 감정은 드러나기는 쉽지만 제어하기는 어려운데, 노여움이 그중에서 가장 심하다人之情, 易發而難制者, 惟怒爲甚"고 합니다.

64

남의 악한 것을 감추어주고 선한 것을 자랑해 주라

남을 대할 때는 "그 사람의 악을 감추어 주고 선을 자랑해 주는 것^{隱惡揚善}"이 가장 좋지만 이를 자신에게 적용하지 말라. 자신에 대해서는 "착한 것을 보면 재빠르게 옮기고 허물이 있으면 빨리 고치게 해야 한다^{遷善改過}." 그러나 이것으로 남을 꾸짖지는 말라.

65

성인의 마음은 양자강과 한수의 물로 씻은 듯하다

성현의 마음속은 개운하고 깨끗하여 한 점의 더러움도 없다. 어떻게 말해야 이를 가장 잘 표현할 수가 있을까?『맹자』「등문공상」편에서 증자가 말했다. "공자 선생님의 덕은 양자강과 한수의 물로 씻은 듯하고 가을볕에 쪼인 듯해서 더할 나위 없이 희디 희게 깨끗하다江漢以濯之, 秋陽以暴之, 皜皜乎不可尙已." 이 말이 성현의 흉중을 표현한 것에 가깝다고 생각한다.

66

사람의 본래 마음은 태양과 같다

사람 마음의 영묘한 모양새는 흡사 태양이 환히 빛나는 것과 같다. 하지만 극벌원욕克伐怨欲, 이 네 가지 악덕이 솟아나는 것은 마치 구름과 안개가 사방을 가로막아 태양이 보이지 않는 형세와 같이, 사람 마음의 영묘함이 어디에 있는지 알 수가 없게 된다. 그래서 성심성의껏 이 운무雲霧 즉 네 가지 악덕을 없애고 밝게 빛나는 태양을 우러를 수 있는 게 그 무엇보다 중요하다. 무릇 배움의 요체는 이것부터 기초를 세우는 것이다. 그래서 『중용』에서도 "모든 것은 성실함誠에서 시작되고 성으로 끝난다"라고 하였다.

〔拾遺〕극벌원욕克伐怨欲은 『논어』 「헌문憲問」편 제2장에서 자사子思가 공자에게 이렇게 묻는 대목에서 나옵니다.

"남을 이기려 하고, 자기를 과시하고, 남을 원망하고, 욕심을 내는 일을 하지 않으면 인하다고 할 수 있습니까?克伐怨欲, 不行焉, 可以爲仁矣?"

『중용』 제25장에는 다음과 같은 말이 나옵니다.

"성실함이란 만물의 처음이요 끝이니, 성실하지 않으면 만물이 존재하지 않는다. 고로 군자는 성실함을 귀하게 여긴다誠者物之終始, 不誠無物. 是故君子誠之爲貴."

『역경』「수괘需卦」는 "수는 정성이 있으면 광명하고 형통하며, 올바르면 길하여, 큰 내를 건너는 것이 이롭다需有孚, 光亨, 貞吉, 利涉大川"고 하였습니다. 성심성의를 가지고 때를 기다리면 일은 크게 성공하고 불가능하다고 생각되는 어려운 일도 해낼 수 있다는 것입니다.

69

천상의 달은 늘 저 멀리서 비추거늘
일정하지 않다고 말하지 말라

지구는 항상 변하지 않고 자전과 공전을 계속 하고 있지만 우리들은 그 변화를 눈치 채지 못하고 있다. 천상의 달은 항상 우리를 옛날부터 저 멀리서 비추고 있거늘 새삼스럽게 일정하다고 말할 필요가 없다. 이렇게 천지간에 모든 사물이 살아 있는 게 당연한 도리이다.

〔拾遺〕소동파의 명문인「전적벽부前赤壁賦」에 다음과 같은 문장이 있습니다.

"무릇 모든 것을 변한다는 관점으로 보면 천지도 능히 한순간이 못될 것이요, 모든 것을 변하지 않는다는 관점으로 보면 사물과 내가 모두 끝이 없는 것이니, 다시 또 무엇을 부러워하랴盖將自其變者而觀之, 則天地曾不能以一瞬; 自其不變者而觀之, 則物與我皆无盡也, 而又何羨乎?"

71

마음으로 들으면 분명해진다

표면에 나타난 현상을 눈으로만 보고는 진상을 모르지만 마음으로 보면 실상이 명확해진다. 또한 귀로만 들으면 진상이 확실하지 않지만 마음으로 들으면 분명해진다. 말과 행동거지도 똑같은 이치다.

〔拾遺〕『대학』에서는 "마음이 있지 않으면 보아도 보이지 않고 들어도 들리지 않으며 먹어도 그 맛을 알지 못한다心不在焉, 視而不見, 聽而不聞, 食而不知其味"고 하였습니다.

73

진짜 총명함은 마음속에서 빛나고 있다

의심나는 것을 잘 변별하는 게 총명처럼 보인다. 사물의 의심나는 부분은 역시나 분별을 할 수 있지만, 이해득실이 의심스러운 것은 분별하기가 어렵다. 그러나 이해득실의 의심도 어쩐지 분별을 할 수가 있을 것만 같다. 사실 마음의 움직임이 의심스러운 것이 가장 분별하기 어렵다. 단지 영묘한 마음의 빛으로 이를 비추어 보면 명예욕이나 물욕과 같은 외물도 도망을 갈 곳이 없어 명명백백하게 자신과 외물을 분별할 수 있게 한다. 이것이 진짜 총명이다.

〔**拾遺**〕『논어』「옹야」편에서 공자는 이렇게 말하였습니다.

"사람의 삶은 정직해야 한다. 정직하지 않은 삶은 요행히 화나 면하고 있는 것이다 人之生也直, 罔之生也幸而免."

모든 일의 지휘관인 기氣는 몸 안에 가득 차 있다

인심人心의 영묘한 움직임은 기가 주체다. 그 기는 몸에 충만하다. 때문에 무릇 일을 함에 이 기가 선도를 하면 온갖 거동에 잘못이 없다. 이는 기능이든 공예든 마찬가지다.

〔拾遺〕맹자는 「공손추상」편에서 이렇게 말했습니다.

"무릇 의지志는 기氣를 통솔하는 것이고 기는 몸을 가득 채우고 있는 것이다. 이 의지가 먼저 있고 기는 그것을 따라간다. 그러므로 의지를 굳게 지니며 기를 함부로 움직여서는 안 된다夫志, 氣之師也氣, 氣, 體之充也. 夫志至焉, 氣次焉. 故曰, '持其志, 無暴其氣'."

79

음덕을 베푸는 것을 기피하지 말라

원래 자신을 위해 계획한 일이 그 흔적을 따라가 보면 남을 위한 일로 보이는 경우가 있다. 반대로 원래는 남을 위하고자 한 일이 혹여 자신을 위해 하는 일이 아닌가 하는 의심이 드는 경우도 있다. 설령 의심이 든다고 해서 이를 기피해서는 안 된다.

〔拾遺〕『회남자淮南子』「인간훈人間訓」에 이런 글귀가 있습니다.

"무릇 음덕이 있는 자에게는 반드시 양보가 있으며 음행을 행하는 자에게는 반드시 뚜렷한 명성이 있다夫有陰德者, 必有陽報; 有陰行者, 必有昭名."

『구당서舊唐書』「장사형전張士衡傳」은 "선악의 보답은 마치 그림자가 형태를 따르는 것과 같다善惡之報, 若影隨形"라고 하였습니다.

영기를 전혀 지니지 못한 소인은 그 얼마던가

영기靈氣는 천지간의 정령精靈의 기다. 성인은 이것을 안에 품고 있지 굳이 밖으로 드러내지 않는다. 현자는 때때로 이것을 노출한다. 그 밖의 호걸 지사들은 이 영기를 전부 드러내고 만다. 이에 반해 이 영기를 전혀 지니지 못한 비루하고 평범한 소인은 그 수를 이루 헤아릴 수가 없다.

85

바람, 비, 서리, 이슬도 모두 선생님이다

산들산들 부는 봄바람은 사람의 마음을 부드럽게 하고, 우르르 쾅쾅 격렬하게 울려 퍼지는 우레와 천둥소리는 사람의 마음을 놀라게 하고, 쓸쓸하게 내리는 서리와 이슬은 사람의 마음을 숙연하게 하고, 차갑게 내리는 눈은 사람의 마음을 굳게 한다. 『예기』에서 "바람, 비, 서리, 이슬도 가르침이 아닌 게 아니다風雨霜露無非敎"라고 한 게 바로 이와 같은 말이다.

91

신독

늘 마음을 바르게 가져 덕성을 닦는 거경居敬의 수양에는 홀로 있을 때 삼가 도리에 어긋나지 않도록 노력하는 신독愼獨이 가장 중요하다. 사람이 있으니까 삼가 조심한다면 곧바로 사람이 없을 때는 삼가 조심하지 않을 것이다. 사람이 없을 때 스스로 삼가 조심하면 곧바로 사람이 있을 때는 더더욱 삼가 조심하지 않겠는가. 그래서 『시경』「대아」에서는 "집안에서 가장 깊숙하여 사람의 눈에 띄지 않는 옥루屋漏에 있을 때 부끄럽지 않다"고 하였고, 정자程子는 "배움은 어두운 곳에서 사기를 치지 않는다學始於不欺闇室"라고 하였는데, 이는 모두 신독이 중요함을 가르쳐주고 있다.

93

사람은 반드시 스스로를 업신여긴 후에 남이 업신여긴다

소와 말에게 꼴을 먹이는 어린아이가 허리를 숙여 절을 하더라도 고개를 끄덕이며 인사를 하지 않으면 안 된다. 또한 젖먹이가 팔짱을 끼며 친근함을 표하더라도 깔보고 놀려서는 안 된다. 군자는 공손함을 갑옷으로 삼고 겸손하게 양보하는 마음을 방패로 삼는데 감히 그 누구에게 무례를 범하겠는가. 그래서 옛사람은 "무릇 사람은 반드시 스스로를 업신여긴 후에 남이 업신여긴다"고 하였다.

〔拾遺〕『맹자』「이루상」편에 맹자가 말한 다음과 같은 글귀가 있습니다.

"무릇 사람은 반드시 스스로를 업신여긴 후에 남이 업신여기고, 집안도 반드시 스스로 망친 후에 남이 망치고, 나라도 반드시 스스로 공격한 뒤에 남이 공격한다. 『서경』의 「태갑」에서 '하늘이 만든 재앙은 오히려 피할 수 있어도 스스로 만든 재앙은 빠져나갈 길이 없다'고 한 것은 바로 이것을 말함이다. 夫人必自侮, 然後人侮之; 家必自毀, 而後人毀之; 國必自伐, 而後人伐之."

94

경의 마음이 헐렁해지면 음모를 꾸민다

삼가 마음을 절제하며 공손한 경敬의 마음이 다소라도 헐렁해지면 곧바로 음모를 꾸미려는 마음이 생겨난다. 다름 아니라 명리名利를 좇는 마음이 솟아나니 경의 마음은 조금이라도 느슨해져서는 안 된다.

98

경敬은 고요함과 움직임을 한 꾸러미로 꿰고 있다

정좌 중에도 사람을 대하고 사물을 접할 때의 궁리를 잊지 말아야 곧바로 정중동靜中動의 경이다. 사람을 대하고 사물을 접할 때에도 정좌할 때의 궁리를 잊지 말아야 이 역시 동중정動中靜의 경이다. 때문에 경은 고요함靜과 움직임動을 하나로 꿰고 있다.

하세가와 도하쿠 그림, 「한강도주」, 16세기

99

수양이라는 집에서 성誠은 기둥이요, 경敬은 용마루이다

수양을 할 때 진심으로 성실한 성誠은 마치 집을 지을 때 토대를 잘 닦고 기둥을 세우는 것과 같으므로 근본을 세우는 수양의 세로축이다. 항상 몸과 마음을 삼가며 바르고 공손한 경敬은 용마루와 서까래를 놓은 것과 같으므로 수양의 가로축이다.

〔拾遺〕『중용』은 성誠을 이렇게 말합니다.

"성誠은 하늘의 도이며 성실해지려고 함은 사람의 도이다. 성실한 사람은 힘쓰지 않아도 딱 들어맞고 생각하지 않고도 파악할 수 있어서 차분하게 도에 맞으니 성인이다. 성실해지려고 하는 사람은 선한 것을 택해서 굳게 그것을 잡는 사람이다. 성실해지려고 하는 사람은 폭넓게 배우고 자세하게 묻고 신중하게 생각하며, 분명하게 변별하고, 돈독하게 행하여야 한다誠者, 天之道也; 誠之者, 人之道也. 誠者不勉而中, 不思而得, 從容中道, 聖人也. 誠之者, 擇善而固執之者也. 博學之, 審問之, 愼思之, 明辨之, 篤行之. 誠天道."

107

자신의 공명과 이욕을 위해 일하는 것을
정치라고 하지 말라

허무 즉 흉중에 아무런 생각도 없는 것을 덕행이라고 하지 말라. 궤변 즉 시시비비를 뒤바꾼 기괴한 변설을 명론탁설이라고 하지 말라. 자신의 공명과 이욕을 위해 일하는 것을 정치라고 하지 말라. 내용도 없이 아름다운 말과 문장만을 보고 참된 문학이라고 하지 말라.

마음속의 일은 달처럼, 바람처럼 대하라

송나라 대유^{大儒} 호문정은 말하였다. "세상사는 마땅히 흐르는 구름이나 흐르는 물처럼 구애를 받지 말아야 한다." 나는 말한다. "심사^{心事}는 마땅히 밝은 달이나 깨끗한 바람처럼 시원하고 산뜻하게 대하는 게 좋다."

111

시비선악은 올바른 도리 안에 있다

『맹자』「고자상」편에 "옳고 그름을 판단하는 마음是非之心은 사람이라면 누구나 가지고 있다"고 하였다. 단지 보통 사람들은 시비선악을 이해관계의 잣대로 삼는다. 성현은 시비선악을 올바른 도리의 기준으로 삼는다. 즉 소인은 이해관계를 우선하고 도리를 나중으로 하기에 도리어 이득을 잃고 해를 부르는 것이다.

〔拾遺〕『맹자』「공손추상」편에서 맹자는 다음처럼 '사단四端'을 말합니다.

"'측은하게 여기는 마음惻隱之心'이 없다면 사람이 아니고, '부끄러워하는 마음羞惡之心'이 없다면 사람이 아니며, '사양하는 마음辭讓之心'이 없다면 사람이 아니고, '옳고 그름을 판단하는 마음是非之心'이 없다면 사람이 아니다. 측은하게 여기는 마음은 인仁의 단서端緖이고 부끄러워하는 마음은 의義의 단서이고, 사양하는 마음은 예禮의 단서이고, 시비를 가리는 마음은 지智의 단서이다. 사람이 이 네 가지 단서四端를 가지고 있는 것은 그가 사지를 가지고 있는 것과 같다. 이 네 가지 단서를 가지고 있는데도 자신은 선을 실천할 수 없다고 말하는 사람은 스스로를 해치는 자이고 자기의 군주는 선을 실천할 수 없다고 말하는 사람은 자기의 군주를 해치는 자이다. 무릇 나에게 갖추어져 있는 네 가지 단서를 모두 확대시켜 가득 차게 할 줄 알면 마치 불이 타오르기 시작하고 샘이 솟아나기 시작하는 것과 같아진다. 진실로 그것을 확대시켜 가득 차게 할 수 있으면 천하라도 보존할 수 있고, 만일 확대시켜 가득 차게 하지 않으면 부모조차도 부양할 수 없다無惻隱之心, 非人也; 無羞惡之心, 非人也. 無辭讓之心, 非人也; 無是非之心, 非人也. 惻隱之心, 仁之端也. 羞惡之心, 義之端也; 辭讓之心, 禮之端也. 是非之心, 智之端也. 人之有是四端也, 猶其有四體也. 有是四端而自謂不能者, 自賊者也. 謂其君不能者, 賊其君者也. 凡有四端於我者, 知皆擴而充之矣, 若火之始然, 泉之始達. 苟能充之, 足以保四海. 苟不充之, 不足以事父母."

113

바빠도 여유로움을, 괴로워도 즐거움을 찾아라

사람은 바쁜 가운데에도 조용한 때와 같은 마음을 가지지 않으면 안 되고, 또 괴로움 안에 있어도 즐거움을 유지하는 궁리를 하라.

〔拾遺〕일본 쇼와 시대에 '위대한 사부'로 많은 사람들로부터 존경을 받고 역대 수상들의 인간학 스승 역할을 하며 일본의 국사國師로 불리어진 양명학자 야스오카 마사히로安岡正篤, 1898-1983년가 말한 '육중관六中觀'은 인생의 극의極意를 지니고 있습니다.

"죽음도 마다하지 않는 데 삶이 있고, 고통이 없는 곳에는 즐거움이 없고, 바쁠 때 도리어 책을 많이 읽으며 인생의 망중한을 즐길 수 있고, 세속적 생활 속에 자신이 창조한 별천지가 있고, 사숙私淑할 만한 인물이나 이상적 인물상은 마음속에 있고, 단편적인 지식이 아니라 견실한 철학은 배 안에 담겨져 있다死中活有, 苦中樂有, 忙中閑有, 壺中天有, 意中人有, 腹中書有."

114

과녁도 없이 화살을 쏘지 말라

세간의 모든 일을 처리하는 데 마땅히 우선 그 결과를 고려한 후에 시작하여야 한다. 노도 없는 배에는 오르지 말고 과녁이 없는 화살을 쏘지 말라.

115

느긋한 일은 빨리, 급한 일은 천천히 하라

느긋하게 해도 좋은 일에 처하면 빨리 해버리는 게 좋다. 그렇지 않으면 막혀서 늦고 만다. 급한 일은 천천히 하면 좋다. 그렇지 않으면 서둘러 실패하는 일이 있다.

〔拾遺〕『채근담』에는 이런 말이 있습니다.

"일에는 급하게 서두르면 드러나지 않다가도 너그럽게 하면 혹 저절로 명백해지는 것이 있으니, 조급하게 서둘러서 그 분노를 초래하지 말라. 사람에는 부리려고 하면 따르지 않다가도 그냥 놓아두면 혹 스스로 감화되는 사람이 있으니, 너무 심하게 부려서 그 완고함을 더하지 말라事有急之不白者, 寬之或自明, 毋躁急以速其忿. 人有操之不從者, 縱之或自化, 毋操切以益其頑."

117

인심과 자석

사람 마음의 감응 작용은 자석이 철을 빨아들이는 것과 같다. 인정人情을 헤아리기 어렵다고 말하지 말라. 남들의 정도 자기 자신의 정과 같으므로 서로 감응을 하기 때문이다.

121

사람끼리의 감응은
다리가 없는데도 달리는 것과 같다

붓이 없는데도 그려지는 것은 오로지 그림자뿐이다. 다리가 없
는데도 달리는 것은 오로지 사람 마음끼리의 감응^{感應}이다.

122

무릇 모든 생명체는 서로 마음을 주고받는다

감응의 신비한 힘은 인간 이외의 종에게도 통한다. 그러니 인간들 사이에서 통하지 않을 리가 없다.

[拾遺] 왕양명은 "무릇 사람은 천지의 마음을 가지고 있고, 천지만물은 원래 나와 하나이다"라고 했습니다. 감응이 있어야만 비로소 천지만물이 일체 즉 하나가 될 수 있고 그것이 '심즉리心卽理'이며, 사토 잇사이의 "궁리는 자기 안에 있다"는 말과 다름없습니다.

123

세속의 풍습을 좇으면서도 탐닉하지 말라

군자는 세속의 풍습을 좇으면서도 탐닉하지 않고, 세속의 풍습을 실천하면서도 매몰되지 않는다. 자신이 특별한 군자랍시고 홀로 세속으로부터 탈출한 것 같은 행동을 일삼으며 스스로 높은 지위에 앉아 있는 것처럼 뽐내 남들로부터 미움을 받는 것을 중용이라 일컬을 수가 없다.

〔拾遺〕『논어』「자로」편 제21장에서 공자는 이렇게 말하였습니다.

"중도를 행하는 사람과 함께 할 수 없다면 반드시 과격한 사람이나 고집이 센 사람과 함께 하겠다. 과격한 사람은 옳은 일에 진취적이고 고집이 센 사람은 옳지 않다고 생각되는 일은 절대로 하지 않는 바가 있기 때문이다不得中行而與之, 必也狂狷乎! 狂者進取, 狷者有所不爲也."

또 『채근담』에는 이런 말이 있습니다.

"능히 탈속한 자는 기인이다. 그러나 일부러 기이함을 과시하는 자는 기인이 아니라 이인이다能脫俗便是寄, 作意尙寄者, 不爲寄而爲異."

124

처세의 도는 득실이라는 두 글자에 녹아 있다

세상을 건너는 도는 득실得失이라고 하는 두 글자에 있다. 즉 얻어서는 안 되는 것은 얻지 말아야 하고, 또 잃어서는 안 되는 것은 잃지 말아야 한다. 이것이 처세의 도이다.

125

도덕은 감화의 원점이다

오로지 말뿐인 자는 사람들이 따르지 않는다. 스스로 실천하면
서 이끌어야만 사람들이 따르게 된다. 게다가 도덕성을 지닌 덕
으로 감화시키면 사람들은 흔적도 없이 자연스럽게 따른다.

〔拾遺〕『사기』「이장군전李將軍傳」은 "복숭아, 자두나무는 아무 말 하
지 않아도 그 밑에 저절로 오솔길이 생긴다桃李不言下自成蹊"고 하였습니
다. 덕이 있는 사람에게는 자연히 사람들이 모여들게 마련이란 말입니다.

127

교驕와 쟁爭은 몸을 망치는 발단이다

이익은 남에게 양보하고 해로움은 스스로가 떠맡은 것이 바로 양讓이다. 아름다움은 남에게 권하고 추함은 자신이 얻는 게 겸謙이다. 겸의 반대는 교驕이고, 양의 반대는 쟁爭이다. 교와 쟁은 몸을 망치는 시작이니, 조심하라.

군자는 항상 행동거지를 삼가 조심한다

순자荀子는 『순자』 「권학勸學」편에서 "땔나무를 펼쳐 놓으면 불은 한결같이 마른 것을 태울 것이고, 땅을 평평히 하면 물은 한결같이 축축한 곳을 적실 것이다"라고 말하였다. 인생에서 영욕과 굴욕이 오는 것은 자연의 당연한 추세다. 그러므로 군자는 영욕의 까닭이 되는 평소의 행동거지를 삼가 조심한다.

〔拾遺〕 순자는 『순자』 「권학勸學」편에서 다음처럼 군자의 행동거지에 대해 말합니다.

"땔나무를 펼쳐 놓으면 불은 한결같이 마른 것을 태울 것이고, 땅을 평평히 하면 물은 한결같이 축축한 곳을 적실 것이다. 풀과 나무는 무리를 이루어 자라나고 새와 짐승은 떼를 지어 사는데 모든 사물은 제각기 그의 종류를 따라 유유상종하기 마련이다. 그렇기 때문에 과녁을 펼쳐 놓으면 화살이 날아오게 마련이고, 나무숲이 무성하면 도끼가 쓰여지게 마련이고, 나무가 그늘을 이루면 새떼들이 와서 쉬게 마련이고, 식초가 시어지면 바구미가 모여들게 마련이다. 따라서 말은 화를 부를 수 있고 행동은 욕됨을 자초할 수 있으므로 군자는 그의 처지에 대해 신중한 것이다."

만족감과 부끄러워하는 마음

『도덕경』 제46장에서 노자가 "족할 줄 아는 데서 얻는 만족감이 영원한 만족감이다^{知足之足, 常足矣}"라고 하였다. 인^仁에 가깝다. 『맹자』「진심상^{盡心上}」편에 "부끄러워하는 마음이 없음을 부끄럽게 생각한다면 진정 부끄러워할 것이 없게 된다^{無恥之恥, 無恥矣}"고 하였다. 의에 가깝다.

〔拾遺〕 노자는 『도덕경』 제46장에서 "화로 말하면 족할 줄 모르는 것보다 더 큰 것이 없고, 허물로 치면 갖고자 하는 욕망보다 더 큰 것이 없다. 그러므로 족할 줄 아는 데서 얻는 만족감이 영원한 만족감이다^{禍莫大於不知足, 咎莫大於欲得, 故知足之足, 常足矣}"고 말하였습니다.

맹자는 『맹자』「진심상」편에서 이렇게 말했습니다.

"사람은 부끄러워하는 마음이 없어서는 안 된다. 부끄러워하는 마음이 없음을 부끄럽게 생각한다면 진정 부끄러워할 것이 없게 된다. 부끄러워하는 것은 사람에게 있어서 중요하다. 임기응변으로 계교를 부리는 자는 부끄러워하는 마음이 쓸 곳이 없다. 부끄러워하는 마음을 지니고 행동함에 부끄러워할 것이 없는 것이 남보다 못하다면 나은 것이 있겠는가?"

133

역경과 순경은 자신의 마음속에 있다

나는 세상일에 순경과 역경이라는 두 가지가 있지 않고 그 순경과 역경은 자신의 마음속에 있다고 생각한다. 자신의 마음이 순경이면 남들이 역경이라고 생각하더라도 자신에게는 순경이다. 반대로 자신의 마음이 역경이면 남들이 순경이라고 하더라도 자신에게는 역경이다. 과연 순경은 일정하게 정해진 것일까? 도리에 달통한 자는 늘 도리를 저울로 삼아 일의 경중을 정할 뿐이므로 그 순경과 역경이 안중에 없다.

〔拾遺〕『공자가어』는 "버섯과 난초는 깊은 숲속에서 생겨나 사람이 없어도 향기를 풍긴다芝蘭生於深林, 不以無人而不芳"고 하였습니다. 군자는 역경에 처해도 뜻과 절개를 지닌다는 비유입니다.

134

고통과 즐거움도 일정하지 않다

고통과 즐거움 역시도 정해진 일정함이 있는 것이 아니다. 가령 내가 책을 읽다가 한밤중이 되어 버리면, 사람들은 모두 고통일 거라고 말한다. 그러나 나는 이것을 즐기고 있다. 반대로 세속 사람들이 좋아하는 곳의 음란한 소리나 천한 가락을 들으면 내 귀를 누르면서 지나치고야 만다. 결국 고통과 즐거움에 일정한 표준이 있는 것은 아니고, 사람들 각자가 각자의 고락을 갖고 있을 뿐이다.

135

즐거움이야말로 마음의 진짜 모습이다

왕양명은 『전습록』에서 "즐거움이야말로 마음의 진짜 모습이다"라고 말하였다. 이를 완전하게 보여주는 이는 오로지 성인뿐이다. 어떻게 이를 알 수가 있나? 그것은 성인의 용모에 나타나고 또한 몸동작으로도 알 수가 있다. 『논어』「술이」편 제4장을 보면 "공자께서는 한가히 계실 적에는 몸가짐이 단정하고 온화하시고 모습이 평화로우셨다 子之燕居, 申申如也, 夭夭如也"라고 한다.

앙앙불락은 욕심스러운 마음에서 싹트는 글자다

『중용』은 "군자는 어디서든 항상 그에 맞게 행동한다^{君子無入而不}^{自得焉}"고 하였다. '원망하면서 즐겁지 않다'라는 뜻을 지닌 앙앙불락^{怏怏不樂}은 오로지 공명과 이욕을 탐하는 자의 마음에서나 싹트는 것이다.

138

활을 쏘아 정곡을 못 맞추면
과녁이 아니라 자신을 탓하라

『중용』은 "군자는 순리대로 생활하면서 명命을 따르나 소인은
위태롭게 행동하면서 요행을 바란다. 공자가 다음과 같이 말하였
다. 활쏘기는 군자가 자신의 행동을 되돌아볼 때와 유사하다. 활
을 쏘아서 정곡을 맞추지 못하면 돌이켜 그 자신에게서 원인을
찾는다君子居易以俟命, 小人行險以徼幸. 子曰, 射有似乎君子. 失諸正鵠, 反求諸其身"고 하
였다. 순리대로 생활한다는 것은 안분지족을 뜻하고 명은 의식을
하지 않으면서 자연스럽게 천명을 기다린다는 것이다.

139

하루의 길고 짧음은 마음에 달려 있다

게으르게 살 때는 짧은 겨울날도 어쩐지 길다고 느껴진다. 부지런하게 살 때는 긴 여름날도 어쩐지 짧다고 느껴진다. 길고 짧음은 자신에게 있지 날^日에 있지 않은 것이다. 똑같이 무언가를 기다리는 일 년은 어쩐지 느린 것 같고 무언가를 기다리지 않는 일 년은 어쩐지 빠른 것 같다. 느리고 빠름은 자신의 마음에 있지 해^年에 있지 않은 것이다.

140

소년 시절에 배우지 않으면 장년에 갈팡질팡한다

아침을 굶으면 낮에 배가 고프고 어릴 적에 배우기를 게을리
하면 장년이 되어 사물의 이치를 판단하는 데 갈팡질팡한다. 배
고픈 자는 참을 수가 있을 것이지만 아는 게 없어 판단의 갈피를
잡지 못하는 자는 어찌할 도리가 없다.

|4|

빈천하든 부귀하든 바른 길을 가라

지금 빈천하더라도 바른 길을 걷지 않으면 정말이지 훗날 부귀해지더라도 반드시 교만해지기 마련이다. 또한 지금 부귀하더라도 바른 길을 추구하지 않으면 나중에 반드시 환난을 맞이해 낭패를 보기 마련이다.

〔拾遺〕 중국의 문장가 양웅은 「해조海嘲」라는 글에서 "고명한 집은 귀신이 그 안을 엿본다高明之家, 鬼瞰其室"고 하였고, 당나라 시인 장구령張九齡은 시 「감우感遇」에서 "화려한 옷은 손가락질을 받기 쉽고 호화로운 전각은 신이 위협한다美服患人指, 高明逼神惡"고 읊었습니다.

『논어』「학이」편 제15장에서 자공이 "가난해도 아첨하지 않고, 부유해도 교만하지 않으면 어떻겠습니까?"라고 여쭙자 공자가 말해 주었습니다.

"괜찮겠지. 허나 가난하지만 삶을 즐거워하고, 부유하면서 예를 좋아하는 이만 못하지可也. 未若貧而樂 富而好禮者也."

142

무엇이든 뚫는 예리한 칼날처럼 지조를 벼려라

견고한 지조는 예리한 칼날과 같아 그 무엇이든 관통할 수가 있다. 때문에 그 어떤 세태에도 영합하거나 남의 기분에 알랑거리거나 하지 않는다. 사마천의 『사기』「범수열전范雎列傳」에서 "철검이 예리한 것처럼 철의 의지를 지닌 채 행동하면 배우가 어떤 교묘한 재주를 부린들 미혹되지 않는다"고 하였는데 아마도 이러한 의미에 다름 아닐 것이다.

〔拾遺〕『역경』「계사전」은 "지조를 잃은 사람은 그 말이 비굴하다失其守者, 其辭屈"라고 합니다.

143

부귀는 마음속에 있지 재물에 있지 않다

물건이 남아돌면 부富라고 하는데, 이러한 부를 바라는 마음이 곧 빈貧이다. 물건이 부족하면 빈이라고 하는데 이 빈에 만족할 줄 아는 마음이 부다. 부귀는 마음속에 있지 재물에 있지 않다.

〔拾遺〕『채근담』에 이런 말이 있습니다.

"마음이 넓으면 많은 봉록도 질그릇과 같다心曠則萬鍾如瓦缶."

또 『역경』에는 이런 말도 있습니다.

"귀한 신분으로서 천한 사람에게 몸을 낮추니, 크게 민심을 얻는다以貴下賤, 大得民也."

144

하늘의 입장에서 본 부귀와 빈천

몸은 피곤하나 마음이 편안한 자는 빈천하다. 마음이 괴로우나 몸은 즐거운 자는 부귀하다. 하늘의 입장에서 보면 어느 쪽이 득이고 어느 쪽이 손해인지 모를 판이다.

〔拾遺〕『채근담』에는 이런 말이 있습니다.

"부귀한 집안에서 자라난 사람의 재물에 대한 욕심은 사납게 타오르는 불과 같고 권세에 대한 욕심은 세찬 불꽃과 같다. 만약 조금이라도 맑고 서늘한 기운을 가지려고 노력하지 않는다면 그 불꽃이 남을 태우는 데 이르지는 않더라도 장차 반드시 자기를 태워 버리게 될 것이다生

長富貴叢中的, 嗜欲如猛火, 權勢似烈焰. 若不帶些淸冷氣味, 其火焰不至焚人, 必將自爍矣."

146

지혜는 인생이라는 배의 키와 노 같다

배에 키와 노가 없다면 산과 바다를 건널 수가 없듯이, 지혜가
없으면 세상의 망망대해를 헤쳐 나갈 수가 없다. 문을 열쇠로 잠
가놓으면 도둑이 물건을 훔쳐갈 수가 없듯이 견고한 뜻이 있으면
어떠한 세간의 유혹에도 흔들리지 않는다.

〔拾遺〕『위지魏志』「병원전邴原傳」은 "구름 속의 백학은 메추라기를
잡는 그물로는 잡을 수 없다雲中白鶴, 非鶉鷃之網所能羅矣"라고 하였습니다.
뜻이 굳고 덕이 높은 사람은 세간의 하찮은 유혹에 쉬이 빠지지 않는
법이지요.

147

물이 흐르면 도랑이 생기고
과실이 익으면 꼭지가 떨어진다

『중용』제20장에 "모든 일은 미리 대비하면 이루어지고 미리 대비하지 않으면 폐기되어 버린다凡事豫則立, 不豫則廢"라고 하였는데, 올바른 말이다. 이 말을 가정에도 국가에도 적용하는 게 좋다. 송나라 시인 범성대范成大는 "물이 흐르면 도랑이 생기고, 과실이 익으면 꼭지가 떨어지기 마련"이라고 노래하였는데, 도리를 터득한 시구이다. 자신의 몸을 수양하는 데 적용할 수 있는 말이다.

149

가득함을 지키려는 노력을 게을리 하지 말라

무릇 무엇이든 가득 차면 넘치는 게 하늘의 자연스러운 이치
이다. 어떻게 하면 가득함을 지속시킬 수 있나 하는 점을 잊지 말
라. 가득함을 지속시키는 것은 자기 자신의 본분을 지키는 것이
고 본분을 지키는 것은 행동거지를 자신의 재능, 덕성에 맞추어
분수에 넘치지 않게 하는 것이다.

151

'공공公共의 욕망'은 클수록 좋고
사욕은 적을수록 좋다

『맹자』「진심하」편에서 맹자는 "정신을 수양하는 데는 욕망을 적게 하는 것만큼 좋은 방법은 없다"라고 하였는데, 군자는 자신을 수양하는 데 마땅히 욕망을 적게 하는 것이 좋다. 하지만 남을 대할 때는 이렇게 하여서는 안 된다. 남들에게는 각자가 바라는 대로 해주어야만 한다. 이렇게 욕망에도 공과 사의 구별이 있다. 남을 위한 그리고 세상을 위한 '공공公共의 욕망'은 클수록 좋고 자신을 위한 사욕은 적을수록 좋다는 분간을 할 수 있어야 하는 것이다.

〔拾遺〕 공자는 『논어』「옹야」편 제28장에서 이렇게 말하였습니다.

"본래 인이란 내가 일어서고 싶다면 남을 먼저 일어서게 해주고, 내가 이루고 싶다면, 남을 먼저 이루게 하는 것이다. 내 입장을 비추어 남의 입장을 알아줄 수 있음이, 바로 인을 실천하는 방책이라고 하겠다*

仁者, 己欲立而立人, 己欲達而達人, 能近取譬, 可謂仁之方也已."

152

허물을 피하며 행복을 얻는 방법

허물을 피하는 법은 상대를 높이고 자기를 낮추는 겸손과 좋은 것을 남에게 양보하는 사양지심辭讓之心에 있다. 행복을 구하는 방법은 사람에게 은혜를 베푸는 것에 있다.

〔拾遺〕 시인 도연명陶淵明, 365-427년은 「걸식乞食」이라는 시에서 '은혜의 소중함'을 이렇게 노래했습니다.

배고파 서둘러 말 몰아가다 마침내 어디로 갈 곳이 없어

가다가다 이 마을에 다다라 문 두드리고 구차한 말을 하니

주인이 나의 뜻과 처지를 알고 맞아주니 헛걸음은 아니었다네.

오가는 이야기에 하루저녁이 가고 잔을 돌리니 연거푸 잔이 비네.

어느덧 정들어 새 기쁨을 알고 그 기쁨을 노래하니 시가 되네.

빨래하는 표모의 은혜에 감사하지만 내게는 한신과 같은 재능이 없음이 부끄럽구나.

몸 둘 데 없는 은혜 어찌 보답할지, 죽어서라도 다시 만나 보답하리라.

飢來驅我去 不知竟何之

行行至斯里 叩門拙言辭

主人解余意 遺贈副虛期

談話終日夕 觴至輒傾卮

情欣新知歡 言詠遂賦詩

感子漂母惠 愧我韓才非

銜戢知何謝 冥報以相貽

『초한지』의 영웅 한신은 한 끼 밥도 제대로 해결하지 못하던 과객 시절에 그를 가엽게 여긴 어떤 표모漂母: 빨래하는 아낙네로부터 밥을 얻어 먹은 일이 있었습니다. 그 후 한나라의 열후 반열에 오르자 그 표모를 찾아 은혜를 갚았습니다. 그러나 유랑걸식을 하던 도연명은 한신 같은 재주가 없으므로 죽어서라도 다시 만나 은혜를 보답하고자 합니다.

155

꽃다발은 꽃에게는 불행다발이다

초목은 원래 산과 들판에서 자라야만 한다. 초목이 산과 들판에서 자라면 사람들이 물을 대주지 않아도 좋다. 때로는 진귀한 꽃과 불가사의한 풀이 자라 꽃장수들이 그것을 추려내 분재로 만들어 신분이 높은 분들에게 진상을 한다. 이것은 꽃장수들에게 기쁜 일인지는 모르지만 초화^{草花}로서는 불행하기 짝이 없다. 우리들이 살고 있는 인간 세상에도 이와 같은 일들이 벌어진다.

156

인재가 버려지는 세상이 가장 못나고 슬픈 곳이다

세상에는 애석해할 만한 일들이 있기 마련이다. 귀옥龜玉과 같은 큰 보물이 진흙기와나 자갈 속에 섞여 있는 것은 애석하다. 희세의 명검을 비루한 사람이 패용하고 있는 것도 애석하다. 뛰어난 인재가 버려져 쓰이지 못함은 특히나 가장 애석하다.

157

하늘이 정하면 인력으로는 어쩔 도리가 없다

죄가 없지만 벌을 받는 자는 큰 인물일 수 있다. 이런 사람은
일시적으로 굴복하지만 그 명성은 후세에까지 널리 퍼진다. 죄가
있지만 벌을 면한 사람은 간사하고 교활한 사람일 수 있다. 이런
사람은 일시적으로 출세를 하지만 후세에는 더러운 이름이 부끄
럽게 된다. 옛말에 이르기를 "하늘이 정하면 사람의 힘으로는 어
쩔 도리가 없다"고 하였다.

〔拾遺〕 사마천의 『사기』 「오자서열전伍子胥列傳」에 "사람이 많으면 한
때 하늘도 이길 수 있지만, 일단 하늘의 뜻이 정해지면 사람은 깨뜨릴
수도 있다人衆者勝天, 天定亦能破人"란 유명한 말이 나옵니다.

또 『채근담』에는 이런 말이 있습니다.

"사람의 도리를 지키며 덕을 베풀고 사는 사람은 한때 외롭고 쓸쓸
할 뿐이지만, 힘과 재물에만 의지하며 사는 사람은 영원히 불쌍하다.
세상의 이치를 깨달은 사람은 눈앞에 나타난 사물 밖의 사물을 터득하
여 힘이나 재물 이외의 진리를 생각하고 이 몸 뒤에 다시 태어나 받을
몸에 대해 생각하나니, 차라리 한때의 외로움과 쓸쓸함을 견딜지언정
영원히 불쌍해짐을 얻지는 않는다."

167

소인은 친해지기 쉬우나 섬기기는 어렵다

소인은 친해지기가 쉽고 군자는 가까워서 스스럼없이 지내기가
어렵다. 그러나 소인은 섬기기가 어렵고 군자는 섬기기가 쉽다.

〔拾遺〕『논어』「자로」편 제25장에서 공자가 말하였습니다.
"군자는 섬기기는 쉬워도 기쁘게 하기는 어렵다. 그를 기쁘게 하
려 할 때 올바른 도리로써 하지 않으면 기뻐하지 않는다. 그러나 군자
가 사람을 부릴 때에는 그 사람의 역량에 따라 맡긴다. 소인은 섬기기
는 어려워도 기쁘게 하기는 쉽다. 그를 기쁘게 하려 할 때는 올바른 도
리로써 하지 않더라도 기뻐한다. 그러나 소인이 사람을 부릴 경우에는
능력을 다 갖추고 있기를 요구한다君子易事而難說也. 說之不以道, 不說也. 及其
使人也, 器之. 小人難事而易說也. 說之雖不以道, 說也. 及其使人也, 求備焉."

169

베푼 은혜는 잊고, 받은 은혜는 잊지 말라

자신이 남에게 베푼 은혜는 잊어도 되지만, 자신이 남에게 입은 은혜는 잊지 말아야 한다.

〔拾遺〕『채근담』에는 다음과 같은 구절이 있습니다.

"내가 남에게 베푼 공덕은 마음에 새겨두지 말고, 내가 남에게 저지른 허물은 마음에 새겨두라. 남이 나에게 베풀어준 은혜는 잊지 말고, 도리어 남이 나에게 끼친 원망은 잊어버려라我有功於人, 不可念, 而過則不可不念. 人有恩於我, 不可忘, 而怨則不可不忘."

"은혜를 베푸는 사람이 안으로 자기 자신에게 나타내지 않고 밖으로 남에게도 나타내지 않으면, 곧 한 말의 곡식이라도 만종의 은혜나 마찬가지이다. 남에게 이익을 베푸는 사람이 자신이 은혜를 베푼 것을 계산하고 남에게 보답을 강요한다면 비록 수백금의 큰돈을 베풀었손 치더라도 한 푼의 공로도 이루지 못한 거나 마찬가지이다施恩者, 內不見己, 外不見人, 則斗粟可當萬鍾之惠. 利物者, 計己之施, 責人之報, 雖百鎰難成一文之功."

170

남과 사귈 때 후厚 자와 신信 자를 절대로 잊지 말라

친척과 의좋게 지내지 않는 자는 남들에게도 소홀하고 박정하다. 지난 일을 떠올리며 반성하지 않는 자는 지금 맡은 일도 제멋대로다. 사람을 사귐에 '두터울 후厚' 자와 '믿을 신信' 자를 절대로 잊지 말라.

안중식 그림, 「인물화」, 18세기

171

원수는 물에 새기고, 은혜는 돌에 새겨라

사람은 결코 옛날에 친구나 남에게서 입은 은혜를 잊어서는 안 되는데 이것이야말로 정이 두터운 훌륭한 덕행이다.

〔**拾遺**〕『춘추좌씨전春秋左氏傳』에는 '결초보은結草報恩'이라는 고사성어 이야기가 나옵니다.

진晉나라의 대부大夫 위무자魏武子가 병에 걸리자 아들 과顆를 불러 자신이 죽으면 애첩을 다른 곳으로 시집보내라고 하였습니다. 그러나 병이 깊어져 마침내 죽음이 가까이 다가오자 전에 한 말을 뒤집고 애첩을 순장하라고 했습니다. 과는 병이 깊지 않았던 때의 말을 중요하게 여겨 아버지의 애첩이자 자신의 서모庶母를 개가시키고 순사殉死를 면하게 했습니다. 훗날 진晉나라와 진秦나라 사이에 전쟁이 일어나서 위과魏顆가 전쟁에 나갔지요. 진秦나라의 두회杜回와 싸우다가 위험한 지경에 이르렀을 때에 두회가 풀에 걸려 넘어져 과는 두회를 사로잡고 뜻밖에도 큰 전공을 세울 수가 있었습니다. 그날 밤 과의 꿈속에 한 노인이 나와 말하기를 자신은 전에 과가 시집을 보낸 애첩의 아버지로 당신이 딸을 죽이지 않고 개가를 시켜주었기에 풀을 묶어 은혜에 보답하였다고 말했습니다.

173

한번 만나고도 친해지는 사람은 보기 드물다

"어려서는 공손하게 어른 모실 줄도 모르고, 자라서는 남이 알아줄 만한 것도 없고 늙어서는 죽지도 않으니 이는 사람들에게 피해만 주는" 자, 그런 놈은 세상에 많다. 한 번 만나보고도 친해진다는 경개여구傾蓋如舊의 벗을 만나 내가 이루고자 한 바를 이룰 수 있는, 이런 사람은 보기 드물다.

〔拾遺〕『논어』「헌문」편 제46장에 이런 일화가 있습니다.

원양原壤: 어머니 상 때도 노래를 부른 공자의 옛 친구이 다리를 벌리고 앉아서 기다리고 있었는데 공자께서 이를 보시고는 "어려서는 공손하게 어른 모실 줄도 모르고, 자라서는 남이 알아줄 만한 것도 없고 늙어서는 죽지도 않으니 이는 사람들에게 피해만 주는 놈이다"라고 하시며, 지팡이로 그의 정강이를 내리치셨다原壤夷俟. 子曰, '幼而不孫弟, 長而無述焉, 老而不死, 是爲賊!' 以杖叩其脛."

『시경』「정풍鄭風·야유만초野有蔓草」는 "들에는 넝쿨풀이 있으니, 떨어지는 이슬이 방울방울 맺혔네. 아름다운 한 사람이 있음이여, 맑은 눈 넓은 이마 예쁘기도 하여라. 우연히 서로 만나니 내 맘에 쏙 드네野有蔓草, 零露溥兮. 有美一人, 淸揚婉兮. 邂逅相遇, 適我願兮"라고 노래하였습니다.

174

맹자의 눈동자 인물관찰법

인물을 관찰할 때는 공연히 그 겉모습에 구애받아서는 안 된다. 반드시 그 사람에게 말을 시켜보고, 그것에 관한 마음의 움직임을 관찰하는 게 좋다. 우선 그 사람의 눈동자를 보고 또 말을 들어보면 대체로 그 사람의 심중을 감출 수가 없다.

〔拾遺〕맹자는 『맹자』 「이루」편에서 눈동자 인물관찰법에 대해 말하고 있습니다.

"사람을 살피는 데는 눈동자보다 더 좋은 것이 없다. 눈동자는 그 사람의 악을 감추지 못한다. 마음이 바르면 눈동자가 맑고, 마음이 바르지 않으면 눈동자가 흐리다存乎人者, 莫良于眸子, 眸子不能掩其惡. 胸中正則眸子瞭焉, 胸中不正則眸子眊焉."

공자는 『논어』 「위정」편 제10장에서 이렇게 말하였습니다.

"그 사람이 하는 것을 곧장 바라보고, 그 동기를 살펴보고, 무슨 일을 하고 나서 편안해하는지를 곰곰이 관찰해 보아라. 어찌 사람 됨됨이를 감추겠는가, 어찌 저라는 사람됨을 숨기겠는가?視其所以, 觀其所由, 察其所安. 人焉廋哉, 人焉廋哉?"

175

남을 관찰하면 그도 나를 관찰한다

내가 남을 관찰하고자 하면 남이 나를 도리어 관찰하고 만다.
내가 남에게 나를 관찰하도록 하면 남은 나를 관찰할 수가 없고
도리어 내가 그 사람을 관찰하고 만다. 사람의 마음이 서로 감응
하는 것이 바로 이와 같다.

조윤형 그림, 「묵죽도」, 18세기

177

군자는 스스로를 속이지 않는다

스스로 박학다식하다고 자만하는 것은 얕음을 감추지 못하는 사람이나 하는 짓이다. 스스로 지나치게 겸손하면 남들에게 아첨 하는 사람이나 마찬가지다. 하지만 스스로 속이지 않는 사람은 군자이고, 성실한 사람이다.

〔**拾遺**〕『논어』「공야장」편 제24장에서 공자는 말하였습니다.

"듣기 좋게 말을 꾸며대고 보기 좋게 얼굴빛을 꾸미며 지나치게 공 손한 것은 좌구명이 부끄럽게 여겼다고 하는데 나도 또한 이를 부끄럽 게 여긴다. 원한을 감추고 그 사람과 벗하는 것을 좌구명이 부끄럽게 여겼다고 하는데, 나 또한 부끄럽게 여긴다 子曰: 巧言, 令色, 足恭, 左丘明耻 之, 丘亦耻之. 匿怨而友其人, 左丘明耻之, 丘亦耻之."

178

진짜와 짝퉁

'집요하다'는 '신념이 견고하다'와 닮았다. '경솔하다'는 '민첩하다'와 닮았다. '말이 많다'는 '박식하다'와 닮았다. '마음이 가볍고 행동이 진중하지 못하다'는 '재치가 재빠르다'와 닮았다. 이와 같이 진짜 같으나 사실은 가짜인 남의 사이비 행동을 보면서 자신 역시도 반성할 줄 알아라.

183

쇠오줌과 말똥도 쓸 수 있는 게 명의다

사람은 각자의 장점이 있어 그에 알맞은 역할이 있기 마련이다. 조금이라도 그 사람의 재주를 마땅한 곳에 쓰면 버려지고 마는 사람은 없다. 당나라의 산문가 한유韓愈는 「진학해進學解」에서 "쇠오줌과 말똥과 헌 북 껍질을 모두 주워 모아 간직했다가 쓸 곳에 모자람이 없게 하는 것이 명의의 솜씨다牛溲馬勃, 敗鼓之皮, 俱收竝蓄, 待用無遺者, 醫師之良也"라고 하였는데 정말로 훌륭한 비유이다.

184

나와 다른 남을 옥돌로 갈아
타산지석으로 삼을 줄 알라

세상에는 성격과 취미가 자신과 같은 사람이 있기 마련이고 그런 사람과 교류를 하는 것은 물론 좋지만 그 이익은 도리어 크지 않다. 반대로 자신과 취미와 성격이 다른 이와 사귀는 것도 물론 좋지만 여기서 얻는 이익은 적지가 않다. 『시경詩經』「소아小雅ㆍ학명鶴鳴」에서 "다른 산의 돌이라도 옥을 갈 수 있네"라고 한 게 바로 이런 의미이다.

185

잘못을 지적해 주면 도리어 기뻐하라

학생이 시문을 지어 친구에게 보여주며 교정을 봐달라고 하면 단지 문장의 자구 등을 몇 군데 고쳐주고 이걸로만 만족하지 않을까 걱정스럽다. 그런데 사람의 일을 바로잡아 고쳐주는 것은 기뻐하지 않는다. 무언가 일의 크고 작음에 대한 순서가 맞지 않은 것은 아닐까? 맹자는 「공손추상」편에서 "자로는 남들이 그에게 잘못이 있음을 일러주면 기뻐하였다子路, 人告之以有過則喜"라고 하였다. 자로야말로 '백세의 사표영원한 스승'인 것이다.

186

물과 불은 서로 다르지만 서로를 돕는다

무릇 사람은 자신과 성격이나 취미가 같은 사람을 좋아하고 자신과 다른 사람은 좋아하지 않지만 나는 도리어 내 자신과 다른 사람을 기꺼이 좋아하고 내 자신과 같은 사람은 좋아하지 않는다. 다른 것은 서로 상반된 것 같지만, 사실 서로 돕는 것은 반드시 서로 다른 것으로 존재하고 있다. 가령 물과 불과 같다. 물은 사물을 낳지만 불은 사물을 소멸시킨다. 만약 물이 사물을 낳지 않는다면 불이 사물을 소멸시킬 수가 없다. 또한 불이 사물을 소멸시키지 않으면 물은 사물을 낳을 수 없다. 인간은 이러한 이치를 깨달아야만 한다.

187

자기 자신은 충忠자로 대하고,
남은 서恕 자로 대하라

'충忠' 자는 성誠 즉 진심이라는 의미로 자신을 나무라는 데는 충 즉 진심을 다해야 하나, 남을 꾸짖는 데는 '충' 자를 지닌 채 하지 말라. '서恕' 자는 남을 헤아리고 이해해주는 어진 마음으로 남에게는 이를 베풀지만 자신에게는 이를 베풀지 말라.

〔拾遺〕『논어』「이인」편 제15장에서 증자는 "선생님공자의 도는 충과 서일 뿐이다夫子之道, 忠恕而已矣"라고 하였다.

주희는 『논어집주』에서 "진심으로 자기에게 최선을 다하는 것이 충忠이고 자기의 마음을 미루어서 남이 바라는 바를 이해하는 것이 서恕다盡己之謂忠, 推己之謂恕"라고 하였습니다.

『논어』「안연」편 제2장에서 공자는 또 이렇게 말하였습니다.

"사회에 나가서는 큰 손님을 뵌 듯이 하고, 백성을 부릴 때는 큰 제사를 모시듯 하며, 자신이 원하지 않는 바를 남에게 시키지 말라. 이렇게 하면 나라에서도 원망이 없고, 집안에서도 원망하는 이가 없을 것이다出門如見大賓, 使民如承大祭. 己所不欲, 勿施于人. 在邦無怨, 在家無怨."

또한 자공子貢이 평생토록 지켜야 할 도리를 묻자 공자는 『논어』「위령공」편 제23장에서 이렇게 말하였습니다.

"바로 '용서하는 마음가짐恕'이라는 한마디일세. 자기가 원하지 않는 일을 남에게 강요하지 말라其恕乎. 己所不欲, 勿施于人."

증자

농부와 나무꾼에게도 지혜를 물으라

세간의 일을 경험하는 것은 곧바로 살아 있는 책을 읽는 거나 마찬가지다. 그러므로 글자를 모르는 늙은 농부라도 스스로 얻은 경험의 지혜가 있는 법이다. 『시경』「대아大雅 · 생민지계生民之什 · 판板」은 "선현께서 말씀하시기를 나무꾼에게도 물으라고 하셨네"라고 노래하였다. 책을 읽는 선비들이여, 실제 삶의 현장에서 경험을 하는 이들을 업신여기지 말라.

〔拾遺〕『열국지』와『봉신연의』의 작가로 유명한 명청시대의 작가 풍몽룡1574-1646년이 쓴『지낭智囊』에 다음과 같은 이야기가 나옵니다.

하루는 공자가 말을 타고 길을 가는 도중, 말이 남의 밭에 들어가는 바람에 심어 놓은 곡식을 망쳤다. 밭주인은 성이 나서 말을 끌어갔다. 공자의 학생 자공이 밭주인을 찾아가서 말을 놓아 달라고 여러 말로 통사정했지만, 밭주인은 그 말을 듣지 않았다.

자공이 돌아와 하는 말을 듣고 공자는 이렇게 말했다.

"다른 사람이 알아듣지 못하는 도리로 상대방을 설복하려고 하는 것은 야수더러 태뢰太牢, 제물로 바치는 가축의 고기를 먹지 말라고 하는 것과 마찬가지이며, 새들더러 구소九韶, 하나라 대우가 지은 음악으로 공자는 이 노래를 듣고 석 달 동안 고기 맛이 어떤지를 모를 정도로 감탄함를 듣게 하는 것과 마찬가지이다. 이것은 내 잘못이지 그 밭주인 잘못이 아니다."

그러고는 이번에는 마부를 시켰다. 마부는 밭주인을 찾아가 이렇게 말했다.

"당신도 동부 고장에서 농사를 지은 적이 없겠지만, 나도 이 서부에 와서 농사를 지은 적이 없지요. 그러나 곡식은 동서 두 고장이 사로 같지 않겠소. 그러니 이 밭의 곡식이 당신네 곡식인지 말이 어떻게 분별하겠습니까? 아무것도 모르는 짐승이 저지른 일이니 한 번만 용서하십시오."

밭주인은 마부의 말을 듣고는 말을 마부에게 돌려주었다.

풍몽룡이 이 이야기에 평어評語를 다음처럼 달았습니다.

유유상종이라는 말이 있다. 글을 읽지 못한 사람에게 시나 사서를 담론하는 것은 융통성이 없는 선비들이 왕왕 저지르는 잘못의 하나이다. 마부의 말에 도리가 있으나 그런 도리를 자공 투의 말로 했다면 그것이 농부의 귀에 들렸겠는지 모를 일이다. 왜 그런가? 자공과 농부는 생업과 학식에 큰 차이가 있기 때문이다.

그런데 공자는 왜 마부를 시키지 않고 먼저 자공을 시켰는가? 가령 마부를 먼저 보내 말을 찾아왔다면 자공은 내심으로 탄복하지 않았을 게 빤하다. 그러나 먼저 자공을 보내고 다음에 마부를 보냈기에 마부도 자기를 포현할 기회가 있게 되었고, 따라서 자공은 공자의 말을 수긍하게 되었다.

성인은 인정과 사리를 통달하고 있기에 각 사람의 재주들을 모두 충분히 발휘시킬 수 있다. 세인들은 늘 성문화된 규제로써 타인을 속박하고 이른바 자격이라는 것으로 제한하면서도 타인에게 그 어떤 과분한 기대를 가지는 데 익숙해져 있다. 이래서야 어떻게 천하의 일을 성사시키겠는가?

192

말의 법칙

말의 도는 반드시 말이 많고 적음을 따지지 않는다. 단지 말하는 때와 장소가 경우에 맞는가 하는 것만을 따진다. 만약에 그렇다면 남들은 그 말을 싫어하지 않는다.

〔拾遺〕『태평어람太平御覽』은 "두꺼비가 밤낮을 가리지 않고 시끄럽게 울어대지만 아무도 이것을 듣고 즐기는 사람이 없다"라고 하였습니다. 말이 너무 많다고 이로운 것은 아니란 말이지요.

196

질박한 게 오래가지 화려함은 금방 낙후한다

무릇 강직한 자는 어울리기가 쉽지만, 부드러운 자는 도리어 두려워할 만하다. 또한 질박하고 소박한 물건은 오래가지만 화려 하게 장식된 물건은 긁히고 깎이고 벗겨져 낙후되기 쉽다. 물건 이든 사람이든 모두 이와 같은 이치다.

197

말수가 적다고 반드시 덕이 있는 것은 아니다

덕이 있는 사람은 말수가 적으나 말수가 적다고 반드시 덕이 있는 사람은 아니다. 재능이 있는 사람은 말수가 많으나 말수가 많다고 반드시 재능이 있는 것은 아니다.

〔拾遺〕『논어』「헌문」편 제5장에서 공자는 이렇게 말하였습니다.

"덕이 있는 사람은 바른 말을 하나 바른 말을 하는 사람이라고 반드시 덕이 있는 것은 아니다. 어진 사람은 반드시 용기를 가지고 있지만 용감하다고 반드시 어진 것은 아니다 有德者, 必有言. 有言者, 不必有德. 仁者, 必有勇. 勇者, 不必有仁."

예능도 마음을 닦는 학문이다

예술적 재능이 있는 사람의 상당수는 지기를 싫어하는 성질이 있고, 또 교만한 마음이 있다. 예술적 재능이 있는데다가 겸손하기까지 한 사람의 예술이 가장 우수하다. '이길 승勝' 자의 반대는 '겸허함'이고, '교만'의 반대는 '겸손함'이므로 예능 역시도 마음을 닦는 학문에 다름 아니다.

202

풍류에 익사하지 말고 잡사를 소홀히 하지 말라

취미와 예능은 대부분은 허식이니 이것을 우아한 풍류라 하며 지나치게 몰두하지 말라. 일상의 잡사는 실질적으로 필요하니 이것이 속되다고 하며 등한시하지 말라.

〔拾遺〕『논어』「술이」편 제6장에서 공자는 말하였습니다.

"도에 뜻을 두고 덕에 근거하며 인에 의지하고 예禮에서 노닌다志於道, 據於德, 依於仁, 遊於禮."

205

명리는 반드시 싫어해야만 하는 것은 아니다

스스로 구걸하지도 않았는데 얻어진 명예는 실질적인 공적에 의한 것이다. 게걸스럽게 탐하지 않고도 얻은 이익은 올바르게 얻은 결과다. 명리는 결코 싫어해야만 하는 것은 아니지만, 명예는 스스로 구하는 게 아니고 이익은 지나치게 욕심을 부리는 게 아니다.

〔拾遺〕 공자는 『논어』, 「술이」편 제12장에서 이렇게 말하였습니다.

"부가 만약 추구해서 얻을 수 있고 떳떳한 것이라면 비록 말채찍을 잡고 임금의 길을 트는 천한 일이라도 나는 하겠다. 하지만 구해서 부당한 것이라면 내가 좋아하는 바를 하겠다富而可求也, 雖執鞭之士, 吾亦爲之. 如不可求, 從吾所好."

206

명목은 실질의 손님이다

사람들은 모두 "실질을 중시해야만 하고 명목은 경시해도 된다"고 말하곤 하는데, 과연 그렇다. 하지만 명목이라는 게 그렇게 쉽게만 얻어지는 것은 아니다. 왜냐하면 명목은 실질에 뒤따라오는 손님과 같기 때문이다. 손님이 현명하다면 주인도 역시 현명할 거라고 미루어 헤아릴 수 있지 않은가?

〔**拾遺**〕 장자는 『장자』 「소요逍遙」편에서 "명목은 실질의 손님이다名實之賓"라고 말했습니다.

207

올바르게 벌지 않은 이익은 결코 얻지 말아야 한다

실질이 있는 명목은 반드시 내쫓지 말아야 한다. 자신의 손님이기 때문이다. 올바르게 벌지 않은 이익은 결코 얻지 말아야 한다. 자신의 원수이기 때문이다.

〔拾遺〕『논어』「술이」편 제16장에서 "도리를 어긋난 부귀는, 나에게 뜬구름과 같다不義而富且貴, 于我如浮雲"고 한 공자는 또 「이인里仁」편 제5장과 제16장에서 각각 이렇게 말하였습니다.

"부귀는 모든 사람이 바라는 것이지만 정당한 방법으로 얻은 것이 아니라면 부귀를 누리지 않아야 한다. 빈천은 모든 사람이 싫어하는 것이지만 정당한 방법으로 버리는 것이 아니라면 버리지 않아야 한다富與貴, 是人之所欲也. 不以其道得之, 不處也. 貧與賤, 是人之所惡也, 不以其道得之, 不去也."

"군자는 도의에 밝고, 소인은 이익에 밝다君子喩於義, 小人喩於利."

209

진짜 공적과 명성은 피하지도, 너무 자랑하지도 말라

공적이나 명성에도 진짜와 가짜가 있다. 실제 자신이 땀을 흘려 맺은 공적은 사람의 힘으로 할 수 있는 일이고 그 열매와 함께 명성도 자연스럽게 따라오는데, 그것이 오는 대로 자연스럽게 맡겨 두면 된다. 단지 함부로 공을 자랑하거나 가짜 명예를 얻으려고 하는 것이 좋지 않을 뿐이다. 또한 반대로 스스로의 힘으로 이룬 진짜 공적을 피하면서 자신과는 무관하다면서 스스로는 바보인 척하는 것도 짐짓 자신을 꾸미는 작위적인 마음일 것이다.

〔拾遺〕 주희의 『근사록近思錄』에 이런 구절이 있습니다.

"명성을 구하는 데 뜻을 두는 것은 진실을 힘쓰는 것이 아니다. 의도하는 마음을 가지고 행하는 것은 곧 이로움을 추구하는 마음이다.志於求名, 則非務實, 有爲而爲, 卽是利心."

주희가 편찬한 『송명신언행록宋名臣言行錄』을 보면, 구양수는 "은혜를 자신의 덕으로 삼는 사람은 원망은 남에게 뒤집어씌우려고 한다"며 이렇게 말했습니다.

"은공을 모두 자기에게 돌린다면 원망은 또한 누구에게 씌우려는 가?恩欲歸己, 怨使誰當"

진짜 칭찬은 친구요, 진짜 비판은 스승이다

자신을 무턱대고 칭찬하는 자가 있더라도 기뻐할 필요 없고, 함부로 자신을 비난하는 자가 있더라도 화낼 필요가 없다. 칭찬 받았던 것이 실제와 맞는다면 그 사람은 자신을 잘 아는 친구이다. 서로 도와가며 그 우정의 열매를 함께 맺도록 하라. 비난을 한 것이 도리에 마땅하다면 그 사람은 자신의 스승이다. 존경하면서 그의 가르침을 따르도록 하라.

216

마음속 뜬구름을 걷어치우면 인생이 맑게 갠다

비난, 명예, 성공, 실패는 정말로 인생의 뜬구름과 같은데 사람을 곧잘 혼미하게 한다. 마음속에서 흘러 다니는 그 뜬구름을 걷어치우면 인생이 진짜로 맑고 푸르게 갠다.

〔拾遺〕 일본 막말에서부터 메이지 시대에 활약했던 정치가이자 검객으로 유명한 야마오카 뎃슈山岡鐵舟는 다음과 같은 시를 남겼습니다.

"맑아도 좋고, 흐려도 그만이라네, 후지산의 원래 얼굴은 변하지 않을 테니晴れてよし, 曇りてもよしの, 富士のやま, もとの姿は「わらざりけり."

217

만남과 헤어짐은 모두
마음과 마음의 깊이에 달려 있다

세상에는 단 한 번도 만나지 못했을망정 마음이 통하는 친구가 있는 반면에 날마다 보아도 표면적으로만 교류를 하는 데 불과한 사람도 있다. 사람이 만나거나 헤어지는 일은 모두 마음과 마음의 감응 그것이 두터운가 아니면 얇은가 하는 것에 달려 있다.

.

어쨌든 자신에 대해 남이 하는 말을 거울로 삼아라

자신은 자기 자신의 얼굴이 추한가, 아름다운가를 알지 못한다. 반드시 거울에 비추어본 후에야 알 수가 있다. 남이 자신을 헐뜯거나 칭찬하거나 하는 일은 바로 거울에 비추어진 자신의 그림자와 같으므로 자기 자신으로서는 이익이 된다. 그런데 요즘은 늘 거울을 보는 탓에 자신이 어떻게 말해지든 간에 신경을 쓰지 않는다. 거울에 비추어진 자신의 그림자도 인정하지 못하는 꼴이다.

경서 그 자체를 스승으로 삼고,
주석을 스승으로 삼지 말라

학생이 경서에 달통하기 위해서는 우선 마땅히 경서를 숙독하고 난 후에 의미가 명확하지 않은 자구를 주석에 의지해 이해하는 게 좋다. 그런데 요즘의 학생들은 주석에는 익숙하나 경서의 본문은 달통하지 않으니 경서의 깊은 뜻을 터득했다고 할 수가 없다. 노자와 같은 시대에 살았던 주나라의 윤희尹喜가 쓴 『관이자關伊子』는 "활을 잘 쏘는 자는 활을 스승으로 삼지 명궁인 예羿를 스승으로 모시지 않고, 배를 잘 모는 자는 배 그 자체를 스승으로 삼지 유명한 뱃사공인 오拗를 스승으로 모시지 않는다"고 하였다. 이 말 그대로다.

228

몸은 죽지만 뜻과 일은 죽지 않고 자손도 영원하다

사람이 백 살 때까지 수명을 유지하는 것은 어렵다. 단지 뜻만은 영원히 썩지 않을 것이고, 뜻이 영원히 썩지 않으면 일도 영원히 썩지 않는다. 일이 영원히 썩지 않으면 그 이름도 영원히 썩지 않을 것이고, 이름이 영원히 썩지 않으면 대대의 자손도 또한 영원할 것이다.

230

초상화와 저술의 차이

초상화가 훗날까지 남기는 것은 밖에서 본 자신의 외모다. 그것이 자신과 닮을 수도 있고 닮지 않을 수도 있지만 추하든 아름답든 전혀 해가 되지는 않는다. 책을 써서 후세에 남기는 것은 자신이 솔직하게 생각하는 사상과 참된 마음을 후세에 남기는 것이다. 만약 책에서 말한 것 중에 부당한 것이 있으면 스스로에게 사과를 해야 하고 독자들에게도 용서를 빌어야 한다. 왜 이렇게 저술은 삼가 조심하지 않으면 안 되는 것일까.

〔拾遺〕 청나라의 기윤紀昀은 소설 『열미초당필기閱微草堂筆記』에서 "대추나무와 배나무에 재앙을 입힌다禍棗災梨"고 하였습니다. 대추나무와 배나무는 판본의 재료인데 무익한 책을 간행한 것은 대추나무와 배나무에게 어처구니없는 재앙이라는 말입니다. 쓸데없는 책을 풍자한 말로, 그만큼 삼가 조심해서 저술을 하란 것입니다.

231

당대에 뜻을 이루지 못하면 책으로 남겨라

옛날의 현자들은 당대에 자신의 뜻을 이루지 못해 실의에 빠지면 책을 쓰면서 스스로 즐거워할 줄 알았다. 그 사람이 살던 시대에는 불행했을지도 모르지만 후세인의 입장에서 보면 그 사람은 특별히 행복하지도 불행하지도 않았다. 고금에 이러한 종류의 사람들이 적지 않다.

진짜 오묘함은 졸렬한 것 같다

진정한 용기는 겁먹음과 같고 진정한 지혜는 어리석음과 같다. 진정한 재주는 둔한 것과 같고 진정으로 오묘한 것은 졸렬한 것과 같다.

〔拾遺〕 노자는 『도덕경』 제45장에서 "완전히 이루어진 것은 모자란 듯하다"고 합니다.

"완전히 이루어진 것은 모자란 듯하다. 그러나 그 쓰임에는 다함이 없다. 완전히 가득 찬 것은 빈 듯하다. 그러나 그 쓰임에는 끝이 없다. 완전히 곧은 것은 굽은 듯하다. 완전한 솜씨는 서툴러 보인다. 완전한 웅변은 눌변처럼 보인다大成若缺, 其用不弊. 大盈若沖, 其用不窮. 大直若屈, 大巧若拙, 大辯若訥. 躁勝寒, 靜勝熱, 淸靜爲天下正."

『순자』「천륜」편은 "큰 기교는 꾸미지 않음에 있고, 큰 지혜는 꼼수 부리지 않는다大巧在所不爲, 大智在所不慮"고 합니다.

『채근담』에는 이렇게 말합니다.

"열 마디 말 가운데 아홉 마디가 맞아도 신기하다고 칭찬하지 않으면서, 한 마디 말이 어긋나면 탓하는 소리가 사방에서 들려오고, 열 가지 계획 가운데 아홉 가지가 성취되어도 공로는 돌아오지 않으면서,

한 가지 계획만 실패해도 헐뜯는 소리가 사방에서 들려온다. 그러므로 참된 사람은 차라리 침묵할지언정 떠들지 않고, 차라리 서툰 척할지언정 재주를 부리지 않는 까닭이 여기에 있다 十語九中, 未必稱奇. 一語不中, 則 愆尤騈集. 十謀九成, 未必歸功. 一謀不成, 則 議叢興. 君子所以寧默 毋躁, 寧拙 毋巧."

241

맹수는 몸통과 털 색깔 그 모두로 분간하라

중국 역사의 역대 제왕 중에서 당우^{唐虞}, 요순를 제외하고는 제위 중에 제 핏줄이 아닌 이에게 왕위를 물려주는 선양을 한 예가 없다. 상나라와 주나라를 지나 진나라, 한나라를 거쳐 지금에 이르기까지 무릇 이십사사^{二十二史}의 왕조는 모두 무력으로 나라를 열고 문^文으로 나라를 다스렸다. 이런 사실로 미루어보아 무^武는 흡사 몸과 같고 문은 흡사 털의 색깔일 듯싶다. 몸과 털 색깔 이 두 가지로 호랑이인지 표범인지 개인지 양인지를 분명하게 분간할 수가 있다. 지금 문학에 종사하는 자들은 무인의 일을 깡그리 잊어버리고 문약^{文弱}에 빠지지 말라.

〔拾遺〕 『사기』 「공자세가^{孔子世家}」에서 공자는 "학문에 종사하는 자도 반드시 무력의 준비를 갖추어야 한다^{有文事者必有武備}"고 했습니다.

242

정치하는 자들은 허식을 버리고 실질로 돌아오라

『역경』의 가르침에 의하면 백비^{白賁}는 '백색의 꾸밈' 즉 '허식을 버리고 실질로 돌아왔다'는 뜻으로 예의와 문식^{文飾}의 최선을 가리킨다. 또한 서합^{噬嗑}은 '깨물어 합친다'는 뜻인데, 『역경』에서는 "서합은 형통하니 감옥^獄을 씀이 이로우니라^{噬嗑. 亨. 利用獄}"라고 하였는데, 이는 재판의 중요성을 가리킨다. 무릇 사물이 친하지 않음은 틈새가 있기 때문이요, 사물이 가지런하지 못함은 지나침이 있기 때문이니 틈새와 지나침을 깨물어 합하고 서로 통하게 해야 하는데, 형벌로 다스려 통하게 함이 감옥의 이로움이다. 정치를 하는 자들은 마땅히 이 '백비와 서합'이란 말을 익혀 그 취지를 깨달아야만 한다.

〔拾遺〕『역경』「비괘^{賁卦}」는 "꾸미는 것을 수수하게 하면 허물이 없다^{白賁, 無咎}"라고 합니다. 당나라의 이신^{李紳}은 시 「답장효표^{答章孝標}」에서 "진짜 황금은 도금하지 않네^{是眞金不鍍金}"라고 노래하였는데, 진짜 재능이 있는 인재는 겉을 꾸밀 필요가 없다는 뜻입니다.

243

모든 사물은 변화함을 잊지 말라

무릇 모든 사물은 무거움과 가벼움의 경중輕重이 있고, 허와 실이 있어 여러 가지로 변화를 한다. 이것은 모두 『역경』에 있는 「기제괘既濟卦」와 「미제괘未濟卦」의 형상이다. 성인은 이미 이 두 가지 형상을 이미 우리들에게 가르쳐주었음에도 불구하고 사람들은 그 변화의 묘를 모른다. 반드시 그 변화의 이치를 익혀 깨달아야만 한다.

247

물과 불의 이치를 통찰하라

물과 불은 천지간에 크나큰 작용을 한다. 물도 불도 사물에 의해 형체를 갖추기에 애초에는 일정한 모양새가 없다. 요즈음 서양에서 만들어진 크고 작은 기묘한 기계류를 보면 모두 이 물과 불의 이치로 만들어졌다. 가령 대포와 기선도 물과 불의 이치를 이용해 만들어졌다.

동양인의 의용과 서양인의 지혜

『역경』「설괘전說卦傳」에 "만물의 주재자인 제帝가 진震에서 나온다帝出乎震"라고 하였는데 진은 해가 떠오르는 동방이다. 그러므로 동양인은 의용의 정신이 있고 힘차게 떨리는 기백이 있으므로 믿고 기댈 만하다. 또한 『역경』「설괘전說卦傳」에 "태兌에서 기뻐하다說言乎兌"고 하였는데 태는 해가 지는 서방이기 때문에 서양인들은 지혜가 있고 즐기는 기운이 가득하니 도리어 두려워해야 한다. 『역경』의 이치가 이러하니 마땅히 잘 궁리해 보아야 한다.

251

요임금과 순임금의 다스림은
'마음 정情' 자 하나로 귀결된다.

요임금과 순임금의 다스림은 오로지 '마음 정情' 자 하나로 귀결된다. 극단적으로 말하자면 우주의 만물은 모두 하나의 몸이고 만물을 하나의 몸으로 만드는 것이 무엇인가 하면 결국 정을 헤아려 넓히는 거에 다름 아니다.

군주의 명철함은 덕스럽지 혹독하지 않다

군주에게는 덕명^{德明}과 덕위^{德威}가 가장 절실하다. 덕위는 덕을 갖춘 위엄이기에 덕은 있지만 사납지 않다. 덕명도 덕을 갖춘 명철함이기에 지나칠 정도로 백성들에게 금지하는 게 많고 미주알고주알 따지며 조사하는 가찰^{苛察}을 하지 않는다.

〔**拾遺**〕노자는『도덕경』제57장에서 "천하에 금지하는 것이 많으면 백성들은 더욱 가난해진다^{天下多忌諱, 而民彌貧}"고 합니다.

뛰어난 인재는 반드시 중용해야만 한다

남들과 비교할 수 없을 정도로 뛰어난 인재라면 마땅히 자신의 곁에 두고 써야만 한다. 자신이 그런 인재를 중용하면 그 역시 자신의 재주를 한껏 펼쳐 보이기 마련이다. 설령 크게 쓰일지 못할지라도 자랑스럽게 남에게 보이며 과시를 할 수가 있다. 만약에 그런 인재를 내가 쓰지 않으면 반드시 남이 기용을 하기 마련이다. 그러면 그는 단지 나에게 쓰임을 받지 못한 것일 뿐만 아니라 오히려 해가 되어 돌아온다.

공무원의 마음가짐

무릇 공공기관에서 일을 하는 자 중에서 대다수는 지나치게, 또한 성급하게 성과를 경쟁하려는 마음이 있다. 하지만 이런 마음이 있으면 도리어 승진도 출세도 하지 못한다. 이런 성급한 경쟁심을 잊고서 자신의 맡은 바 임무에 몰두하다 보면 홀연 승진을 하게 된다. 사물의 이치라는 게 바로 이러한 것이다.

〔拾遺〕『논어』「위정」편 제18장에서 자장이 녹봉을 구하는 법을 묻자 공자가 말하였습니다.

"많이 듣되 의심되는 것을 제쳐두고, 나머지를 신중하게 말하면 말실수가 없을 것이고, 많이 보되 위태로운 것을 제쳐두고 그 나머지를 신중하게 실천하면 뉘우침을 줄인다. 말에 허물이 적고 행동에 뉘우침이 적으면 녹봉은 절로 있게 마련이다 子張學干祿, 子曰: 多聞闕疑, 愼言其餘, 則寡尤; 多見闕殆, 愼行其餘, 則寡悔. 言寡尤, 行寡悔, 祿在其中矣."

먼 길일수록 정도를 걸어라

먼 곳으로 길을 떠나는 자는 종종 정도를 통하지 않고 지름길로 간다든지 혹은 잘못해 나무와 풀이 무성한 곳으로 들어가고 만다. 정말로 비웃을 만한 일이다. 사람의 일도 이러한 경우가 많으니 여기에 특별히 적어둔다.

〔拾遺〕 지름길이 도리어 위험할 수 있습니다. 옛날 센고쿠戰國 시대의 명장인 고바야카와 다카카게小早川隆景. 1533-1597년가 비서에게 편지를 쓰게 할 때, 이렇게 주의를 주었습니다.

"이 편지는 매우 급한 용건이기에, 마음을 가라앉히고 조용하게 쓰도록 하라."

267

지인용^{智仁勇}은 가까이 있는
일상에서부터 실천하라

지인용^{智仁勇}. 사람들은 모두 이것은 큰 덕이기에 실천하기 어렵다고 말한다. 하지만 가령 촌장이라면 촌민과 가까이하며 그들을 잘 다스리는 게 맡은 바 직무이다. 촌내의 나쁜 일을 밝게 드러내는 게 '지^智'요, 고아와 홀아비, 과부들을 가엾이 여기는 게 '인^仁'이요, 강폭한 자들을 억누르는 게 '용^勇'이니, 이것이 바로 실천해야만 하는 삼덕^{三德}이다. 이렇게 실제로 가까이에 있는 일부터 실천하게 좋다.

〔拾遺〕『중용』제20장은 "지인용^{知仁勇}은 천하에 두루 통하는 덕이다^{知仁勇三者, 天下之達德也}"라고 합니다. 『대학^{大學}』경1장은 "대학의 도는 덕을 밝히고 백성을 친하게 대하며 지극한 선에 머무르는 것이다^{大學之道, 在明明德, 在親民, 在止於至善}"라고 합니다.

공자 시대에 9000명의 부하를 거느렸다는 도둑 도척이 한 졸개로부터 "도둑놈에게도 도^道가 있습니까?"라는 질문을 받았습니다. 도척은 "훔칠 물건이 어디에 있나 알아내는 것이 성^聖, 털 집에 먼저 들어가는 것이 용^勇, 마지막에 빠져나오는 것이 의^義, 일이 되고 안 되고를 가늠

할 줄 아는 게 지知"라며 의미심장한 말을 덧붙입니다. "훔친 재물을 공평하게 나누는 것이 인仁이니라. 이 다섯 가지 덕德을 몸에 지니지 않고 큰 도둑이 된 전례는 없느니라."

『장자』에 나오는 이야기인데요. 가까이에 있는 일일지라도 그것이 선善이 아니라면 진정한 지인용智仁勇이 아니지 않을까요? 도척의 예처럼 말입니다.

소송을 판결하는 방법은 인자함이 근본이다

소송을 판결하는 방법은 인자함을 근본으로 하되 엄숙한 태도로 지혜롭게 조사해야만 한다. 우선 피고의 말에서 참됨과 거짓을 솎아내고 그 다음으로 안색을 살피어 참말일까 거짓일까를 판별해야 한다. 혹은 관대하게 혹은 엄격하게 억누르기도 하고 달래기도 한 후에 올바른 도리를 좇아 죄를 판단하고 용기를 내어 죄상 그대로 판결해야 한다. 대체로 이렇게 하면 착오가 없을 것이다.

271

하늘은 사적私的으로 덮어주지 않고
땅은 사적으로 실어주지 않는다

"형벌은 시대에 따라 가볍기도 하고 무겁기도 한 것이다. 오직 바르지 못한 자를 바르게 하기 위한 것이니, 조리가 있고 공정해야 한다刑罰世輕世重, 惟齊非齊, 有倫有要."이는『시경』「여형呂刑」편에서 주나라의 여후呂侯가 경험에서 우러나와서 말한 명언이다. 시대가 옛날이든 지금이든, 형벌을 관장하는 벼슬아치들은 사리를 잘 분별할 수 있는 눈을 열고 형벌의 경중을 합당하게 정해야만 하는데, 꼭 융통성이 없는 성문법에만 얽매일 필요가 없다.

누워서도 정치를 잘할 수 있는 법

군을 다스리는 벼슬아치는 백성들을 마치 아들과 손자처럼 귀여워해야 하고, 노인들을 마치 형제처럼 도와주고, 홀아비와 과부들을 마치 가족처럼 대해주고, 인근 주변의 군현을 마치 동족이나 친족, 친구처럼 대하며 화합해야 한다. 그러면서 자신은 근검절약하고 정치를 간소화해 백성들을 이끌면, 한漢나라 제일의 청백리이자 대쪽 관리였던 급암汲黯이 병이 들어 드러누워서도 백성들을 잘 다스렸다는 와치臥治를 몸소 이루어낼 수가 있다.

〔拾遺〕맹자는 『맹자』 「양혜왕하」편에서 이렇게 말했습니다.

"늙고 아내가 없는 이를 홀아비라고 하고, 늙고 지아비가 없는 이를 과부라고 하고, 늙은데 부양가족이 없는 이를 무의탁자라고 하고, 어린데 보살펴줄 부모가 없는 이를 고아라고 합니다. 이 네 부류의 사람은 천하에서 곤궁한 백성들로서 어디에도 호소할 데가 없는 이들입니다. 문왕은 정사를 펴서 어진 마음을 베풀 때 반드시 이 네 부류의 사람을 가장 먼저 배려했습니다. 그래서 『시경』에서는 '부유한 이들은 괜찮지만 애처롭도다! 곤궁하고 외로운 사람들이여'라고 했던 것입니다."

벼슬아치는 항심이 있어야 한다

　백성을 다스리는 직책을 맡은 자는 특히 변함없이 도덕적인 마음인 항심恒心을 지닌 자로 골라야만 한다. 만약 재능은 있으나 덕이 없는 자를 고르면 반드시 미풍양속을 해치고 만다. 비록 나중에 선량한 벼슬아치가 부임을 한다손 치더라도 미풍양속을 다시 찾을 수가 없다.

　〔拾遺〕 맹자는 「양혜왕상」편에서 이렇게 말했습니다.

　"항산恒産: 고정적인 생업이 없으면서도 항심恒心을 지니는 것은 오직 선비만이 할 수 있습니다. 보통 백성들의 경우는 항산이 없으면 그로 항심이 없어집니다無恒産而有恒心者, 惟士爲能. 若民, 則無恒産, 因無恒心."

스스로 배우려는 의지가 일어나야 가르치기가 쉽다

우선 가르쳐 이끌고 나서 스스로 의지를 일으키게 하는 것은 꽤나 어렵지만, 배우는 자가 스스로 의지를 일으켜 세운 후에 가르쳐 이끌기란 매우 쉽다.

〔拾遺〕 공자는 『논어』 「술이」편 제8장에서 이렇게 말하였습니다.

"배우려는 열의가 없으면 이끌어 주지 않고, 표현하려고 애쓰지 않으면 일깨워 주지 않으며, 한 모퉁이를 들어보였을 때 나머지 세 모퉁이를 미루어 알지 못하면 반복해서 가르쳐 주지 않는다 不憤不啓, 不悱不發, 擧一隅不以三隅反, 則不復也."

283

도리에는 노소의 구별이 없다

몸은 노소의 구별이 있으나 마음에는 노소의 구별이 없다. 기氣에는 노소의 구별이 있으나 도리道理에는 노소의 차이가 없다. 따라서 노인이라든가 젊은이라든가 하는 구별이 없는 마음을 지니고 만고에 변하지 않는 도리를 터득해야만 한다.

284

지난날을 반추하며 자신의 분수를 알아라

사람들은 대체로 지나가 버린 것은 잊어버리고 아직 오지 않는 다음 해의 일을 생각하고, 또 전날 지나가 버린 것을 버리고 지금부터 와야 할 것에 대해서 걱정한다. 이런 이유로 무슨 일이든 제멋대로인데다 하루하루 아득바득하다 마침내 늙고 죽어버린다. 이러한 일은 정말로 탄식할 만하다. 그러면 어떻게 하면 좋은가. 여러 가지 괴로움도 있었고 고난도 만났던 젊은 날을 회고하면서 지금 편안하게 살아가고 있음에 고마워할 줄 알아야 한다. 이것이 자신의 분수를 안다고 하는 것이다.

경敬은 종신의 효다

사람이 평생 동안 실천해야 도는 '경敬'이다. 자신의 몸은 부모가 자신에게 남겨준 것이기 때문에 마땅히 종신토록 해야 할 평생의 효행이 경이다. 때문에 단 한순간의 날숨과 들숨에도 스스로 '경'을 잊어서는 안 된다.

카오, 「현자도」, 14세기

죽음도 장수도 천명이다

사람의 수명에는 일정한 운명이 있어 사람이 이것을 길게 하거나 짧게 할 수 없다. 그런데 자신의 의지로 양생을 하고자 하는 것은 그 사람 자신의 뜻에 의해서 그런 게 아니고 하늘이 권한 것이다. 생각대로 반드시 장수를 하는 사람도 또한 하늘이 준 것이다. 요절인가 장수인가를 규명하건대 결코 사람이 그것에 관여해 정하는 게 아니다.

〔拾遺〕『논어』「안연」편 제5장에서 사마우가 근심스럽게 "남들은 다 형제가 있는데 나 혼자만이 형제가 없구나"라고 말하자, 자하는 삶과 죽음, 부귀가 모두 천명에 달려 있다고 합니다.

"제가 듣건대 죽고 사는 것은 운명에 달려 있고 부유하고 고귀한 것은 천운에 달려 있다고 합니다. 군자가 공경하는 마음을 가지고 한 순간도 소홀함이 없이 노력하며, 남에게 공손하고 예의를 지킨다면, 온 천하의 사람들이 모두 형제입니다. 군자가 어찌 형제가 없다고 걱정하겠습니까?商聞之矣: 死生有命, 富貴在天. 君子敬而無失, 與人恭而有禮. 四海之內, 皆兄弟也. 君子何患乎無兄弟也?"

303

인생이란 무거운 짐을 지고, 먼 길을 가는 것이다

책임이 무거운 몸들이다. 그 무거운 짐을 지고 먼 길을 가야만 하는 게 세월이다. 사람의 인생이란 다름 아니라 무거운 짐을 지고 먼 길을 가는 것이다. 나는 노학자이지만 학문을 계속해서 열심히 배우겠다는 마음을 죽을 때까지 잃지 않을 각오다.

〔**拾遺**〕『논어』「태백泰伯」편 제7장에서 공자는 말하였습니다.

"선비라면 반드시 넓고 꿋꿋해야 하니, 맡은 바 일이 무겁고 갈 길이 멀도다. 인仁을 자기의 일로 삼으니, 그 또한 책임이 무겁지 않겠는가? 죽고 나서야 멈춰야 할 터이니 그 또한 갈 길이 멀지 않겠는가?士不可不弘毅, 任重而道遠. 仁以爲己任, 不亦重乎? 死而後已, 不亦遠乎?"

도연명은 시「잡시雜詩·제1수其一」에서 인생을 이렇게 노래합니다.

"인생이란 뿌리 없이 떠도는 바람에 흩어지는 길섶의 먼지여라. 요리저리 바람에 뒹굴다 사라지는 무상한 몸이라네. 땅에 떨어지면 모두가 형제려니, 하필 친척만을 사랑하랴. 즐거우면 마땅히 노래 부르고, 술 빚으면 이웃을 부르네. 청춘은 다시 오지 않고 하루도 두 번 다시 오지 않으리니, 좋은 시절에 마땅히 힘쓸지니 세월은 사람을 기다리지 않네."

308

정신적으로 격렬한 것은 노인에게 양생의 독이다

노인이 스스로 양생을 하는 법에는 네 가지가 있다. 첫째는 마음이 온화하며 까다롭지 아니한 것, 둘째 마음을 자연스러움에 맡기며 조급해하지 않는 것, 셋째 경우에 만족하며 넉넉하게 즐길 것, 넷째 하나의 일에 얽매이지 않는 것 등이다. 한층 더 육체적 것뿐만 아니라 정신적으로 격렬한 것은 모두 양생의 독이다.

〔拾遺〕 공자는 『논어』 「옹야」편 제18장에서 이렇게 말하였습니다.

"알기만 하는 사람은 좋아하는 사람만 못하고, 좋아하는 사람은 즐기는 사람만 못하다 知之者不如好之者, 好之者不如樂之者."

315

담박함이야말로 마음과 몸을 함께 기른다

마음과 몸은 하나다. 마음을 기르는 것은 '욕심이 없고 마음이 깨끗한' 담박澹泊함에 있고, 몸을 닦는 것 역시도 이러하다. 마음을 기르는 것은 욕심이 적은 데 있고 몸을 닦는 것 역시나 이와 같다.

〔拾遺〕주희는 『소학小學』에서 "군자의 마음은 깊고 넓어서, 담박함이 물과 같다君子心, 汪汪淡如水"는 범노공范魯公의 시를 인용하였습니다. 또 『근사록』에서 "가슴속이 담박하면 따스한 바람이나 밝은 달과 같다胸中灑落, 如光風霽月"고 하였습니다.

319

찰나의 숨결에서라도 허물을 남기지 말라

노인네가 양생을 잊지 못하는 것은 본래 당연하다. 하지만 그것이 너무 지나치면 일종의 사욕일 수가 있다. 고될 때는 고되고 쓸 때는 써야 하는 게 사람의 길이거늘, 설령 단 한 번의 숨을 쉬는 시간일지라도 사람이 당연히 걸 어야 할 길에서 허물을 남기지 말라. 이것이 곧 사람이 하늘을 섬기는 도이고, 하늘이 사람을 돕는 이치이다. 올바른 양생의 길은 아마도 여기에 있을 것이다.

328

해는 지고 갈 길이 멀다고 탄식하지 말라

사람의 인생은 20세부터 30대까지는 떠오르는 태양과 같다. 40대부터 60세까지는 한낮의 태양과 같으니 덕을 쌓고 큰일을 이루는 시절이다. 70세부터 80세까지는 몸도 쇠하고 일도 생각만큼 진척이 되지 않아 마치 서쪽으로 지는 해와 같으니 무슨 일도 이루기가 어렵다. 때문에 원기 왕성한 젊은이는 공부를 해야 할 때에 열심히 노력하여 큰일을 이루어내는 게 좋다. 나이가 들어 "해는 지고 갈 길은 멀다"라고 탄식하지 않도록 말이다.

〔拾遺〕순자는 『순자荀子』 「권학勸學」편에서 "군자는 학문을 하지 않을 수가 없다學不可以已"라며 "푸른 물감은 쪽풀에서 얻지만 쪽풀보다 더 파랗고, 얼음은 물로 이루어졌지만 물보다 차다靑取之於藍, 而靑於藍"고 했습니다.

도연명陶淵明은 "청춘은 두 번 오지 아니하고, 하루에 새벽은 두 번 있지 아니하다. 때가 되거든 마땅히 학문에 힘쓰라. 세월은 사람을 기다리지 않는다盛年不重來, 一日難再晨, 及時當勉勵, 歲月不待人"라는 시 「귀전원거歸田園居」를 지었고, 주자는 『주문공문집朱文公文集』 「권학문勸學文」에서 "소년은 쉽게 늙고 학문은 이루기 어려우니 순간의 세월을 헛되이 보내지 마라. 연못가의 봄풀이 채 꿈도 깨기 전에 계단 앞 오동나무 잎이 가을을 알린다少年易老學難成, 一寸光陰不可輕, 未覺池塘春草夢, 階前梧葉已秋聲"라고 하였지요.

『명심보감明心寶鑑』「근학勤學」편에 다음 구절들이 있습니다.

"장자께서 말씀하셨다. '사람이 배우지 않는 것은 흡사 하늘을 오르는데 아무런 재주도 없는 것과 같으며, 배워서 지혜가 심원해지는 것은 마치 상서로운 구름을 헤치고 푸른 하늘을 보고 마치 높은 산에 올라가 사해四海를 내려다보는 것과 같다莊子曰, 人之不學, 若登天而無術, 學而智遠, 若披祥雲而覩靑天, 如登高山而望四海."

"『예기』에 이르기를, 옥은 쪼지 아니하면 그릇이 못 되고, 사람은 배우지 아니하면 의義를 알지 못한다禮記曰, 玉不琢不成器요, 人不學不知義."

"한유韓愈께서 말씀하셨다. 사람이 고금古今에 통달하지 못하면 말이나 소에게 옷을 입힌 것과 같다韓文公曰, 人不通古今, 馬牛而襟."

"주자께서 말씀하셨다. 집이 만약 가난하더라도 가난으로 인하여 배우기를 저버려서는 안 되며, 집이 만약 부유하더라도 부유한 것을 믿고 배우기를 게을리 해서도 안 된다. 가난하더라도 배우기를 부지런히 하면 입신할 수 있으며, 부유하더라도 배우기를 부지런히 하면 이름이 이내 영광될 것이로다. 배우는 사람이 현달한 것은 보았으되, 배우는 사람이 이룸이 없는 것은 보지 못했노라. 배우는 것은 이내 자신의 보배요, 배우는 것은 이내 세상의 보배로다. 이런 까닭에 배우면 이내 군자가 되는 것이요, 배우지 아니하면 이내 소인이 되는 것이니라. 뒤의 배우는 사람들은 각자 의당 이에 힘써야 한다^{朱文公曰, 家若貧不可因貧而廢學,} ^{家若富不可恃富而怠學. 貧若勤學可以立身, 富若勤學名乃榮光. 惟見學者顯達, 不見學者無成.} ^{學者乃身之寶, 學者乃世之珍. 是故, 學則乃爲君子, 不學則乃爲小人, 後之學者, 各宜勉之."}

"송 휘종께서 말씀하셨다. 배우는 사람은 벼와 벼 낟알과 같고, 배우지 아니하는 사람은 쑥이나 풀과 같다. 벼와 벼 낟알 같음이여! 나라의 곡식이요 세상의 큰 보배로다. 쑥 같고 풀과 같음이여! 밭을 가는 사람이 미워하고 싫어하며 김매는 자가 번뇌하는 것이로다. 장차 벽을 보고 후회한들 그때는 이미 늙어버린 뒤다^{徽宗皇帝曰, 學者는 如禾如稻, 不學者如} ^{蒿如草. 如禾如稻兮, 國之精糧, 世之大寶. 如蒿如草兮, 耕者憎嫌, 鋤者煩惱, 他日面墻, 悔之} ^{已老."}

329

양생의 시작은 효다

부모에게 효도하고 친족을 공경하는 마음에서 삼가 몸을 조심하는 게 양생의 일념이라면 이는 참으로 하늘을 섬기는 거나 진배없다. 보통 사람들의 양생은 자신의 몸을 귀여워하는 개인적인 욕심에 얽매여 있다. 때문에 마땅히 양생은 효경에 바탕을 둔 것임을 알아야만 한다.

〔拾遺〕 주희는『소학小學』「명륜」에서 "내 몸은 부모가 남겨준 몸이다. 그러므로 남겨준 몸을 다루는 데 감히 공경하지 않겠는가身也者, 父母之遺體也. 行父母之遺體, 敢不敬乎"라는 증자의 말을 인용했습니다.

아들에게는 엄격하게, 손자에게는 자애롭게 대하라

자손을 대하는 도는 자애로움에 있지만 사람들은 대체로 아들에게는 엄격한 반면에 손자에게는 자애롭다. 아마도 아들에게 엄격한 까닭은 선행을 권하는 아비의 마음이 통절하기 때문일 것인데, 정말로 이거야말로 깊디깊은 자애로움이다. 한편 손자에 대한 자애로움이 깊은 까닭은 자신을 대신해서 착하게 살라고 다그치는 아버지가 있기 때문이다. 그래서 손자에게는 오로지 자애로움으로만 대하는 것이다. 자손에 대한 선조의 정도 아마 이런 모양새로 아들에게는 엄격하고, 손자에게는 자애롭게 대해 왔을 것이다.

죽으면서 사적인 정에 집착하지 말라

사람이 밟아가야 할 도는 오로지 성誠과 경敬 두 가지뿐이다. 살아서 그 성을 다하고 죽으면 그 죽음으로 편안해지는 게 경의 수양을 쌓아 성의 도를 얻는 결과이다. 삶과 죽음은 모두 하늘로부터 오는 것이므로 인력으로 어쩔 도리가 없는 천명에 순종하는 것은 성의 수양으로부터 경의 도를 얻는 것이다. 누군가는 단명하고 누군가는 장수하고, 누군가는 괴롭게 죽고 누군가는 편안하게 죽는 것은 어린아이와 친족의 사적인 정일 뿐, 죽음을 맞이한 이에게는 그러한 집착이 남을 까닭이 없지 않은가.

〔拾遺〕 맹자는 『맹자』 「진심상」편에서 "일찍 죽고 오래 사는 것에 개의치 않고 다만 자신의 몸을 닦아서 명을 기다리는 것이 명을 바로 세우는 방법이다. 어느 것이든 명이 아닌 것이 없지만 그중 올바른 것에 순응해 받아들여야 한다夭壽不貳, 修身以俟之, 所以立命也. 莫非命也, 順受其正"고 말하였습니다.

335

불로장생은 양생의 문제가 아니다

사람의 기맥은 바닷물의 밀물처럼 찼다가 썰물처럼 빠지고 보름달처럼 찼다가 그믐달처럼 이지러진다. 즉 삶과 죽음도 처음부터 하늘이 정한 운수가 있다. 오직 양생을 하여 하늘로부터 내려받은 수명을 다 누리는 것이 천명을 따르는 것이다. 이른바 불로장생은 전혀 양생의 문제가 아닌 것이다.

이경윤 그림, 「고사탁족도」, 16세기

336

죽는다는 것은 잠일 뿐이다

무릇 활기가 넘치는 사람은 죽음을 두려워한다. 이 활기를 남김없이 다 소진하면 죽음을 두려워하는 생각조차도 없어진다. 그런 까닭에 몹시도 늙은 사람이 죽는 것은 잠이 드는 것과 같다.

생사는 하루 밤낮에도 한 순간의 호흡에도 있다

석가모니는 생과 사를 몹시도 중요한 중대사로 여긴다. 나는 그것을 이렇게 말하고 싶다. 밤과 낮도 하루의 생과 사이며, 들이마시고 내쉬는 호흡도 역시 한 순간의 생과 사로서 모두가 일상의 당연한 보통 일이다. 그러나 자기가 자기 자신인 까닭은 생사의 밖에 있는 것이므로 모름지기 스스로 잘 연구해 스스로 깨우쳐야만 한다.

〔**拾遺**〕 왕양명은 "밤과 낮을 이해할 수 있으면 삶과 죽음도 이해할 수 있다"라고 말했습니다.

태어나기 전의 자신을 찾으면
죽은 뒤의 자신을 찾을 수가 있다

죽음을 맞이하여서는 마땅히 자신이 아직 태어나기 전의 자기 자신을 찾아보는 게 필요하다. 『역경』「계사전繫辭傳」에 "처음으로 미루어 살피고 끝을 돌이켜 보느니라. 그러므로 죽고 사는 원리를 아느니라原始反終. 故知死生之說"라고 하였다. 삶과 죽음을 아는 법이란 바로 이렇다.

339

고요함이야말로 임종의 성의다

성의를 다하는 것은 평생 동안 지켜야 할 자세다. 한 번의 숨결에도 또한 성의가 늘 존재하니 단 한 번의 숨결이 참된 의미를 지니는 것이다. 임종의 때에는 오로지 그 어떤 번뇌도 없는 고요함이 절실한데, 이것이 임종의 성의이다.

340

인생을 완전히 끝내는 자의 마음가짐

자신의 몸은 부모가 완전한 모양새로 낳아준 것이다. 때문에 마땅히 완전한 모양새로 이 몸을 돌려드리지 않으면 안 된다. 임종을 할 때는 다른 생각을 하지 말고 오로지 한마음으로 주군과 어버이로부터 받은 크나큰 은혜에 감사하며 눈을 감아야 한다. 이것이 인생을 완전히 끝내는 방법인 '전종全終'이다.

〔拾遺〕『예기』「제의祭義」편은 "부모가 완전한 형상으로 낳아주신 몸을 자식은 언젠가 완전한 형상으로 땅에 되돌려줌으로써 효라고 할 수 있다. 오체를 손상하는 일이 없고 몸을 더럽히는 일이 없는 것이 완전한 형상으로 되돌려 준다고 말할 수 있는 것이다. 그러므로 군자는 반보를 걷는데도 절대로 효를 잊지 않는 법이다父母全而生之. 子全而歸之. 可謂孝矣. 不虧其體. 不辱其身. 可謂全矣. 故君子頃步而弗敢忘孝也"고 하였는데, 왕양명은 이렇게 "자식은 언젠가 부모로부터 물려받은 몸을 완전한 형상으로 땅에 되돌려주는 것"을 전종全終이라 하였습니다.

* 『언지질록』은 사토 잇사이가 80세에 쓰기 시작하여 3년 후인 가에이嘉永 6년 1853년에 간행하였다. 5년 후, 그는 향년 88세로 서거하였다.

거의 모든 동양의 지혜를
아포리즘화한 좌우명의 절창

　　『언지사록言志四錄』은 『언지록言志錄』(1830년 간행)과 『언지후록言志後錄』(1837년 탈고), 『언지만록言志晩錄』(1850년 간행), 『언지질록言志耋錄』(1854년 간행)이라는 한문으로 쓰인 네 권의 수상록을 훗날 합쳐 부른 이름이다. 수상록은 일정한 계통이 없이 그때그때 떠오르는 생각이나 느낌을 기록한 책이다. 때문에『언지사록』1133조항은 각 조항간의 연관성은 없다. 사토 잇사이佐藤一齊, 1772-1859년는 자신의 삶이 원숙해진 마흔을 넘긴 무렵부터 짧은 잠언들을 쓰기 시작했다. 이렇게 42세부터 82세 때까지 40년이라는 기나긴 세월 동안 쓰인 어록은 비슷한 예를 찾아볼 수가 없다.

　　물론『언지록』의 잠언 총 개수가 많다 하지만, 날마다 한 편씩 썼다고는 할 수 없다. 10년에 평균 300조 정도 썼고, 1년으로 치면 30조씩이고, 한 달로 치면 서너 조씩 썼을 것이다. 그럼에도 원문은 한문이기에 한 조항은 기껏 서너 행에 지나지 않는 게 태반이다. 요즘의 200자 원고지로 따지면 한 달에 1매, 1년에 10여 매에 불과하다. 역으로 말하면『언지록』의 잠언 한 조항, 한 조항은 저자 자신이 정말로 심혈을 기울여 "피로 쓴" 명상록인 것이다.

책이름을『논어』『시경』『서경』 등에서 뽑아내다

왜 책이름에 '언지言志'라는 말이 들어갈까? '언지'의 출전은 불명확하다. 하지만 우선 동양에서 가장 오래된 고전 중의 한 권인『서경書經』「순전舜典」편에 다음과 같은 구절이 나온다.

  "시는 뜻志을 말하고, 노래는 말을 읊는 것이다詩言志, 歌永言."

서한 시대 노魯나라의 모형毛亨과 조趙나라의 모장毛萇이 편찬하고 주해를 단『모시毛詩』(『시경』의 별칭)「대서大序」에는 다음과 같은 구절이 보인다.

  "시란 뜻志이 움직인 것이다. 마음에 있으면 뜻이 되고, 말로 표현되면 시가 된다詩者, 志之所之也. 在心爲志, 發言爲詩."

그리고 『논어』 「공야장公冶長」편 제25장을 보면 다음과 같은 구절이 나온다.

안연顔淵과 자로子路가 공자를 모시고 있었는데 공자께서 말씀하셨다. "각자 자신의 뜻을 말해 보지 않겠느냐?盍各言爾志?"

자로가 말하였다. "수레와 말과 좋은 털가죽 옷을 벗들과 나눠 쓰다가 그것들을 못 쓰게 되더라도 유감스럽게 생각하는 일이 없도록 하고자 합니다."

안연이 말하였다.

"잘하는 것을 자랑하지 않고 공로를 과시함이 없도록 하고자 합니다."

자로가 여쭈었다.

"선생님의 뜻을 듣고 싶습니다願聞子之志."

공자께서 말씀하셨다.

"노인들은 편안하게 해주고, 벗들은 신의를 갖도록 해주고, 젊은이들은 감싸 보살펴 주고자 한다."

일본의 연구자들은 사토 잇사이가 '언지'라는 두 글자를 아마도 『시경』, 『서경』, 『논어』에서 뽑아냈을 것이라고 추론한다. 중국 송나라 주희와 그의 친구 여조겸呂祖謙이 『근사록近思錄』의 제목을 『논어』 「자장子張」편 제6장의 "절실하게 묻고 현실 가까이에서 생각하면 인이 그 가운데 있다切問而近思, 仁在其中矣"라는 구절에서 따왔던 것처럼 말이다.

마흔, 남성적 아포리즘의 절창을 토해내기 시작하다

사토 잇사이의 어릴 때 이름은 노부유키信行였다. 나중에 개명해 휘諱, 돌아가신 높은 어른의 살았을 때의 이름를 단坦이라고 했으며, 스테쿠라捨藏라고 불리기도 했다. 자字는 다이도大道로 『서경』의 「대우모大禹謨」편에서 취한 것이다. 이이치사이惟一齋 또는 잇사이一齋라는 호를 사용했다. 이밖에도 아이니치로愛日樓, 노고켄老吾軒 등의 호도 있고, 에도江都, 지금의 도쿄에서 살았기에 이를 훈독하여 고토江都라고 불리기도 했다.

잇사이는 1772년 10월 20일 에도 하마초濱町에 있는 이와무라번巖邑藩의 에도 저택에서 아버지 사토 노부요시佐藤信由의 2남 2녀 중에서 차남으로 태어났다. 증조부 사토 슈켄佐藤周軒이 처음으로 유학자로서 미노美濃, 지금의 기후현岐阜縣 이와무라번의 가로家老, 번의 중신으로 집안일을 처리하는 직책가 되었고, 조부 사토 신젠佐藤信全과 아버지 역시 이와무라번의 가로였다.

사토 잇사이는 어릴 적부터 책읽기를 특히나 좋아하고 다른 아이들보다 재능이 뛰어나 일찍부터 성현의 경서를 접하였다. 열두세 살이 되어서는 이미 어른이 된 것처럼 두각을 나타내며 그 스스로도 천하제일의 인물이 되겠다는 입지를 세웠다. 1784년에 이와무라번의 번주인 마쓰다이라 노리모리松平乘蘊의 셋째 아들 고衡가 17세로 성인식을 치르게 되었을 때 잇사이의 아버지 노부요시가 에보시오야烏帽子親, 성인식에서 에보시라는 일본 전통 모자를 씌워주는 역할를 맡은 것이 인연이 되어 잇사이와 네 살 연상인 고는 이후 형제처럼 친하게 지냈다. 1790년, 19세에는 번의 사적에 오르고 근시近侍, 측근신하가 되었다.

하지만 1792년 21세에 그가 바라던 대로 번의 사적에서 탈퇴를 하고, 오사카로 가 역학자인 하자마 다이교間大業의 집에 기숙하며 그의 소개로 오사카 주자학파의 태두인 나카이 지쿠잔中井竹山, 1719-1804년에게 가르침을 받았다. 그리고 교토로 가 유학자 미나가와 기엔皆川淇園을 만나 견문을 넓혔다.

잇사이의 면직과 사적 이탈 그리고 오사카로의 유학 등의 원인은 전적으로 '칸세이 이학의 금寬政異學の禁, 마츠다이라 사다노부가 1787년부터 1793년까지 시행한 칸세이 개혁 가운데 하나로 주자학 이외의 학문을 금지하는 명령'이 불러온 파문이었다. 그는 지쿠잔에게 입문하기 전부터 이미 양명학을 좋았다. 그렇기 때문에 화가 다른 곳으로 미칠까 두려워 스스로 사적 이탈을 청원했던 것이다. '칸세이 이학의 금'으로 궁지에 몰렸던 당

시, 사토 잇사이에게 오사카 유학을 종용하여 구제한 이가 바로 고였다. 고의 권유를 받아들인 것은 둘 사이에 흐르는 정의 깊이를 생각하면 자연스러운 일이었고, 그 이후에도 고와 잇사이의 두터운 신뢰의 정은 평생 동안 유지되었다.

사토 잇사이는 22세인 1793년 2월 에도로 돌아와 다이가쿠노가미^{大學頭, 막부의 최고 학문 기관인 쇼헤이코의 최고 책임자} 하야시 간준^{林簡順}의 문하에 들어간 뒤에야 비로소 관학^{주자학}으로 입신을 하고자 결의하였다. 그렇다고 잇사이가 개인적 신념인 양명학을 포기한 것은 아니었다.

얼마 후인 그해 4월에 간준이 숨을 거두었다. 간준에게는 뒤를 이을 아들이 없었던 탓에, 막부는 명을 내려 마쓰다이라 노리모리의 셋째아들인 고 즉 마쓰다이라 노리후라^{松平乘衡}가 하야시 집안^{林家, 막부 유관儒官의 가계}의 대를 잇도록 하였다. 하야시 간준의 양자가 된 마쓰다이라 노리후라는 이름을 하야시 줏사이^{林述齊, 조선통신사를 대마도에서부터 맞이하도록 한 인물}로 고쳤다. 하야시 가문은 '조선 퇴계학의 충실한 소개자'였던 하야시 라잔^{林羅山, 1583-1657년}을 시작으로 에도 막부의 주칸^{儒官, 막부의 공식 교육 기관 최고 책임자, 오늘날의 도쿄 국립대학 총장}이 된 집안이다.

그리하여 하야시 줏사이와 친분이 두텁던 사토 잇사이도 쇼헤이자카가쿠몬조^{昌平坂學問所, 1790년에 설립된 에도 막부의 교육 기관으로 정식 명칭은 가쿠몬조學問所였고 쇼헤이코로도 불림}에 입문하였다. 이후 그의 나이 29세였던 1800년에는 히젠국^{肥前國, 나가사키현長崎縣}의 초대를 받고 그곳에 가 경서를 강의하였다. 1805년 34세에는 주쿠초塾長, 숙생의 최고 책임자로서 하야시 줏사이와 함께 수많은 숙생들을 지도하였다. 1826년 55세 때에는 이와무라후巖村侯가 되어 노신의 반열에 오르고 번의 정사에 진력하기도 하였다.

이런 과정을 통해 유학의 대성자로 인정받은 사토 잇사이는 그의 나이 70세였던 1841년 7월 하야시 줏사이가 사망하자, 에도 막부의 명으로 그해 11월 쇼헤이코의 주칸이 되었다. 당시에 그의 학덕은 날로 높아져 세상의 태산북두로 불리며 경앙하지 않는 이가 없었다. 이 무렵 쇼군 도쿠가와 이에요시德川家慶에게 『역경』을 강의하였다. 또한 그를 초청해 강설을 청하는 다이묘들이 수십 명에 달했다. 게다가 국사도 다망하여 막부의 요구에 응해 시무책을 올리기도 하였고, 1854년 미일화친조약이 체결될 때에는 다이가쿠노가미 하야시 후쿠사이林復齊를 보좌해 외교문서를 작성하기도 하였다. 그의 저서로는 사본寫本으로 사토 잇사이가 살아 있을 적에 출판되어 대중들이 접할 수 있었던 『언지록』과 문집 『애일루문시愛日樓文詩』를 포함해 90여 권이다.

이렇게 장수를 한 사토 잇사이에 대해 1979년 고단샤講談社 판 『언지사록』을 전역해 50쇄 이상을 찍은 스테디셀러로 자리를 잡게 한 가와카미 마사미쓰川上正光 전 도쿄공대東京工大 학장은 사토 잇사이가 장수를 하였기에 『언지록』을 남길 수가 있었고, 그것은 "평생 공부가 남긴 은덕"이며, 그가 장수를 한 까닭을 공자가 『논어』 「옹야」편 제21장에서 했던 다음 말로 대신하였다.

"지혜로운 사람은 물을 좋아하고 어진 사람은 산을 좋아하며 지혜로운 사람은 활동적이고 어진 사람은 정적이며, 지혜로운 사람은 즐겁게 살고 어진 사람은 장수한다知者樂水. 仁者樂山. 知者動, 仁者靜, 知者樂, 仁者壽."

마음 공부가 학문의 원점,
먼저 참다운 인간이 되고자 하는 뜻을 세워라!

다음으로 책 내용을 살펴보자. 『언지록』에는 '뜻志'이라는 말이 여러 차례 등장한다. 여기서 말하는 뜻은 과연 무엇일까? '입신출세'라든가 '입신공명' 혹은 '부자 아빠 되기' 등등, 세속적인 함의일까? 물론 뜻을 품고 한평생을 열심히 살다 보면 그 결과로서 입신출세를 하거나 부자 아빠가 되는 경우도 흔하겠다. 하지만 이 책이 말하는 '뜻志'의 본래 의미는 '마음心이 훌륭한 사람이 되고자 하는 의지意志'이다. 달리 말해 '존양存養. 양심을 잃지 않도록 착한 성품을 기름', 거경居敬. 늘 마음을 바르게 가져 덕성을 닦음, 함양과 체찰體察. 성찰 등등의 마음 공부로 인격적으로 품위가 있는 사람이 되고자 하는 뜻을 일컫는다.

『언지록』이라는 책 제목의 출전으로 생각되는『논어』에서도, 자로가 공자에게 "선생님의 뜻을 듣고 싶습니다^{願聞子之志}"라고 하자, 공자는 "노인들은 편안하게 해주고, 벗들은 신의를 갖도록 해주고, 젊은이들은 감싸 보살펴 주고자 한다"고 말하였다. 이처럼『언지록』에서 '뜻'은 야망을 가져라, 대망을 품어라, 입신출세 하여라, 부자가 되어라 하는 풍으로 '명리와 금전 등에 관한 이기적 욕망'을 북돋는 말을 가리키는 게 아니라, '인간이라면 누구나 마땅히 몸소 실천해 이루어야만 하는 목표·목적·결심' 등을 가리킨다. 기독교적으로 말하면 '사랑과 헌신'일 것이고 불교적으로 말하면 '자비와 해탈'일 것이며, 유교적 수신서인『언지록』은 당연히 인의예지^{仁義禮智}라든가, 덕^德, 경^敬, 성^誠, 충^忠, 효^孝, 신^信, 서^恕, 격물치지^{格物致知} 등등을 가리킨다.

그래서『언지록』에서 가장 출전이 많은 것이 사서^{四書}에서는『논어』,『맹자』,『중용』,『대학』 순이고, 오경^{五經}에서는『역경』,『서경』,『시경』,『예기』 순이다. 이밖에 병가와 도가의 책들도 거론되는 등 제자백가의 설이 모두 인용되고 있다. 저자의 학문 세계는 유학을 주로 하고 그밖에 제자백가의 학설에까지 미치고 있으니 그 학식이 실로 넓고 깊다고 할 수 있다. 전체를 통틀어 가장 많이 인용된 동양 고전은『논어』이고 그 다음으로『맹자』,『역경』,『서경』,『중용』 등이다. 또한『역경』에 정통하여, 이 책의 곳곳에서 역리로 사람의 처세에 관한 지혜를 깨닫게 해준다.

특히 저자는 '양주음왕陽朱陰王, 양명학陽明學을 신봉하면서 표면적으로 주자학자인 척함'
입장을 취하고 있기 때문에『언지록』은 지행합일 즉 '앎과 행동
은 함께 굴러가는 두 바퀴'라는 것을 특히나 강조하는 왕양명의
학문과 사상에 관한 내용이 적지 않다. 위에서 열거한 고전 외에
송 · 원 · 명 · 청 시대의 유학과 중국사, 게다가 일본의 유학 등도
언급하며 활용하고 있다. 그러므로『언지록』은 짧은 잠언 형식으
로 쓴 동양의 거의 모든 사상사에 대한 수상록이자 명상록 그리
고 주석집이라고 해도 무방하다.

그럼, 이 책을 쓰던 시기인 에도 막부 말기의 시대적 배경과 사
회적 상황은 어떠하였을까? 가토 도쓰도加藤咄堂는『수양대강좌修養
大講座』라는 책에서 다음과 같이 기술하고 있다.

"그 사이에 사회의 변화는 뚜렷하였고『언지록』을 집필하기 시작한
분카文化 10년1813년은 도쿠가와 막부 제11대 쇼군인 도쿠가와 이에나
리의 시대로 에도 문화는 난숙爛熟의 극에 달하며 퇴폐의 징조가 보이
고, 안으로는 쇄국의 몽매에서 아직 깨어나지 못한 사이에 해외의 정
세는 시시각각 우리의 주변으로 육박해 들어왔다. 그런데 300여 명의
다이묘들은 '활은 부대에 칼은 칼집에 쑤셔 넣은' 채 태평성대의 전통
을 한껏 누리고 있었다. (……) 마지막 권인『언지질록』을 상재한 가
에이嘉永 6년1853년에는 페리 제독이 이끄는 미국 함대 구로후네黑船가
처음으로 우라가浦賀에 내항해 함포 외교를 벌이는 통에 막부의 위신

은 땅에 떨어지고 국내의 정세는 일촉즉발이었다."

이처럼 긴박한 국내외적 정세 아래에서 사토 잇사이도 "서양의 학문을 음란한 소리나 아름다운 여자라고 생각해 조심해야 한다" (『언지록』, 169조)며 양학을 비판하다가, '에도 막부를 찬양하는' 막정구가론幕政謳歌論(『언지질록』, 257조)'을 펼치는 등 격랑의 시대에도 짬을 내어 붓을 놓지 않고 세상에 대한 생각을 쏟아내었다. 『언지록』은 당시의 급변하는 사회적 환경이 반영되어, 그 내용이 모순적이기도 하고 다양한 것은 부득이하였던 셈이다.

공적으로 주자학, 사적으로 양명학을 신봉한 '양주음왕' 학풍

사토 잇사이는 막부의 공식 교육 기관의 수장을 지냈기 때문에 표면적으로는 관학官學인 주자학을 강설하였지만 양명학도 깊이 연구했다. 이른바 공주사왕公朱私王, 즉 공적으로는 주자학을 신봉하고 사적으로는 양명학을 추구하는 입장을 견지했다. 그래서 학자들 사이에서는 '양주음왕陽朱陰王'이라 불리었다. 또한 송나라의 주자학이 도교와 선종의 사상을 일부 흡수하였듯이 사토 잇사이 역시 자유자재로 제자백가의 설을 모조리 음미하며 그것의 장점을 자신의 사상으로 흡수하였다. 다른 나라의 장점을 모방해 '일본적인 것'으로 만드는 데 능한 일본의 전통과 사토 잇사이가 후대의 일본 리더들에게 끼친 영향력을 생각해 보면, '모방 지향의 일본인'은 사토 잇사이의 사상에서 시작되었을지도 모른다고 해도 지나친 말이 아닐 것이다.

원래 정통 의식을 자부하는 주자학도는 다른 학파에 대해 격렬한 비판을 가하지만, 양명학도는 학파를 초월하여 다른 학파의 장점을 섭취하며 자양분으로 삼는 일에도 정열을 기울였다. 명말청초의 양명학도들이 왕양명의 주자만년정론의 관점을 활용하여 주자를 자신의 진영으로 끌어들이고, 그 사상적 유산을 섭취하려 한 점이 좋은 예다. 그래서 사토 잇사이처럼 양명학파가 주자학을 함께 취하는 것은 일반적이지만, 그 반대의 경우는 보기 드물다.

사토 잇사이가 양명학에 경도된 것은 아마도 그가 젊었을 무렵이었을 것으로 추정된다. 더욱이 사토 잇사이가 나카이 지쿠잔의 주쿠塾. 사설학교를 나올 때 지쿠잔은 그에게 "곤란해진 후에야 깨어나 깨닫고, 넘어져야 다시 일어난다困而後寤, 仆而復興"는 구절을 써서 주며 뒤의 구절은 왕양명의 말이라고 하였다. "넘어져야 다시 일어난다仆而復興"에서 '넘어짐'이란 양명학 신봉자로서 겪었던 좌절을 의미할 것이다.

한편 마쓰다이라 사다노부松平定信. 시라카와번白河藩의 다이묘는 잇사이가 양명학을 신봉한다는 소식을 듣고 그에게 왕양명의 초상화를 한 폭 주기도 하였다. 또 사토 잇사이의 저서인 『대학일가사언大學一

家私言』은 그가 25세 무렵에 양명학의 시점으로 쓴 책이고,『역경』『중용』『논어』『맹자』『소학』『근사록』『전습록』등에 관한 난외書^{闌外書, 본문을 둘러싼 여백 즉 난외에 풀이를 달며 쓰는 책}는 모두 양명학설을 바탕으로 주를 달며 논설하고 있다. 특히 에도의 성인^{聖人}이자 '일본 양명학의 비조'로 불리는 나카에 도쥬^{中江藤樹, 1608-1648년}를 존숭하였고, 사토 잇사이의 문하에서 주자학자보다 양명학자가 더 많이 배출된 것으로만 보더라도 그가 양명학파에 가깝다는 것을 확증할 수 있다.

그렇지만 사토 잇사이는 주자학을 결코 배척하지 않았다. 오히려 양명학과 주자학을 함께 병용한 주왕병취주의^{朱王倂取主義}라고 해야 더 정확한 표현일 것이다.『언지질록』에 나온 다음 글을 보자.

"나는 어렸을 적부터 왕양명의 책을 즐겨 읽고, 내가 쓰는 문장이나 필적 등에 이르기까지 그를 모방하곤 했다. 물론 선생으로부터 학문을 전수받은 것은 아니므로 지금 반드시 그것만을 주장하지는 않겠다. 그러나 어렸을 때의 익힘이 이미 그와 같았으므로 이제 와서 그것을 고칠 수는 없다. 먼저 도모하지도 않았는데 발탁의 은혜를 입어 쇼헤이코에서 학생들을 가르치는 직무로 나아가게 되었다. 오로지 주자학만을 강의하기는 하였지만 옛 은인은 결코 잊을 수 없는 것이 인지상정인가 보다. 양명학이 주자학과 조금 다르다고 해서 그것을 비난해서는 안 된다."

그의 이러한 주왕양학^{朱王兩學} 경향은 나카에 도쥬와 나카이 지쿠잔의 학풍을 이어받은 걸로 생각되지만, 후지와라 세이카^{藤原惺窩, 1561-1619년, 원래 불교 신자였으나 정유재란으로 일본에 끌려온 조선 유학자 강항의 영향으로 유학을 공부하였고 일본 성리학의 독자적인 체계를 완성한 하야시 라잔 등의 제자를 배출한 일본 유학의 선구자}의 주왕병취주의 학풍에서 연원한다. 이 점은 『언지만록』 제26조부터 30조까지에서 직접 언급하고 하는데, 다음 28조를 보자.

"생각건대 우리나라에서 처음으로 주렴계와 정자의 학문을 제창한이는 후지와라 세이카이다. 일찍이 주돈이와 정명도를 함께 취하는 것이 이와 같았다. 하야시 라잔^{林羅山, 1583-1657년}도 그 문하에서 배출되었다. 나의 증조이신 슈켄은 고토 쇼켄^{後藤松軒}에게 학문을 이어받았다. 쇼켄의 학문 역시 후지와라 세이카에서 나왔다고 할 수 있다. 내가 후지와라를 흠모하는 것은 바로 여기서 연원한다."

물론 그는 하야시 가문의 주쿠초^{塾長}였고 쇼헤이코의 주칸^{儒官}이었기 때문에 막부의 규칙에 따라 주자학을 신봉하지 않으면 안되었다. 행동하는 양명학자로 불리는 오오시오 츄사이^{大鹽中齋}가 『세심통차기^{洗心洞箚記}』를 끝내고 사토 잇사이에게 서문을 부탁하는 편지를 보내자, "공적으로 양명학을 주장하기에는 어려운 사정이 있습니다. 제가 서문을 쓰는 것은 아무래도 곤란할 것 같습니다"라고 하며 거절한 사례에서 잘 알 수가 있듯이, 공공연하게 양명

학을 주장할 수가 없는 그의 신분적 한계가 그로 하여금 양주읍
왕의 길로 가게 할 수밖에 없었다. 하지만 엄밀하게 말하면 그는
양명학에 사상적 뿌리를 두고 있었기 때문에 일본 사상사에서는
그를 양명학파 계열에 두고 있다.

그렇다면 관학^{주자학}을 가르치는 에도 막부 최고 학문 교육 기관
의 총괄자인 그는 왜 개인적 신념인 양명학을 버릴 수 없었을까?
그 이유는 『언지질록』에 나오는 다음 글들로 미루어 보아, 주자
학은 실천 학문이 아닌 까닭에 불만이 컸었기 때문이다.

"육상산은 홀로 깨달았으므로 배우는 자들이 오르기 쉽지 않다. 이
에 반해 주자는 치밀하지만 사람들로 하여금 오르기 쉽게 한다. 따라
서 배우는 자들은 먼저 주자에서 걸음을 시작하여 육상산에 이르러야
한다. 이것이 덕성을 존숭하며 도를 찾는 학문이다."

"육상산의 학문은 돈頓 같지만 돈이 아니다. 단지 입지立志를 말하고
있다. 주자의 학문은 점漸 같지만 점이 아니다. 단지 공부를 하고 있는
것이다. 뜻을 세우지 않으면 공부는 불가능하고 공부하지 않으면 뜻을
세울 수 없다. 주자와 육상산은 결국 서로 보완되어야 한다."

"오늘날 송학을 부르짖는 자들은 거의 모두가 고거考據를 하고 있다.
주자의 경에 대한 주를 읽어도 다만 문자를 훈고하고 판본의 다름과

같음을 조사하는 것에 지나지 않는다. 의리의 자세함과 간단함, 그것이 올바른지 잘못된 것인지는 막연하게 제쳐두고 묻지 않는다. 대체로 청나라 학자들을 모방하여 그런 것인데 나는 이를 받아들일 수 없다."

"옛날 주자학파라고 하는 자들은 고루함에 빠져 있다. 오늘날 주자학자라고 칭하는 이들은 잡박함에 빠져 있다. 오늘날 양명학을 잘 참작하여 주자학 말류의 폐단을 구하는 것이 좋다."

그러나 사토 잇사이가 공인으로서 주자학을 끝까지 버린 것은 아니었다. 『언지질록』에 나온 다음 글대로 그는 주자학과 양명학을 함께 받아들여 각각의 장점을 취하는 입장이었다.

"공자 문하의 십철十哲은 각각 장점이 있으니 공자가 그의 제자들을 가르치는 데 있어서도 한결같지 않았다. 주희와 육상산이 주장하는 것은 조금 다른 점이 있지만, 그것을 주돈이와 정명도로 환원하면 같은 것이다. 그런데 사람들은 각기 문호를 세워 서로 용납하지 않으니, 이는 타당한 견해가 아니다. 그런 까닭에 나는 단지 합일을 말하고자 함이다."

이렇게 주자학과 양명학을 공과 사로 나누어 겸채겸학兼採兼學한 사토 잇사이였기에 쇼헤이쿄에서 어느 한쪽만을 절대화하여 가르치지 않았다. 그랬기에 막말 유신기에 활약한 준재들이, 주자학의 기초 지식을 탄탄하게 쌓게 해주면서도 다른 학파를 배타시하지 않는 잇사이의 다채롭고도 자유로운 학풍에 매력을 느껴 학문소로 운집을 하였던 것이다. 하나의 도그마에 얽매이지 않으며 박식한 학문으로 제자들의 수준을 끌어올려 막말 유신기에 활약한 수많은 후진을 양성한 사토 잇사이의 교육적 성과는, 그래서 일본사에서 크나큰 평가를 받고 있다.

메이지 유신의 사상적 원동력이 된
수신, 제가, 치국, 평천하에 관한 명상록

사토 잇사이가 쇼헤이쿄 총장으로 취임한 것은 그의 나이 70세였던 1841년이다. 그리고 18년간, 즉 메이지 유신이 일어난 9년 전인 1859년에 서거를 할 때까지 6천 명에 이르는 제자들을 길러냈다. 앞서 말했다시피 그는 주자학과 양명학을 모두 수용하며 주자학을 강의하면서도 양명학을 신봉하였기에 그의 문하에서는 주자학자와 양명학자가 모두 배출되었다. 가령 주자학자로 유명한 사람은 안사카 곤사이安積艮齋, 오하시 도쓰안大橋訥庵이고, 양명학자로 유명한 사람은 사쿠마 쇼잔佐久間象山, 이케다 소안池田草庵, 야마다 호코쿠山田方谷, 요시무라 슈요吉村秋陽, 히가시 다쿠샤東澤瀉 등이다.

오하시 도쓰안은 그의 제자 중에서 양명학을 처음으로 신봉한 학자지만 나중에 주자학으로 전환했고, 나카무라 마사나오^{中村正直}는 『서양입지편^{西洋立志編}』를 써 수많은 사람들을 계몽한 걸로 유명하다. 특히 막말 일본의 선각자로 일컬어지는 양명학자 사쿠마 쇼잔의 문하에서는 가쓰 가이슈^{勝海舟}, 사카모토 료마^{坂本龍馬}, 요시다 쇼인^{吉田松陰}, 고바야시 도라사부로^{小林虎三郞} 등 다수의 메이지 지사가 배출되었다. 이후 요시다 쇼인의 문하에서는 다카스기 신사쿠^{高杉晉作}, 구사카 겐즈이^{久坂孝端}, 기도 다카요시^{木戶孝允}, 이토 히로부미^{伊藤博文} 등이 배출되며 메이지 유신의 지사 그룹을 형성하게 되었다.

한편 사토 잇사이에게서 직접 배우지는 않았지만 사이고 다카모리^{西鄕隆盛, 1828-1877년}는 잇사이의 학문에 경도되었다. 그가 물에 뛰어들며 자살을 기도하고 유배를 떠났던 불우한 시기에 그의 역경을 이겨내게 했던 책이 바로 『언지록』이었다. 사이고 다카모리는 『언지록』에서 28조, 『언지후록』에서 20조, 『언지만록』에서 29조, 『언지질록』에서 24조를 각각 뽑아내 총 101조를 따로 초록해 금과옥조의 좌우명으로 삼았다. 난슈^{南洲, 사이고 다카모리의 호}가 『언지록』으로부터 받은 영향이 너무나 커, 필시 메이지 유신의 원동력이 되었을 것이라고 평가하는 게 일반적이다. 일본의 정치가 아키스키 다네타쓰^{秋月種樹, 1833-1904년}는 메이지 21년^{1888년}에 『난슈수초언지록^{南洲手抄言志錄}』 101조를 간행하였다. 덧붙여 말하면 사토 잇사이가 55세일 때 사이고 다카모리가 태어났고, 잇사이가 타계할 때

사이고 다카모리는 33세로 둘은 조부와 손자뻘 되는 나이차를 두고 있다.

그렇다고 『언지록』을 난슈만 애독한 게 아니다. 에도 막부를 무너뜨리고 새로운 메이지 정부를 세우려던 수많은 도막파^{倒幕派} 메이지 지사들이 열독하였다. 따라서 가와카미 마사미쓰^{川上正光} 전 도쿄공대 학장은 "사토 잇사이는 직간접적으로 메이지 유신의 원동력이 되었다고 해도 과언은 아닐 것"이라고 말했다. 에도 막말과 메이지 유신에 관계된 인물들을 얘기하다 보면 자연스레 사토 잇사이가 언급될 수밖에 없는 노릇인 것이다. 메이지 유신은 잇사이가 죽은 지 9년 후에 일어났지만 잇사이는 이미 서서히 다가오는 서양 문명이라는 파도를 민감하게 받아들이고 있었다. 또한 주자학에서 말하는 사물의 이치에 대한 탐구 방법은 서양의 근대 과학 이론을 당해내지 못한 것이라는 점도 잘 알고 있었다.

현대 일본의 정치경제 지도자들이 필독하는 리더십의 바이블

그럼 막부를 지지했던 인물들은 『언지록』을 애독하지 않은 것일까? 결코 아니다. 또한 메이지 유신 이후에도 지금까지 수많은 일본인들이 읽어오고 있다. 가령 1978년에 수상에 오른 오히라 마사요시^{大平正芳}는 "자신의 뜻을 높이 세우고 지도자로서의 마음가짐을 공부하는 데는 『언지록』이 최고"라는 평을 내렸다. 최근에는 고이즈미 준이치로^{小泉純一郎} 전 총리가 일본 각료들에게 필독을 요구한 걸로 유명하다.

이렇듯 『언지록』이 시대를 초월해 읽혀지고 있는 까닭에 대해, 사이토 다카시^{齊藤孝} 메이지대학 문학부 교수는 "사토 잇사이의 말에 보편타당성이 있기" 때문이라고 평가하였다.

조직의 리더로서 수많은 부하들을 지도하는 입장이 되면 막무가내마냥 제멋대로 처신할 수가 없다. 부하를 납득시키며 지도하는 것은 그 나름의 리더학을 갖추기 전에 수기치인^{修己治人}이 필요하다. 우선은 자신의 인품을 쌓아야 부하들을 감화시킬 수 있다. 인격을 완성하는 인간학이 절실한 게 리더의 조건이다. 공경의 마음을 지니고 부하를 대하고, 오만은 적을 만들 뿐 자신을 파멸시키는 첩경이라고 역설하는 『언지록』은 이러한 리더의 조건이 무엇인지를 여러 가지 측면에서 가르쳐 주고 있다.

가령 『언지록』을 보자.

　"재앙은 위로부터 싹튼다(102조)."
　"자연현상도 크나큰 정치다(171조)."

『언지만록』에서는 이렇게 썼다.

"지도자는 유비무환의 정신을 잊지 말아야 한다(113조)"

"지도자의 솔선수범이 왕도다(115조)"

이렇듯 사토 잇사이의 말에는 시대를 뛰어넘는 보편적 울림이 있기에 오늘날까지 '불멸의 리더학'으로 사랑을 받고 있다. 사이토 다카시 교수가 최근에 『언지록』을 경제경영과 기업 조직론적 관점에서 리라이팅한 『최강의 인생지침서最强の人生指南書』가 베스트셀러가 될 수가 있고, '어린이를 위한 언지록' 등등 '언지록'에서 파생한 수많은 책들이 끊임없이 나오는 까닭일 터이다.

정치인, 비즈니스맨, 교육가, 군인, 학생……
만인의 수기치인을 위한 좌우명의 향연

"동양의 도덕과 서양의 예藝·기술가 일치해야 한다"고 말한 이는 사토 잇사이의 제자인 사쿠마 쇼잔이다. 이는 학문에는 도道와 예藝가 있다는 말인즉, 도는 자신의 마음을 수련해 얻는 '사람 됨됨이人格'이고 예는 먹고 사는 데 필요한 '생존의 기술'을 뜻한다. 도는 철학·사상·문학으로 인간과 인생을 탐구하게 하는 학문이고, 예는 법률·의학·과학 등 지식을 파는 학문이라고 할 수 있다. 이 두 가지가 양립하는 게 본래의 학문이었고 이 두 가지를 병행해 가르치는 게 이른바 전인교육이다.

에도 시대 유학자 미우라 바이엔三浦梅園은 "지식은 그것을 배우는 자의 마음에 동화가 되고 또한 그 사람의 인격에 반영되어 나타나야 참된 지식이다"라고 말하였다. 하지만 현대는 갈수록 물질만능주의에 젖어 과학적 효율성이 중시되고 있는 차에 승자독식주의와 경쟁제일주의, 1등만 기억하는 '성적순 줄 세우기'가 판을 치며, 머리로만 달달 외우고 스펙 쌓기 수단으로 전락한 생존의 기술로서의 지식만을 배울 뿐 마음인격을 닦는 배움은 내팽개쳐버린 실정이다. 이렇게 취업의 편리를 위해 기술의 학문만을 배우며, 인덕을 닦는 도의 학문은 잃어버린 채 시험을 위한 지식 편중 교육이 난무하기에, 청소년 문제나 반인륜적 범죄가 잊을 만하면 뉴스 헤드라인을 장식하는 것은 어쩌면 당연한 자충수일지 모른다. 퇴계 이황의 『자성록』이나 『언지록』이 공히 중요시하는 공부론인 인성 교육 즉 '인간의 마음을 닦는 학문德育'이 완전히 사라져버린 탓에 매스미디어에는 연일 비인간적인 사건이 보도되고, 최고 지도층은 공공연하게 사리사욕을 채우기 위한 부정과 불공정을 저지르며 사회적 리더로서 갖추어야 할 노블레스 오블리주를 상실해 버린 것이다.

사실 공자의 『논어』가 2500년의 세월을 뛰어넘어 오랫동안 널리 사랑을 받고 있는 까닭은 정보가 아니기 때문이다. 정보는 시시각각 변화한다. 하지만 『논어』에 나오는 말은 사람이 사람으로

서의 가치를 지니기 위해 평생을 거쳐 몸소 실천해야만 하는 덕목을 가르쳐주고, 또한 단순히 지식 차원이 아니라 인간의 본질이 무엇인가를 가르쳐주며 인생의 지혜를 주는 책이기 때문에 후세에 전해지고 잠언으로 널리, 그리고 영원히 사랑을 받고 있는 것이다. 자신의 마음가짐을 수양하게 해주는 인생의 나침반 즉 인간성의 기둥이 『논어』에 오롯이 세워져 있기에 가능한 일이다. 『논어』는 단순히 정보가 아니라 인간의 본질이기에 현대의 개인주의의 병폐를 치유하는 책으로 아직도 널리 읽히며 동양 최고_{最古}의 스테디셀러로 각광을 받고 있는 셈이다.

그렇지만 여전히 서양의 개인주의 사상 등이 물밀듯 들어오고 경제개발을 인해 전통적인 공동체가 무너지면서 동양적인 '논어_{유교} 도덕관념'은 회복되지 않고 있다. 물론 서양의 민주주주의 사상이나 개인주의가 나쁘지만은 않지만, 무엇을 인간성의 기둥으로 삼아야 좋을지에 대한 확실한 청사진은 제시하지 못한 채 가치관의 혼란만을 가중시켰던 것 또한 부인할 수가 없는 게 사실이다. 최근에는 부의 양극화와 경제 위기마저 더해져 수많은 사람이 자신의 마음을 자신이 조절할 수 없는 지경에 처하기도 하였다. 이는 기술만능주의에 따른 도덕의 추락과 인간성의 상실과 맞물려 있다.

사토 잇사이는 『논어』가 사람들의 심금을 울리는 원동력은 그것이 잠언으로서 생명력을 갖고 있기 때문이라는 걸 알았다. 때문에 그 역시도 『논어』처럼 영원불멸한 잠언을 남기기 위해 동양의 지혜가 축적된, 즉 생사 · 우주 · 정치 · 충효 · 학문 · 인생 · 인간 · 문학 · 도덕 · 치세 · 경영 · 수양 · 교육 · 직업 · 대인관계 · 리더의 조건 등등 세상을 살아가는 데 필요한 원리원칙과 인생의 지침이 가득한 『언지록』을 저술하였을 것이다.

군이 『언지록』의 요점을 간단히 정리하면 네 가지로 간추릴 수가 있을 것이다. 첫째 인간의 가치는 '남을 위해 어느 정도 사는가!'에 달려 있다. 둘째 지위와 명예 그리고 외관상의 성공에 휘둘려서는 안 된다. 셋째 남을 따스하게 대해주는 정情과 배려하는 서恕 그리고 '가진 자의 사회적 의무'가 우주만물을 하나로 만드는 '사회통합의 주춧돌'이다. 넷째 그 무슨 일이든지 사람을 상대로 하지 말고, 하늘을 상대로 하라.

인간은 환경에 의해 변화를 하기도 하지만 그 환경을 좋은 쪽으로 바꾸기도 한다. 그것은 뜻志을 지닌 인간이기에 가능하다. 뜻이 있는 사람은 스스로의 운명을 개척하고, 훌륭한 스승과 친구를 찾아 은혜를 입고, 그리고 공부하며 한번밖에 없는 인생을 의식적으로 창조할 줄 안다. 인생을 좋게 하는 것도 나쁘게 하는 것도 모두 이 '뜻' 나름이라는 것을 『언지록』은 충분히 가르쳐주고 있다.

가령 『언지록』 제33조에서는 "뜻이 있는 사람은 예리한 칼날과 같아 사악한 것들이 꽁무니를 뺀다. 뜻이 없는 사람은 둔한 칼과 같아 어린 아이들도 업신여기고 깔본다"라고 하였다. 이는 함석헌 선생이 50여 년 전 『사상계』에서 "뜻이 있으면 사람, 뜻이 없으면 사람 아니다. 뜻 깨달으면 얼, 못 깨달으면 흙, 전쟁을 치르고도 뜻도 모르면 개요 돼지다"라고 하며 늘 강조하던 그 "뜻이 있는 백성이라야 산다"라는 잠언을 떠오르게 한다.

정리하건대 에도 시대 한학자 중에서 가장 문장이 뛰어났다는 평가를 듣는 사토 잇사이가 인격과 학문이 원숙한 후반기 인생 40년 동안에 걸쳐 쓴 전체 1133조의 『언지록』은 수필풍으로 자신의 사상을 짧게 기술하였지만 동양적이고도 남성적인 아포리즘의 절창으로, 만인의 수기치인을 위한 좌우명의 향연으로 불리기에 손색이 없다.

중직심득개조重職心得箇條*

1 정치는 '이름을 바르게 하는 것正名'부터 시작한다[1]

중직重職: 막중한 책임을 진 직무은 한 나라의 큰일大事을 관장하며 처리하는 직책을 뜻한다. 이 '무거울 중重' 자의 '중'을 업신여기고 가벼이 처신해서는 아니 될 것이다. 큰일을 앞두고 부주의하면 맡은

[1] 야스오카 마사히로安岡正篤: 1898-1983년. 저명한 일본의 양명학자는 『사토 잇사이 '중직심득개조'를 읽는다佐藤一齋重職心得箇條を讀む』에서 조직이 필요로 하는 인재를 세 가지로 분류했다. 첫째 심침후중心沈厚重적인 사람, 둘째 뇌락호웅磊落豪雄적인 사람, 셋째 총명재변聰明才弁적인 사람이다. 첫 번째는 바깥 사물에 동하지 않으며 성품이 온화하고 진중한 사람이다. 두 번째는 마음이 활달하여 작은 일에 구애받지 않는 사람이다. 이런 사람은 거대한 암석들이 거칠게 쌓여 있는 것 같아 가까운 곳에서 볼 때는 무질서하고 위험해 보이지만 멀리 떨어져서 관찰할수록 깊이가 있고 대범해, 거칠지만 신뢰할 수 있는 인물이다. 세 번째는 말주변도 좋고 손재주도 좋고 머리도 좋은 인물이다. 이 셋 중에서 한 가지라도 충족하면 어떤 조직에서든 필요로 하는 인재라고 한다.

직무를 다하지 못할 것이다. 그러므로 우선은 먼저 행동거지와 말을 신중히 하여 위엄을 갖추어야만 한다.

중직은 군君: 일본 중세시대의 영주인 다이묘大名의 위신을 대리하는 대신大臣과 다름없으므로 대신이라는 중차대한 임무를 맡은 자는 모든 일을 도모하는 데 부족함이 없도록 사물을 진정시키며 인심人心을 가다듬어야만 한다. 그리 하였을 때 중직의 이름에 합당한 자가 되어 맡은 바 직무를 완수하게 되리니. 작은 일에 구애받는 게 지나치면 큰일에 실수가 있기 마련이다. 하찮은 일을 줄이면 자연스럽게 큰일에 허술한 점이 있을 리가 없다. 이렇게 해야 대신이라는 이름에 부끄럽지 않다. 무릇 정치란 '이름을 바르게 하는 것正名'에서부터 출발한다. 지금 우선은 중직 대신의 이름을 바르게 정하는 것을 가장 먼저 해야 할 일로 삼아야 할 따름이다.

2 물에다 물만 타지 말고 음식의 간을 알맞게 맞추어라

대신의 심득心得. 마음가짐은 첫째로 각 유사有司: 일반 관리로 하여금 의견을 최대한 개진하게 하고 그들의 견해를 공평하게 재결해야만 하는 것이다. 혹시 자신에게 유사의 의견보다 더 좋은 의견이 있을지라도 별로 해로운 것이 없을 때는 유사의 의견을 채용하는 것이 가장 좋다. 유사를 후원하여 스스로 마음이 내키도록 해주는 것이 중요한 임무인 것이다. 사소한 과실에 눈총을 주며 사람을 포용하지 못한다면 쓸 만한 사람은 단 한 사람도 없을 것이다. 공적으로 잘못을 보완토록 해야만 한다. 현명한 인재라고 부를 만한 사람은 없을망정 그 번雇에 안성맞춤인 사람은 있기 마련이다. 좋아하는 사람만 골라 쓰지 말아야 하고 애증의 사사로운 감정을 버리고 써야만 한다. 자신의 방식이나 사람만을 고집하는 것은 물에다 물만 타는 꼴이지 음식의 간을 알맞게 맞추는 게 아니다. 평소에 싫어했던 사람의 능력을 잘 쓰는 것이야말로 인재를 활용하는 솜씨이다. 이 점은 마땅히 연구해 보아야만 한다.

3 시류를 꿰뚫어야 대세를 잃지 않는다

가정에는 선조先祖의 법도가 있으므로 한시도 이를 잊어서는 안 된다. 또한 관례에 대한 관습이 있고 이는 때에 따라 바뀌기 마련이다. 자칫 잘못 생각하면 가법을 고루한 옛날식으로만 알고 없애려고 하거나, 관례와 관습을 가법家法과 가격家格으로 알고 수주守株2)

---

2)『한비자』에 나오는 말인데, 옛날 우연히 토끼가 나무 그루터기에 부딪혀 죽은 것을 목격한 송나라 농부가 그 뒤 농사를 그만두고 나무 그루터기에서 토끼를 기다렸다는 고사에서 나온 말이다. 낡은 관습에 사로잡혀 융통성을 부리지 못하는 경우를 빗대는 고사 성어 수주대토守株待兎의 유래다.

즉 이것만을 고수하여 융통성을 잃어버리면 안 된다. 시세時勢에 따라 변하지 아니하면 대세를 따르지 못하게 된다.

4 자기 나름대로의 계획 없이 전례만을 따르지 말라

앞 세대의 고례古例에는 두 가지가 있는데 가법의 격식과 관례의 예격이다. 여하튼 우선 지금의 일을 처리하는 데는 이러이러하면 되리라는 자기 나름대로의 계획을 세우고 시의적절할 때를 궁리한 연후에 예격을 검토하여 오늘에 견주어보는 것이 마땅하다. 관례의 예격이라도 그로써 통하면 이를 좇고 시의에 맞지 않는 것은 구애를 받지 말고 버려야 한다. 무릇 자기 나름대로의 계획이라고 하는 것이 구비되지 않은 채 여하간 예격부터 내세우려는 짓은 요즈음 관리들의 결점이자 폐단이다.

5 임기응변의 힘을 키워라

경우에 따라 임기응변으로 일을 신속하게 처리하는 '응기應機'는 매우 긴요하다. 무슨 일이든 나중에 봉창 두드리는 경우가 있는 것은 전에도 볼 수 있었다. 시기가 도래함을 보고 마땅히 그에 따르도록 해야만 한다. 사물에 구애를 받을 때는 훗날에 이르러 지장을 불러와 난삽難澁함을 겪게 된다.

6 공평과 중용을 지켜라

공평을 잃으면 일을 성공하기 어렵다. 무릇 일의 내부에 너무 깊이 연연할수록 일의 줄거리와 중심이 가려져 보이지 않는다. 당분간이라도 한 발을 물러나 사리를 꿰뚫어보는 활안活眼으로 총체의 면모를 온전하게 파악하는 중용의 미덕을 가져야만 한다.

7 지나치게 미주알고주알 따지는 가찰苛察은 권위가 아니다

뭇사람들이 만족하며 따르는 것에 마음을 두어야만 한다. 아랫사람을 억지로 내리누르는 일이 있어서는 안 된다. 지나치게 미주알고주알 따지는 가찰苛察을 권위와 위엄으로 생각하고, 또 스스로 좋아하는 것만 가리는 것은 모두 '사람을 받아들이는 도량이 좁고 그릇이 작은' 소량지병小量之病일 뿐이다.

8 마음의 여유를 갖고 대소사를 분별하라

중직을 맡은 자가 일이 너무 많다는 말을 함부로 내뱉어서는 안 된다. 설령 공사가 다망할지언정 그것을 입 밖에 내뱉는 것을 삼가는 게 좋다. 본분에 상응하는 마음의 여유도 갖지 못하면서 큰일大事을 깨달았다고 할 수는 없다. 중직이 작은 일小事임을 분명하게 보지 못하고, 여러 가지 일을 도맡아 하는 것을 마다하지 않으면 그 여러 가지 일은 자연히 중직에게 기대고 중직은 번다한 일로 분주해질 따름이다.

9 형벌과 포상은 엄중하게 하라

형벌이나 포상을 주거나 뺏는 권한인 형상여탈권刑賞與奪權은 군주의 소관으로, 군주는 이 일을 대신에게 위임하게 된다. 거꾸로 이 같은 중대사를 유사有司에 맡겨서는 아니 된다. 이와 같은 큰일은 엄중하게 처리하며 부실한 데가 없도록 해야 한다.

10 일처리 계획을 확실하게 잡아두어라

정사政事는 크고 작음, 무거움과 가벼움 즉 대소경중大小輕重의 분별을 잃어버리면 안 된다. 느슨함과 빠름, 먼저와 나중 즉 완

급선후緩急先後의 순서를 잘못하는 일이 없도록 해야 한다. 일처리가 늘어도 기회를 잃고 너무 급해도 그릇됨을 범하니 보는 눈을 높여 총체를 관조하며 삼사 년 내지는 오 년 혹은 십 년 안에 어찌어찌 한다는 계산을 마음속에 미리 세워두고 수순에 따라 시행해야만 한다.

11 넓은 도량과 활달한 기상을 갖추어라

흉중의 도량이 넓고 성질이 활달해야 한다. 아주 작은 일을 과대포장하고 도량이 좁고 윽박지르며 강요하는 성질머리로 행동거지를 해서는 안 된다. 설사 탁월한 재능이 있을지라도 그 쓸모를 다하지 못하게 된다. 사람을 포용하는 기상과 인물을 기르는 그릇됨이야말로 대신大臣의 참다운 본체라고 말할 수가 있다.

12 허심탄회하게 사람 말을 가리고 받아들여라

대신 된 자는 마땅히 흉중에 일정한 견식을 갖추고 목표한 바를 이뤄야만 하는 게 기본이다. 그렇지만 또한 허심탄회하고 공평하게 사람의 말을 가릴 줄도 알고, 비가 억수로 쏟아지는 모양새처럼 단번에 자신의 생각을 뒤바꿀 줄도 알아야 한다. 무릇 허심탄회하게 자신의 뜻을 뒤바꾸는 실천력이 없이는 고집을 버리기가 어렵다. 잘 생각해 보고 고려해 보아야만 한다.

13 믿음으로 살피고 조리 있게 판단하라

정치라고 하는 일은 마땅히 '혹은 억누르고 혹은 추켜세우는' 억양지세抑揚之勢을 취해야만 한다. 일반 관리들 사이에서 균형을 맞추어야만 하는 일을 잘 분별해야 한다. 이 점을 깊이 새기고 믿으므로 관찰하고 의義. 조리로 판단하면 능히 이루지 못할 일이 없을 것이다.

14 평상시의 일은 쉽게 하며 수고를 덜어라

정사政事에는 허구와 날조가 있을 따름이다. 무슨 일이든 자연스럽게 나타나는 대로 되어가는 것을 실정實政이라고 말한다. 그러나 관리들의 행태는 모두가 허정虛政일 뿐이다. 노신老臣들은 이와 같은 허정의 작풍을 일삼아서는 아니 된다. 무릇 평상시의 일은 간단하게 하며 수고를 조금이라도 더는 게 중요하다.

15 잘못된 관행을 위에서부터 싹튼다

모름지기 풍의風儀는 위에서부터 일어나는 법이다. 사람을 의심하거나 남의 비밀을 들춰내 곤경에 빠뜨리고, 가령 누구누구는 공공연하게 이러하다고 함께 까발리며 내심은 이러하다고 상대방의 과실을 폭로하는 습관은 지나치다. 윗사람에게 이러한 풍습이 있으면 아랫사람은 반드시 윗사람을 따르하니 민심이 어지러워진다. 상하 모두가 겉과 속이 다른 마음이 있으면 올바르게 다스리기가 어렵다. 아무쪼록 이러한 작풍들을 없애고 일이 자연스럽게 되어가는 대로 공평하게 처리하면서 그러한 풍기와 관행을 만회해야만 한다.

16 지나치게 감추지 말라

일을 숨기려는 관행이 매우 심하다. 비밀스러운 일은 은밀히 하는 것이 바람직하나 명확히 내세워도 좋을 일까지 감출 때에는 오히려 뭇사람으로 하여금 정탐하는 마음을 갖게 할 뿐이다.

17 창고가 비었다고 백성의 고혈을 너무 짜내지 말라

'인군人君의 초정初政 3)'은 한 해 중에 봄과 엇비슷하다. 우선 인심人心이 일신하도록 마음속으로 즐겁고 기쁘게 해주어야 한다. 형벌과 포상도 분명하게 해야 한다. 금장金藏. 돈을 넣는 주머니이 궁핍하다고 부질없이 백성들의 피땀을 짜내는 엄한 영令만을 내려서는 처음부터 끝까지 일이 원만하게 되어가지 못한다. 형편과 사정을 감안하여 관대하게 조정해 주어야 정사가 술술 풀린다.

---

3) 이와무라 번巖邑藩 제5대 영주인 노리요시乘美가 처음으로 집정한 정치.

언지록

1판 1쇄 발행 2012년 11월 25일
1판 2쇄 발행 2015년 1월 25일
개정판 1쇄 발행 2017년 8월 25일

지은이 | 사토 잇사이
옮긴이 | 노만수

펴낸이 | 조영남
펴낸곳 | 알렙

출판등록 | 2009년 11월 19일 제313-2010-132호
주소 | 경기도 고양시 일산서구 중앙로 1455 대우시티프라자 715호
전자우편 | alephbook@naver.com
전화 | 031-913-2018
팩스 | 031-913-2019

ISBN 978-89-97779-89-5 03150